PEAKY BLINDERS

PEAKY BLINDERS

A HISTÓRIA REAL

CARL CHINN

São Paulo
2022

Grupo Editorial
UNIVERSO DOS LIVROS

Peaky Blinders: The Real Story – The true story of Birmingham's most notorious gangs

Diretor editorial: **Luis Matos**
Gerente editorial: **Marcia Batista**
Assistentes editoriais: **Letícia Nakamura e Raquel F. Abranches**
Tradução: **Carlos César da Silva**
Preparação: **Monique D'Orazio**
Revisão: **Lorrane Fortunato e Karine Ribeiro**
Diagramação: **Vanúcia Santos**
Arte e adaptação de capa: **Renato Klisman**

Dados Internacionais de Catalogação na Publicação (CIP)
Angélica Ilacqua CRB-8/7057

C466p Chinn, Carl

Peaky Blinders : a história real / Carl Chinn ; tradução de Carlos César da Silva.
–– São Paulo : Universo dos Livros, 2022.

256 p. ; il.

Bibliografia

ISBN 978-65-5609-216-4

Título original:
Peaky Blinders: the real story – The true story of Birmingham's most notorious gangs

1. Inglaterra - História - Séc. XIX 2. Inglaterra - Condições sociais 3. Gangues
I. Título II. Silva, Carlos César da

22-1703 CDD 364.1066094

Universo dos Livros Editora Ltda.
Avenida Ordem e Progresso, 157 – 8º andar – Conj. 803
CEP 01141-030 – Barra Funda – São Paulo/SP
Telefone/Fax: (11) 3392-3336
www.universodoslivros.com.br
e-mail: editor@universodoslivros.com.br
Siga-nos no Twitter: @univdoslivros

As verdadeiras gangues de Birmingham governaram a vida dos Brummies [apelido dado aos nativos da região] menos favorecidos por gerações. Por isso, dedico este livro à maior parte da classe operária – esforçada, decente e cumpridora da lei.

Por mais desprovidas de glamour que suas vidas possam ter sido, são essas pessoas que merecem nosso respeito.

SUMÁRIO

INTRODUÇÃO

Em 2013, a série da BBC2 intitulada *Peaky Blinders: Sangue, apostas e navalhas* fisgou a atenção do público desde a primeira cena, quando Tommy Shelby chega à cidade como um temível foragido da lei do Oeste norte-americano. Mulheres apavoradas saem do seu caminho, crianças o olham furtivamente de esconderijos, e tudo que se ouve são os galopes de seu cavalo puro-sangue. Sem ninguém por perto, o cavaleiro para, mas ele não está no Velho Oeste, nem é um pistoleiro – é um homem de poder nas ruelas de uma Birmingham industrial em 1919. Vestido de forma elegante e distinta com um terno de três peças e uma camisa de colarinho rígido, mas sem gravata, ele é uma presença imponente e misteriosa – um sentimento intensificado pela boina de jornaleiro que oculta seus olhos na sombra.

Depois de um breve encontro com dois reverentes chineses, uma mulher e um homem em trajes tradicionais, Shelby cavalga lentamente ao som de "Red Right Hand", de Nick Cave and the Bad Seeds. Com seu som retumbante, uma sensação assustadora quase sinistra e uma batida hipnótica de blues, os versos agourentos da letra parecem ter sido escritos especialmente para Tommy Shelby: "Ele é um homem, ele é um fantasma, ele é um deus, ele é um guru".[1] Enquanto ele caminha por um cenário urbano sombrio, o vapor gira ao seu redor, a fumaça exala das chaminés das fábricas e a atmosfera obscura é perfurada por labaredas de uma fundição. Veteranos da Grande Guerra com deficiência pedem esmolas, outros homens bebem e apostam no lançamento de moedas para o ar, e dois policiais uniformizados tocam seus capacetes em respeito ao "Sr. Shelby", que continua por uma rua escondida entre o aglomerado de fábricas.[2]

Essa abertura cativante deu o tom para uma obra épica sobre gângsteres lindamente filmada com um aspecto cinematográfico e que é aprimorada por cenários impressionantes, uma direção inteligente, uma produção elegante, brigas em câmera lenta e performances fascinantes de atores famosos. Acima de tudo, a história de Steven Knight, sendo ele mesmo um Brummie, é envolvente, contando de seu próprio jeito a história de uma gangue temida e perigosa chamada Peaky Blinders, que governa o distrito de Small Heath de Birmingham, logo após a Primeira Guerra Mundial. Esse nome, impregnado de medo, vem das lâminas de barbear descartáveis costuradas na aba (*peak*) de suas boinas. Em uma luta, elas são utilizadas para golpear os olhos de inimigos, cegando-os (*blind*).

Em sua base no The Garrison Pub, os Peaky Blinders ganham grande parte de seu dinheiro com apostas ilegais. Eles se reúnem em torno da assustadora família Shelby, liderada pelo segundo irmão mais velho, Tommy. Violento e ameaçador, ele é assombrado por suas experiências angustiantes na Primeira Guerra Mundial e é ainda mais perigoso porque não tem medo de morrer. Ainda assim, Shelby não é um bandido ignorante – ele é astuto, engenhoso e motivado não apenas pela sede de enriquecer, mas também por uma intensa lealdade à sua família e pelo desejo de afastá-los do mundo clandestino e dar-lhes legitimidade. O caminho para conseguir isso tudo é tortuoso e, em um drama acelerado ao longo de várias temporadas, os Peaky Blinders dos Shelby lutam contra outros gângsteres, como os londrinos Billy Kimber, Darby Sabini e Alfie Solomons; se envolvem tanto com o Exército Republicano Irlandês quanto com aristocratas russos; entram em um confronto com o inspetor-chefe Campbell, trazido da Irlanda do Norte para derrubá-los; tornam-se donos de fábricas e são desafiados pela líder sindical altamente inteligente Jessie Eden; e sobrevivem a uma missão vingativa de um mafioso de Nova York chamado Luca Changretta.

Desde o começo, *Peaky Blinders* ganhou um reconhecimento fervoroso no Reino Unido. A loucura por tudo relacionado aos gângsteres cresceu no decorrer das três temporadas seguintes, impulsionando a moda, as bebidas, os bares e os demais locais representados. Agora, como uma sensação internacional, a série esbanja celebridades em seu rol de fãs e já ganhou inúmeros prêmios, incluindo o BAFTA para Melhor Série de Drama em 2015 e 2018. Essas conquistas foram validadas pela crítica e levaram muitos críticos a declarar que *Peaky Blinders* é uma "Brummie *Boardwalk*" porque, assim como a aclamada série norte-americano *Boardwalk Empire: O império do contrabando*, ela é visualmente estilística e dramatiza figuras históricas da década de 1920.[3]

Essa abordagem provocou um aumento no interesse pelos personagens, eventos e lugares reais tirados da obscuridade histórica por *Peaky Blinders*. Porque havia um verdadeiro Billy Kimber, um verdadeiro Darby Sabini e um verdadeiro Alfie Solomon, e houve uma verdadeira guerra de gangues entre eles, em 1921. Havia uma verdadeira família italiana de Birmingham chamada Changretta. Havia uma verdadeira ativista do movimento trabalhista chamada Jessie Eden. Havia casas de apostas ilegais nos bairros mais pobres de Birmingham nos anos 1920. Havia um chefe de polícia de Birmingham que de fato veio da Irlanda do Norte. E havia verdadeiros Peaky Blinders em Birmingham. Mas seu auge foi antes da Primeira Guerra Mundial, não depois dela, quando não havia apenas uma gangue, e sim muitas. Além disso, esses Peaky Blinders não eram gângsteres glamorosos nem poderosos: eram bandidos de rua. Embora alguns deles também fossem apenas "ladrões de galinhas", a maioria tinha empregos e nenhum deles fazia parte de uma gangue para obter seu ganha-pão ou participava de grandes atividades do crime organizado.

Em uma época em que Birmingham foi proclamada a "cidade mais bem governada do mundo", como o jornalista norte-americano Julian Ralph a classificou em 1890, Birmingham também era famosa por suas gangues de rua e foi condenada como um dos lugares mais violentos do Reino Unido.[4] Por trás da fachada de um conselho municipal admirado por seu socialismo e ativismo, a vida de milhares e milhares de cidadãos trabalhadores e respeitáveis em bairros mais pobres foi arruinada por gangues de rua cruéis.

Elas não apareceram do nada – começaram a surgir no final da década de 1850, quando a nova polícia de Birmingham, sob pressão da classe média, repreendeu os esportes violentos e apostas da juventude ao ar livre nas partes mais pobres de Birmingham. Os brutamontes da cidade resistiram a essa ação policial e se uniram nas chamadas gangues de Sloggers, a partir de 1872.

Mas os Sloggers não atacavam apenas a polícia: eles lutavam entre si e também agrediam cruelmente qualquer um que os irritasse de alguma forma, fosse homem ou mulher, jovem ou velho. Gangues semelhantes surgiram em Manchester, Salford, Liverpool e Londres e, embora houvesse homens agressivos em outros lugares, era apenas nessas cidades e em Birmingham que as gangues de rua saíam do controle da lei.

A partir de 1890, os Sloggers da cidade também passaram a ser chamados de Peaky Blinders, um termo que logo seria dado a valentões brutais, quer eles estivessem ou não em uma gangue. No folclore de Birmingham, seu nome veio da história de que eles costuravam lâminas de barbear descartáveis na aba de suas boinas e, em uma luta, a ponta seria usada para cortar a testa de um inimigo, fazendo com que o sangue escorresse para seus olhos e o cegasse temporariamente. Com um nome carregado de pavor, os Peaky Blinders logo ganharam fama pelo Reino Unido, assim como em Birmingham, onde algumas famílias ainda conseguem descobrir ancestrais que faziam parte dessa classe – minha própria família inclusa, pois meu bisavô, Edward Derrick, era um Peaky Blinder e um criminoso de terceira geração. Seu avô paterno era um criminoso habitual que uma vez fora condenado a transporte para uma colônia penal por roubo, enquanto sua avó também era uma ladra condenada.[5] O pai de Derrick, por sua vez, fora multado por agredir um policial depois de ter dado um tremendo golpe em uma parede com um atiçador durante uma briga com a esposa.[6]

O irmão mais velho de Derrick, John, também era violento e líder de uma gangue de Sloggers. Em fevereiro de 1891, aos vinte anos, John Derrick foi acusado de agredir um policial que tinha um prisioneiro sob custódia na Thomas Street (mais tarde renomeada Highgate Road) em Sparkbrook. O incidente ocorreu quando ele estava entre outros brutamontes e jogou um tijolo no policial. Quando Derrick foi levado ao tribunal, alegou-se que estava envolvido em quase todos os confrontos que ocorreram no distrito. Ele foi preso por seis semanas e condenado a trabalho forçado.[7]

Nessa época, meu bisavô, Edward Derrick, tinha onze anos e estudava na Penn Street Industrial School. Meninos com menos de quatorze anos eram colocados lá quando tecnicamente cometiam crimes, como pedir esmolas, ou quando estavam fora do controle de seus pais. Esperava-se que, dessa forma, uma criança em más circunstâncias fosse salva do ambiente em que vivia.[8] Essa esperança não vingou com meu bisavô. Embora não haja evidências de que ele tenha pertencido a uma gangue de Sloggers como seu irmão mais velho, como aconteceu com outros Peaky Blinders, ele era um contraventor um tanto violento.

Em 1893, ele foi condenado por vadiagem e, em outubro de 1894, cumpriu sete dias de prisão por roubar cinco pães. Apenas algumas semanas depois, Derrick, agora com dezesseis anos, foi condenado a quatro meses de trabalho forçado por roubo. Mais tarde, em 1897, ele foi preso por cinco meses e recebeu uma ordem de supervisão de dois anos por roubar uma bicicleta. Ele não ficou fora da cadeia muito tempo antes de ser condenado por usar linguagem obscena e, logo depois, em outubro de 1898, foi preso por doze meses por invadir uma casa de contabilidade. Alegou-se que ele tinha 1,50 metro de altura, tinha uma marca azul na parte de trás de um dos antebraços e pulsos e uma tatuagem de sereia na parte posterior do outro antebraço.

Agora um criminoso em série, em 1899, Derrick atacou um policial – o que era uma abordagem especialmente associada aos Peaky Blinders. Um ano depois, ele foi preso por embriaguez e, em outubro de 1901, sob o pseudônimo de Fredrick Pitt, foi preso por três anos por lesão corporal. Enfim, em outubro de 1906, ele foi condenado a dois meses de trabalho forçado por roubar uma carruagem comercial – uma carruagem de três rodas, usada por vendedores ambulantes e outros para transportar suas mercadorias.[9] Aos quatorze anos naquela época, meu tio-avô Bill Chinn se lembra de ter visto Derrick e seu irmão, Fred, com o item roubado e "passando a mão em um pedaço de bacon do Payne's na Ladypool Road, esquina com a Colville Road". Ele explicou: "Eu tava lá vendendo o [*Birmingham*] *Mails*. Eu vi o Fred Derrick pegar bacon que tinham pendurado pra fora da loja, pra chamar a atenção *dos cliente*. Ele pegou um, eles jogaram na carruagem e desceram a Colville Road nela".[10] Depois Derrick vendeu a carruagem comercial por oito xelins (quarenta pence), explicando que ele precisava da quantia porque os oficiais de justiça estavam atrás da sua casa. No entanto, ele não usou o dinheiro para esse fim, pois admitiu no tribunal que o "gastou em cerveja".[11]

Um ano depois, Derrick se casou com minha bisavó, Ada Weldon, na Christ Church, em Sparkbrook. Ele se apresentou como pedreiro, embora antes tivesse dito que era alfaiate e mais tarde se chamaria de sucateiro e trapeiro. O casamento não o mudou para melhor. Quando eu estava fazendo pesquisas para minha tese de doutorado no início dos anos 1980, conversei com Lil Nead (Preston era seu nome de solteira), cuja família morava no mesmo quintal de casas geminadas* em Studley Street, Sparkbrook, que os Derrick e sua filha, Maisy, minha avó. Lil relembrou que Derrick era um valentão violento que muitas vezes destruía sua casa quando estava bêbado e que às vezes sua esposa e filha tinham que se esconder de seus surtos alcoolizados no lavatório comunal ou na casa da avó de Lil, chamada Carey. Conhecida como Velha Mãe Carey, ela era amada por todo o povo da Studley Street e tinha vários filhos fortes – então Derrick não perseguiria sua esposa maltratada até aquela casa.[12]

Também havia uma história na família de que minha bisavó se divorciou dele depois de ele tê-la abandonado. Sempre duvidei disso, pensando que era muito difícil uma pessoa da classe operária conseguir arcar com os custos altos de um divórcio. Eu estava errado. Depois de sofrer anos de crueldade, ela se divorciou de Derrick em 1922 como "uma pessoa pobre", sob as regras da Suprema Corte. Os documentos do divórcio confirmam que, desde o verão de 1913, ele deixou de fornecer comida ou roupas para sua esposa e filha. Eles sobreviveram com o salário dela como operária de prensa na indústria de latão. Mais tarde, em abril de 1915, ele havia agredido violentamente sua mulher e ameaçado matá-la em sua própria casa, no número 25 da Studley Street.

Seis meses depois, Derrick a atacou fisicamente com o punho e causou danos corporais. Enfatizou-se que "ele frequentemente dava vazão à bebida e usava linguagem obscena e abusiva" para com ela e que, muitas vezes, também despedaçava vários móveis e já havia destruído duas residências. Felizmente, em janeiro de 1916, ele abandonou sua esposa e filha e se mudou para Coventry.[13]

---

* *Back-to-back housing*, no original. Um tipo específico de casas geminadas comuns nas regiões operárias da Inglaterra – como Birmingham –, no século XIX e início do século XX. Tinham três faces compartilhadas com outras construções: eram geminadas lateralmente e também pelos fundos. As casas dos fundos tinham a fachada voltada para um pátio interno, acessível por corredores laterais estreitos. O pátio interno contava com áreas comuns, como lavanderias, sanitários e depósitos. As residências, habitadas pela classe operária, eram geralmente apertadas, úmidas e insalubres. Quase todas as casas de Birmingham aqui descritas como "geminadas" têm esse modelo. (N. E.)

Derrick viveu até os 85 anos, tendo morrido em 1964, em Nuneaton. Quanto à sua esposa, Ada, anos depois ela teria afirmado que havia trocado Derrick por um homem melhor.[14] Infelizmente, ela morreu de câncer de estômago em 1925, aos 39 anos.

Eu tinha conhecimento dos Derrick na infância, mas só vim a aprender mais sobre eles na vida adulta. Meu avô por parte de pai, Richard Chinn, era alto, de pele clara e olhos azuis. Sou baixo, com cabelo escuro e olhos castanhos e de pele pálida – assim como meu bisavô por parte de mãe, Edward Derrick, meu ancestral Peaky Blinder e um homem por quem não sinto nada além de desprezo. Como um agressor de esposa, ladrão, vagabundo e rufião violento, ele era típico dos Peaky Blinders. Ao contrário de suas representações fictícias, eles não se vestiam na moda, não tinham certo charme, não tinham certo senso de honra e não eram respeitados pela classe operária de Birmingham, que ficou muito aliviada quando o reinado dos Peaky Blinders veio ao fim.

Seu desaparecimento, em 1914, deveu-se muito ao policiamento vigoroso iniciado pelo chefe de polícia de Birmingham, Charles Haughton Rafter, que foi creditado como o homem que limpou os locais de crime da cidade.[15] Mesmo assim, embora os verdadeiros Peaky Blinders tenham sido derrubados, alguns deles formaram a formidável e feroz gangue de Birmingham liderada pelo verdadeiro Billy Kimber. Em 1921, eles travaram uma guerra sangrenta contra uma aliança de gangues de Londres lideradas pelo verdadeiro Darby Sabini, e incluindo o verdadeiro Alfie Solomon [e não Solomons, como na série], pelo controle dos esquemas de proteção e furtos nas pistas de corrida de cavalos do sul da Inglaterra. No entanto, nenhuma "batalha" nessa guerra foi travada nas Midlands ou Birmingham, que àquela altura havia perdido sua reputação como violenta.

Quanto ao resto dos Peaky Blinders, alguns foram lutar por seu país na Primeira Guerra Mundial e voltaram para casa como homens mudados, mais cumpridores da lei. Com a morte do último deles, os Peaky Blinders se tornaram parte do folclore local. Algumas pessoas mais velhas usavam apenas a menção de seu nome, como o do bicho-papão, para assustar as crianças, enquanto outros falavam dos temíveis Peaky Blinders com lâminas descartáveis costuradas em suas boinas.

Aos poucos, até mesmo essa história começou a desaparecer, à medida que os filhos e netos daqueles que conheceram os Peaky Blinders morreram, até ser revitalizada para um público moderno e mais amplo pelo drama emocionante da série. A realidade da gangue difere um pouco da que é retratada em nossas televisões, pois os verdadeiros Peaky Blinders eram desagradáveis, desprovidos de glamour e indignos de respeito. Ainda assim, por mais repreensíveis que fossem, em conjunto, eles foram figuras importantes no final do período vitoriano e eduardiano de Birmingham. Ignorados completamente ou mencionados apenas de passagem nos estudos sobre a cidade, na verdade os Peaky Blinders e os Sloggers afetaram a vida de inúmeros cidadãos por toda uma geração ou mais, ainda que de forma negativa, e mancharam a reputação da cidade. É impossível negar o quanto suas ações estão tão ligadas à cidade e sua história quanto as de seus principais políticos e grandes industrialistas. Esta, então, é a verdadeira história dos Peaky Blinders.

CAPÍTULO 1

ANTES DOS PEAKY BLINDERS: AS GANGUES DE SLOGGERS

Uma imagem sombria e aterrorizante de Birmingham em 1919 foi revelada pela BBC News, em 12 de setembro de 2013, ao divulgar o primeiro episódio de *Peaky Blinders*. Sob a manchete "Os verdadeiros Peaky Blinders de Birmingham", as "ruas úmidas e pobres" da cidade foram retratadas como sendo governadas por gangues compostas de centenas de jovens armados com facas, lâminas de barbear e martelos. Os assassinatos eram numerosos, e "roubos, furtos e tumultos eram ocorrências diárias nas mãos de jovens membros de gangues que mantém toda a cidade em uma prisão de pavor e sangue". A polícia fez o possível para controlar o pesadelo rotineiro, mas estava em grande desvantagem numérica. Essa violência de gangues irrompera na década de 1870, explicava o artigo, quando centenas de jovens lutavam "às vezes até a morte em brigas em massa que duravam horas" para "dominar" áreas como Small Heath e Cheapside. As mais proeminentes e implacáveis dessas primeiras gangues foram os Sloggers ou a Cheapside Slogging Gang, que por trinta anos governou com esquemas de proteção e violência. Surgiram muitas gangues rivais, mas a força mais temível nas ruas da cidade há um século era, dizia-se, os Peaky Blinders. Tão deliberadamente elegantes quanto violentos.[16]

A realidade era diferente. Em 1919, Birmingham não era aterrorizada pelo campo minado de gangues. Os assassinatos não eram uma constante.

Não havia tumultos. E, sobretudo, não havia gangue de Peaky Blinders. Entre os contemporâneos, o melhor indicador de rufianismo era considerado o retorno de ataques a policiais. Naquele ano, houve 134 condenações por esse delito, relativas a uma força policial de 1.341 homens e uma população de cerca de 900 mil. Isso em comparação com 557 condenações, em 1899, com 685 oficiais em uma população menor, de pouco mais de 500 mil.[17] A queda foi implacável. De fato, os crimes violentos caíram tanto que nem sequer mereceram uma menção no relatório anual de 1919 do chefe da polícia de Birmingham. Porém, ele comentou sobre o aumento das apostas de rua, suicídios e acidentes de trânsito, bem como sobre o declínio acentuado da criminalidade juvenil, especialmente nas classes graves.[18]

Embora não seja mencionado no relatório, houve um total de dezoito crimes de homicídio doloso e homicídio culposo ao longo dos três anos, entre 1918 e 1920. A média é de seis por ano. E, apesar de o Riot Act ter sido lido em Glasgow e Birkenhead em 1919, também houve tumultos nas Midlands em Coventry, Bilston e Wolverhampton, entre outros, mas nenhum em Birmingham.[19] Isso ocorreu apesar da turbulência que acometeu o Reino Unido imediatamente no pós-guerra: desordem associada a soldados furiosos, greves generalizadas, sectarismo na Irlanda do Norte e ataques racistas em Cardiff, Hull e outros portos.[20]

Ainda assim, Birmingham viu batalhas, tumultos e assassinatos relacionados a gangues, mas antes da Primeira Guerra Mundial, e não depois dela. De fato, antes da guerra, Birmingham tinha uma notoriedade persistente e de longa data, tanto que, em 1901, o *Birmingham Mail* trazia a manchete "Hooliganism Reborn" ("A volta do vandalismo") e lamentava que a cidade estivesse:

> [...] rapidamente ganhando a distinção de ser uma das cidades mais turbulentas do Reino Unido! Reconhecemos que tivemos essa reputação uma vez, mas desde que algum escritor lisonjeiro nos conferiu o título de cidade mais bem governada do mundo, ou melhoramos ou deixamos de reconhecer nossas falhas. Certo é que a desordem de Birmingham hoje, em vez de ser crônica, é endêmica. O surto ataca ocasionalmente em determinados bairros, da mesma forma que a varíola e a escarlatina.[21]

AS GANGUES DE SLOGGERS

A péssima reputação de violência de Birmingham surgiu com suas gangues. Seu nome veio da palavra "slogger" – alguém que desferia golpes pesados. Originalmente um termo do boxe da década de 1820, seu uso logo se espalhou para fora do ringue.[22] E, dentro de uma geração, o termo "sloggers" conjuraria imagens temerosas dos rufiões das ruas de Birmingham, que começaram a ser notados em abril de 1872.

Foi relatado que, no domingo, 7 de abril, um numeroso grupo de brutamontes se reuniu no bairro de Cheapside, para grande consternação dos habitantes. Batendo os quatrocentos integrantes, eles se autodenominavam "a Gangue Slogger". Depois de criarem um tumulto estrondoso e de quebrarem várias janelas, eles foram para a zona da Hill Street, onde "jogaram pedaços de tijolos e pedras nas vitrines dos vendedores (lojas gerais) e nas confeitarias que estavam abertas". Os donos precisaram trancar suas lojas para proteger suas instalações, enquanto um deles foi atingido por um tijolo e teve que ser levado ao hospital. Por algum tempo, os desordeiros aterrorizaram os transeuntes, parando-os nas ruas para insultá-los. Por fim, eles fugiram quando abordados por um pequeno grupo de policiais. Correndo de volta para Cheapside, os Sloggers foram dispersos por outro grupo da polícia.[23]

Esse surto de violência foi o resultado de semanas de agitação, durante as quais a polícia recebeu "muitas queixas" sobre o grande número de rapazes que se reunia para quebrar janelas em Cheapside, Barford Street e nas redondezas, próximo ao Bull Ring – o centro comercial de Birmingham.[24] Esses distúrbios continuaram após o primeiro surto de gangues de Sloggers. Três dias depois, na quarta-feira, 10 de abril, entre setenta e oitenta jovens se reuniram em toda a cidade na Northwood Street e na Constitution Hill. Armados com paus e bem abastecidos com grandes pedras, eles apedrejaram um policial e depois correram para a Cox Street. Dois deles foram presos. John Gibbon era um maquinista de treze anos que morava em Water Street, próximo ao local do distúrbio. Michael Lowry, um limador de quatorze anos, morava não muito longe, na Hospital Street. Ambos foram condenados a quatorze dias de prisão. Os detidos no motim de domingo também eram adolescentes.

Um dos magistrados perante os quais eles compareceram foi o vereador Melson, que sofrera no domingo, quando alguns Sloggers se reuniram do lado de fora de sua casa. Ele tinha saído e espancado um deles com um pau de freixo. Seu filho então seguiu a gangue e agarrou o líder, mas foi atacado e voltou para casa coberto de sangue e com o lábio e as orelhas cortados. Melson declarou que "essa baderna de atirar pedras estava se tornando absolutamente intolerável, e o estado perigoso das ruas da cidade estava rapidamente se tornando um clichê". Ele estava determinado a que, quando qualquer um daqueles meninos fosse trazido à sua presença, quer eles fossem vistos jogando pedras ou não, ele "lidaria com eles de maneira severa".[25]

Apesar dessas advertências, as gangues não pararam de jogar pedras. Em uma noite de sexta-feira, em junho de 1872, cerca de vinte jovens na esquina da Great Barr Street com a Watery Lane, em Bordesley, apedrejaram os transeuntes. Gritavam: "Somos o bando de Sloggers".[26] Quanto às pedras jogadas, havia um suprimento abundante delas. As trilhas de muitas ruas eram pavimentadas com o que se chamava de "rins petrificados" – pedras do tamanho de uma batata. Elas eram muito duráveis, mas extremamente desagradáveis de se pisar e, porque se soltavam, podiam ser retiradas facilmente.

O arremesso de pedras por gangues não era algo exclusivo de Birmingham, uma vez que as pedras eram uma arma disponível pronta e gratuitamente. No entanto, a partir do final da década de 1860, esse tipo de vandalismo se tornou uma desordem local e generalizada na cidade, causada por multidões assustadoras de jovens que se aglomeravam e atacavam propriedades, outros membros de gangues, espectadores inocentes e a polícia.[27] Em maio de 1871, uma possível explicação para essa escalada foi apresentada em uma reunião do Comitê de Vigilância, o corpo de conselheiros municipais que supervisionava o policiamento. Muitos meninos eram levados perante os magistrados todas as segundas-feiras de manhã por terem jogado pedras e feito apostas no domingo. O conselheiro Lewis acreditava que uma das causas da baderna era a falta de áreas de recreação adequadas. Por conta do Ato de Fábrica, "os rapazes não tinham permissão para trabalhar depois das 18h e, como não havia lugar para recreação, eles iam para a rua e começavam a atirar pedras ou jogar *bandy*" (um jogo como o hóquei que usa uma bolinha e, no caso dos jovens da classe operária, pedaços de pau).[28]

Havia certa justificativa para essa opinião. Birmingham não tinha nenhuma área de recreação. Seu único espaço público aberto era o Calthorpe Park, em Edgbaston, nos arredores da região sudoeste da cidade, em uma área de classe média. Isso ficava distante das partes centrais densamente povoadas da cidade, assim como Adderley Park, em Saltley, na região leste, que ficava fora dos limites de Birmingham.

LEALDADE ÀS RUAS

Mas as gangues de rua do início da década de 1870, em Birmingham, não emergiram repentinamente do vácuo, e havia outras razões para a escalada da violência que ia além da falta de áreas de recreação. Esses motivos estavam enraizados na década de 1840 e incluíam o antagonismo em relação à força policial recém-formada e suas tentativas de controlar o comportamento público. Além disso, nos bairros mais pobres, havia o fenômeno da lealdade às ruas. A rua era a sala de estar e a área de lazer dos pobres, e as pessoas eram unidas por redes de parentesco, vivência comunitária e experiências compartilhadas. Em uma nação onde tanto era negado aos pobres, a rua pertencia a eles.

Embora se refira aos anos entreguerras, o estudo de Jerry White sobre a Campbell Bunk – a rua mais perigosa do norte de Londres – fornece uma visão da emoção do "pertencimento à rua" que é sugestiva para o século XIX. Percebeu que na "The Bunk", a experiência coletiva mais importante estava centrada na própria rua, através de "sua cultura popular, relações entre vizinhos, sua autoidentidade diante de um mundo mais ou menos hostil". Essa experiência coletiva era expressa no pensamento por meio de valores compartilhados, visões de mundo e ações.[29]

As famílias pobres eram inerentes de sua rua: seus membros vinham dela e ela lhes pertencia, enquanto eles também pertenciam a ela. As ruas dos bairros pobres tornaram-se quase entidades vivas, encarnando as qualidades que os próprios pobres elogiavam: dureza, capacidade de luta e um caráter rude e ligeiro e, acima de tudo, franco e pé no chão. Forasteiros da classe operária não falavam dos moradores e da rua separadamente – pelo contrário, eles eram um só, uma unidade indivisível e assustadora para aqueles que não pertenciam a ela. Assim, não era o povo de Garrison Lane que era durão, mas sim a própria Garrison Lane. Essa lealdade à rua era reforçada pela endogamia e pela matrilocalidade. Em outras palavras, os pobres eram mais propensos a se casar com alguém da mesma rua ou próximo, e a esposa geralmente preferia morar perto da mãe. Esses fenômenos fortaleciam as redes de parentesco, a tal ponto que, na área de Bordesley, em Birmingham, dizia-se a respeito das pessoas da St. Andrew's Road: "Se você chutar um deles, todos ficam com a perna machucada".

Para muitos jovens, esse sentimento de pertencimento à rua estimulava o orgulho de sua própria destreza física e masculinidade e, por meio disso, a dureza de sua rua. Isso não só poderia, como de fato levava a brigas com a população de outras ruas "da pesada". Evidências disso surgiram na década de 1840 com as memórias intrigantes de Dyke Wilkinson. Nascido por volta de 1835, ele viveu desde os nove anos de idade no Dog and Partridge, em Kenyon Street, Hockley – uma taverna administrada por seu pai. Escrevendo em 1912, ele lembrou:

> Meu único parquinho era a rua. Centenas de vezes, eu e um bando de rapazes brincávamos de jogos violentos no meio da estrada no cruzamento da Constitution Hill com a Livery Street, um local agora lotado de bondes elétricos, táxis e veículos de todos os tipos com dezenas de pessoas – policiais inclusos – fazendo vistas grossas. Esses jogos relativamente inocentes com frequência eram diversificados por brigas de rua; ou seja, um grupo de rapazes atacava os de outro local, muitas vezes com resultados bastante sérios. Suponho que nunca houve lutadores tão inveterados quanto os rapazes de Birmingham daquela época.[30]

A lealdade às ruas entre garotos adolescentes continuou sendo uma característica firme da classe média mais pobre que se estendeu até o século XX. Até seus oito anos, Donald Phillips morou em uma rua no Bull Ring, uma área associada com gangues de rua desde o meio do século XIX, e relembrou que:

> Todas as crianças desde uns seis anos até adultas (o que na década de 1920 acontecia por volta dos quatorze anos) tinham que pertencer à gangue de rua. A guerra entre ruas rivais tinha que ser vivida para que se acreditasse nela. A rotina era: uma rua se reunia – as pessoas armadas com paus, pedras, garrafas e qualquer outro material à mão –, e então fazia uma incursão em território inimigo. O alarme soava e todas as crianças na rua de casa saíam correndo, agarrando-se desesperadamente a qualquer meio de retaliação. Já vi adereços retirados de varais, entulho de construção, pedras de paralelepípedo, qualquer coisa era arrebatada para ser equipamento de combate.
>
> As batalhas que se seguiam devem ter assustado muitos adultos e pais. Elas invariavelmente culminavam em muitos danos a propriedades e outras pessoas. Ainda carrego algumas cicatrizes daqueles dias, incluindo uma sobrancelha rasgada com um pedaço de vidro. O calombo na minha testa de uma grande pedra arremessada de perto desapareceu, mas talvez os resultados permaneçam! Normalmente, a rixa terminava quando a polícia chegava ao local. E, claro, depois os pais voavam no pescoço das crianças, embora muitas vezes os conflitos levassem a brigas de adultos se algum infeliz tivesse sofrido danos graves, e os pais, homens e mulheres, fossem tirar satisfação.[31]

Meu tio-avô, George Wood, era um homem rígido que viria a se tornar sargento do 2º Batalhão SAS [Special Air Service] na Segunda Guerra Mundial. Nascido em 1915, ele cresceu em Whitehouse Street, Aston – notória por sua gangue Slogger nos anos 1880. Ele me contou que:

> A gente brigava muito com as outras ruas quando era criança. Avenue Road, Chester Street, Holland Road, Rocky Lane. Nossa, nós da Whitehouse Street éramos os reis da p– toda no Norte. Éramos eu, Dougie Ayres, Jackie Hunt, Herbert Mortiboy, Bobby Steel e muitos outros. As pessoas iam nos ver lutar. Punhos. Sabia que a gente não 'tava' machucando um ao outro. Assim que você caísse, você 'tava'

> fora da luta. Nunca vi nenhum chute. Se você estava lutando naquela época, você lutava com um ringue ao redor. A polícia só atrapalhava se alguém estivessem se machucando.[32]

Do outro lado da cidade, em Sparkbrook, Fred Franklin tinha lembranças semelhantes: "As crianças costumavam brigar umas com as outras com bastões sangrentos, adereços e coisas do tipo. Uma rua contra a outra. Eram muitas batalhas". Ele vinha de Chesterton Road; mas "os Studs, de Studley Street, costumavam vir armados com paus de varais, rastelos. Eles se encontravam em combate. Os Studs, sem dúvida, eram os líderes".[33] Meu pai, Alfred "Buck" Chinn, era uma criança na Studley Street nos anos 1930 e enfatizou que era "muito, muito difícil, muito difícil e você sempre tinha que provar seu valor". Meu pai se lembrou disso quando era um jovem de sete ou oito anos, pouco antes da Segunda Guerra Mundial:

> Aconteceu uma grande batalha, e parecia muito grande para mim quando criança, entre Studley Street e Queen Street. Sempre vou me lembrar de um cara na Queen Street, que era um garoto alto porque eu era apenas um garoto baixo. Eles tinham paus de varal e vassouras – e os paus, claro, eram aqueles quadrados, e ocorreu uma batalha e havia tampas de latas de lixo. Aconteceu alguma coisa que descambou para aquela grande batalha.[34]

Era a única batalha desse tipo de que meu pai se lembrava; embora, à medida que ganhava mais idade, ele tivesse se envolvido em brigas mano a mano com outros jovens: "Mas quando lutávamos, a gente pegava pesado e era isso. E nós sempre brigávamos com os punhos". Esse tipo de luta justa, que era considerado a norma nos anos entreguerras, era bem diferente da luta com armas dos Sloggers e dos Peaky Blinders. Assim como a atitude menos agressiva dos adolescentes da classe operária em relação à polícia. Isso se manifesta através da queda dramática no número de agressões à polícia entre 1915 e 1934, o que revelou "um declínio substancial no rufianismo". Em particular, caíram de 240 condenações, em 1920, para apenas 96 em 1934, em uma população de um milhão.[35]

A atitude menos beligerante de muitos rapazes da classe operária para com a polícia foi encapsulada por Syd Hetherington. Nascido em 1919, ele cresceu na pobreza em Holborn Hill, Nechells, e esclareceu que:

> Havia uma moralidade curiosa entre aquelas comunidades dos muito pobres. Enganar a autoridade sob a forma do governo ou de uma grande empresa era aceitável quando feito de maneira razoável, mas roubar ou afligir os colegas estava abaixo do desprezo. Portanto, era uma lei não escrita entre os garotos que brincavam que o dano à propriedade de um vizinho tinha que ser reparado. A janela de uma casa que foi quebrada durante um jogo seria substituída imediatamente, financiada por uma troca de tiros entre os jogadores, enquanto um vidro quebrado em uma lâmpada de rua resultaria somente em uma parada temporária do jogo e uma rápida olhada ao redor para garantir que ninguém, sobretudo a polícia local, havia notado. Nossas relações com a polícia eram geralmente como antagonistas amigáveis, pois era seu trabalho nos impedir de jogar críquete e futebol nas ruas e nosso trabalho que não fôssemos pegos. Foi quase um jogo com a justiça feita na hora por um golpe certeiro atrás da orelha. Pior foi quando o policial decidiu levar o infrator de volta para seus pais, pois, enquanto o pai normalmente repreenderia os policiais por se incomodarem com ofensas tão triviais, no minuto em ele fosse embora a criança infratora seria espancada por trazer a polícia até a porta.[36]

A BADERNA DAS BRINCADEIRAS DE APOSTA

As coisas eram muito diferentes entre o meio e o fim do século XIX, quando muitos jovens da classe operária enxergavam a polícia como uma inimiga por aplicar leis que atacavam a cultura popular e que haviam sido aprovadas em nome da classe média. Em processo de desenvolvimento e tornando-se superpopulosos, os centros urbanos do Reino Unido industrial, como Birmingham, eram frequentemente vistos como um lugar temeroso para as ordens medíocres. Em âmbito local, a população aumentou de quase 178 mil habitantes, em 1841, para pouco mais de 400 mil, em 1881. Durante a maior parte desse período, cerca de 35% dos Brummies tinham menos de quinze anos e, no todo, a maioria da população tinha menos de trinta anos. Muitas dessas pessoas estavam amontoadas em um cinturão de bairros operários mais pobres que cercavam o centro da cidade e de onde a classe média cada vez mais fugia para subúrbios salubres como Edgbaston. Alheia às regras e à ordem da velha sociedade paternalista que havia sido varrida pela onda de industrialização, urbanização e consciência de classe, grande parte dessa população jovem era barulhenta, ruidosa, menos deferente e mais propensa a praticar esportes violentos e diversões ilegais.

As atitudes e preocupações da classe média foram capturadas em novembro de 1839 por um escritor do *Birmingham Journal*, poucos dias antes da inauguração da força policial de Birmingham. O correspondente se opunha fortemente à "prática constante de um conjunto de meninos desordenados se reunirem em grupos no 'Terreno Baldio' adjacente à Igreja de St. Thomas (mais particularmente no Dia de Culto), para grande aborrecimento de todos os habitantes daquela vizinhança".[37] Os incômodos incluíam apostas como o lança-e-joga ("*pitch-and-toss*", em inglês), além de *backjumping*, corrida e ponta-gato ("*tip-cat*", em inglês). Este último era uma brincadeira antiga jogada em todo o mundo. Basicamente, ela exigia um taco (a ponta) de cerca de um metro de comprimento e um pedaço de madeira (o gato) de cerca de dez centímetros de comprimento, cortado em cada extremidade. O gato era colocado no chão e tocado com a ponta (golpeado) para ser jogado para cima. No ar, o gato era golpeado com a ponta para o mais longe possível.

O lança-e-joga, por sua vez, era visto como um problema nacional. Envolvia grupos de jovens e homens que jogavam moedas em um alvo. A pessoa cuja moeda estivesse mais próxima ganhava o direito de jogar todas as moedas das outras no ar, podendo ficar com as que caíssem "cara". Se sobrasse alguma, ela era jogada para cima pela pessoa que tinha ficado em segundo lugar no lançamento. Esse processo continuava até que todo o dinheiro fosse ganho.

Em Birmingham, devido ao rápido crescimento da população, a maior parte dos terrenos nas áreas mais antigas já estava ocupada com construções, enquanto as casas geminadas que predominavam nesses distritos não tinham jardins. Isso deixava apenas esquinas ou pequenos terrenos baldios como pontos de encontro para os jovens. Como trabalhavam seis dias por semana, eles se reuniam principalmente no final da tarde de sábado ou no domingo, e seu passatempo favorito era lança-e-joga.

Apesar do pedido da Igreja de St. Thomas para as autoridades impedirem a reunião de jovens, nada foi feito. Como Geoffrey Floy indicou em seu estudo sobre a polícia de Birmingham antes da Primeira Guerra Mundial, a força foi iniciada em 1839 e, em seus primeiros anos, sua liderança adotou uma atitude sensível em relação à aplicação da legislação contra as atividades de rua.[38] Mas, ao longo dos anos seguintes, a polícia foi cada vez mais incentivada a adotar uma postura intervencionista em relação aos "incômodos", como meninos nadando no canal e a obstrução da via pública por pessoas fazendo corrida de pombos, por jovens engraxates e vendedores ambulantes.[39] Essa forma mais severa de policiamento foi acompanhada pela aplicação mais rigorosa da lei contra o jogo de rua. Entre 1820 e 1849, houve apenas seis menções de lança-e-joga nos jornais locais – e apenas uma relacionada a condenações. Mas a partir do final dos anos 1850, houve um aumento acentuado de prisões pela prática do lança-e-joga.

Por toda a nação, havia uma crescente preocupação da classe média com atividades que não eram consideradas recreação racional e que atraíam multidões potencialmente indisciplinadas de jovens da classe operária, sobretudo em um dia destinado ao culto. Em Birmingham, o apelo à ação contra as reuniões de lança-e-joga foi feito em março de 1856, quando o influente reverendo G. S. Bull, da Igreja de St. Thomas, afirmou no encontro anual da Sociedade Pastoral da Igreja que nenhum incentivo tinha sido dado à polícia para interromper essa prática.[40] Essa situação logo mudou e, em 27 de setembro de 1857, o *Birmingham Journal* anunciou uma "Cruzada contra o jogo de azar de rua".

Explicou-se que vários casos haviam sido levados aos magistrados e que o estipendiário, sr. Kynnersley, havia observado que o jogo de lança-e-joga "nas ruas públicas, especialmente no domingo, havia se tornado predominante e era a causa de grande incômodo público". Isso exigia usar infratores pegos em transgressão como exemplo. Um homem de caráter muito indiferente foi multado em dez xelins. Ele havia sido pego com outro que foi identificado com um bom caráter por seus empregadores.[41] Tendo uma referência tão positiva, encontrou algum favorecimento com os magistrados e este infrator foi, portanto, multado na pequena soma de dois xelins. Ainda assim, ele foi condenado e, dessa forma, trabalhadores "respeitáveis" poderiam ser alienados da polícia.

De fato, parece que a tentativa de repressão ao jogo de rua foi o catalisador para o aumento dos ataques contra a polícia e para o surgimento das gangues que evoluíram para os Sloggers e para os Peaky Blinders. Em 1853, apenas uma prisão por causar obstrução da via pública foi notificada nos jornais de Birmingham. Em um sábado de novembro, o detetive Palmer encontrou uma multidão de trinta ou quarenta "ladrões", como foram descritos, participando do jogo na Thomas Street, uma parte muito pobre da cidade. Depois de observá-los sem ser visto por um minuto ou dois, ele foi em direção a eles, mas "todos se dispersaram às pressas como se houvesse um pelotão de policiais em perseguição, em vez de um único detetive". Em uma perseguição inteligente, Palmer conseguiu capturar Joseph Ranford, "um homem de quase um metro e oitenta, forte em proporção".[42] Ainda assim, nenhum ataque foi feito contra o detetive.

Por outro lado, quatro anos depois, em um domingo no final de abril de 1857, quando o policial O'Hara estava levando dois companheiros para a delegacia, foi feita uma tentativa de resgatá-los. James Jennings, um auxiliar de forja de Well Lane, atirou uma pedra no oficial, "que teve um efeito violento em sua cabeça". Jennings, então, solicitou que seus companheiros seguissem seu exemplo. Embora o patrão do prisioneiro tivesse lhe atribuído um caráter justo, ele foi multado em vinte xelins, além dos custos devido à gravidade da agressão. Se ele não pagasse, enfrentaria 21 dias de prisão.[43]

No ano seguinte, em 28 de abril de 1858, uma manchete no *Birmingham Daily Post* conectou diretamente o jogo nas ruas com agressões à polícia. Quando dois policiais tentaram prender homens que jogavam lança-e-joga novamente na Thomas Street, "rajadas de pedras, grossas como granizo, vieram da gangue de cerca de trinta ou quarenta sujeitos". Um policial apareceu no tribunal com a cabeça enfaixada, como resultado dos ferimentos recebidos. Três homens foram multados; observou-se também que os crimes dos jogos de azar de rua e de lançamento de pedras à polícia eram ocorrências quase diárias.[44]

A "cruzada da polícia contra a prática de lança-e-joga nas ruas" ganhou força e, em setembro de 1860, foi determinado que, há algum tempo, cerca de dezesseis rapazes e jovens tinham sido levados perante os magistrados em um dia acusados do "mal" que era de "caráter muito malicioso em diversos aspectos".[45] No entanto, ao longo da década de 1860, escritores de jornais locais continuaram a reclamar da inércia da polícia. Um deles foi o reverendo H. H. Horton. Em 1861, ele ficou tão receoso com os atos mais vergonhosos imagináveis da quebra do Dia de Culto – que aconteceram no terreno baldio em frente ao final da rua Dartmouth – que ligou para a delegacia de polícia da Duke Street para exigir intervenção. Apesar das garantias de que o problema seria solucionado, isso não aconteceu. O reverendo declarou não ter fé na força policial, tendo observado a continuidade dos jogos de lança-e-joga, e confrontou policiais individualmente sobre sua falta de ação.[46]

Não surpreende que alguns policiais, senão muitos, relutavam em enfrentar gangues que jogavam lança-e-joga, dada a violência que frequentemente enfrentavam. Floy enfatizou que o período mais turbulento para a desordem nas ruas foi entre 1867 e 1880. Durante esse período, a polícia, talvez compreensivelmente, foi lenta em sua resposta a esses surtos por causa dos ataques que sofriam quando tentavam dar ordem de prisão.[47] Além disso, nessa batalha vitoriana pelas ruas, na qual a polícia era incumbida de fazer cumprir as leis baseadas nas atitudes da classe média, eles estavam em grande desvantagem numérica. Em 1867, a força policial autorizada de Birmingham era de quatrocentos homens, o que resultava em um oficial para 813 pessoas. Naquele ano, houve 465 ataques a policiais.[48]

É claro que nem todos esses ataques estavam ligados a gangues de lança-e-joga. Em seu estudo relevante sobre infratores da lei e aplicadores da lei em Birmingham entre 1867 e 1877, Barbara Weinberger mostrou que, nos anos 1870, "grande parte da hostilidade à polícia surgiu através de suas tentativas de fazer cumprir as leis de licenciamento, de sua presença em torno dos bares e de sua interferência nos hábitos de bebida e nos locais de consumo da classe operária".[49] Ainda assim, a reunião de multidões de jovens jogando lança-e-joga intimidava e era potencialmente perigosa, já que eles estavam preparados para atacar a polícia se esta tentasse impedir as apostas.

RUFIANISMO DE RUA

O aumento da atenção aos "valentões" foi associado ao uso de uma nova descrição para suas atividades: o rufianismo de rua. Antes disso, estava associado a gangues em Londres e, aparentemente, foi usado pela primeira vez na região em junho de 1864, quando três jovens foram acusados de causar uma obstrução e usar linguagem obscena na esquina da Cottage Lane com a Nelson Street West, em Ladywood.[50] Eles eram Matthew Boyle, de dezoito anos e instalador de gás; Alfred Ellis, 26 anos e sapateiro; e John Sheridan, 22 anos e operário de fundição. O chefe da polícia do bairro afirmou que "não passou um dia sem que ele tenha recebido quatro ou cinco cartas reclamando da conduta vergonhosa de tais rufiões", enquanto o magistrado Kynnersley disse que os prisioneiros pertenciam a "um conjunto de sujeitos que eram um incômodo intolerável". Sheridan e Ellis foram mandados para a cadeia por quatorze dias com trabalho forçado, mas Boyle foi dispensado por ter um bom comportamento.[51]

Essas sentenças não surtiram efeito de impedimento e, em julho de 1866, dizia-se que "uma gangue de brutamontes" ainda infestava Cottage Lane e Nelson Street, para perigo e aborrecimento dos habitantes pacíficos[52]. Havia gangues territoriais semelhantes em outros lugares. Em março de 1868, chamou-se a atenção da polícia para uma que se reunia diariamente na esquina da Loveday Street com a Princip Street no Gun Quarter, onde eles perturbavam a vizinhança jogando e usando palavrões.

Ao se esforçar para aplicar a lei contra esses bandos, com potencial para reagir com violência, a polícia então adotou uma tática diferente. Eles enviaram destacamentos maiores de homens, incluindo agentes à paisana, para certos locais de lança-e-joga. Em uma semana, em 1868, "cerca de cinquenta das pragas de ruas e becos que se divertem e se deleitam para o incômodo do público em todas as partes da cidade com sua prática de lança-e-joga" foram levados ao tribunal. Pouco tempo depois, outros quinze foram multados em dois xelins e seis pence cada. Com idades entre doze e 22 anos, eles vinham de ruas dos bairros operários de Birmingham, incluindo Bordesley, Hockley, Highgate, Gun Quarter, Ladywood, Ashted, o centro da cidade e St. Bartholomew's (Digbeth).[53]

Os locais de lança-e-joga que atraíam jogadores de grandes áreas ficavam localizados no centro da cidade. Uma delas era Edmund Street; mas, como essa área foi transformada no distrito comercial e de administração municipal, esses locais foram perdidos. No entanto, locais dentro dos bairros operários não foram afetados e continuaram a atrair uma multidão local. É provável que tenha sido dessas reuniões que surgiram as gangues de rua de Birmingham.[54] Uma dessas gangues já era ativa em 1870. Em abril, entre vinte e trinta jovens de Barford Street e Bissell Street foram parados por um policial porque estavam gritando e usando palavras chulas. Armados com paus e pedras, disseram-lhe que estavam a caminho para brigar com uma gangue da Sun Street com a qual haviam tido conflito na noite anterior. Mais policiais vieram para manter os lados separados.[55]

A gangue da Barford Street era associada a um ponto de lança-e-joga. Em 1871, um correspondente reclamou das "cenas vergonhosas encenadas na Barford Street, mais especificamente aos domingos". A polícia era muito raramente encontrada por ali, e "não apenas gangues de brigões são vistas jogando lança-e-joga no Dia de Culto, mas janelas são quebradas e outros atos de violência são cometidos por mísseis lançados por rufiões foras da lei, que bem sabem que não há medo da visita dos senhores de uniforme azul".[56]

O problema das gangues estava aumentando e se espalhando por toda a classe operária de Birmingham. Em 1870, os brutamontes que se reuniam em Islington (perto da Five Ways) foram apelidados de "Mohawks" em um jornal local, enquanto, alguns quilômetros a leste, uma gangue nas proximidades da Henrietta Street, no distrito de Summer Lane, foi considerada um terror para habitantes.[57] Em setembro daquele ano, uma carta foi lida em uma reunião do Birmingham Watch Committee, o grupo de conselheiros que supervisionava a polícia. O escritor reclamou dos rufiões de rua que bloqueavam as vias nas esquinas ao redor dos Sandpits. Eles usavam uma linguagem tão suja que era insuportável para as pessoas terem qualquer conforto em suas residências. Um cirurgião de Exeter Row, na Smallbrook Street, também ficou receoso com os meninos que arremessavam pedras perigosamente em um terreno não cercado perto de sua casa, e o vereador Manton observou que, no dia anterior, dezesseis meninos haviam sido levados perante os magistrados por arremessarem pedras e incomodar os habitantes.[58]

Meses depois, no domingo, 30 de abril de 1871, uma gangue se rebelou no Gun Quarter. Mais uma vez, o problema estava relacionado à prática de lança-e-joga. Naquela noite, os policiais Falvey e Palmer estavam de plantão na Weaman Street, onde viram grande número de brigões em jogos de aposta. Os infratores correram para uma entrada que levava à Slaney Street e "pararam no final com tijolos nas mãos, ameaçando atirar nos policiais se tentassem tocá-los". Enquanto os policiais corriam na direção do bando, um dos jovens arremessou meio tijolo contra o policial Palmer. Por sorte, não o acertou. O policial Falvey conseguiu prender Edward Lundy, "que era muito violento e tentou sair de sua custódia". Walter Joyce então lançou um míssil, que atingiu o oficial na testa e ele caiu, inconsciente. Foi um ferimento grave e, enquanto o policial estava "em estado de inconsciência, Lundy atirou várias pedras nele". Aos dezessete anos, Joyce foi condenado a três meses de trabalho forçado por agressão grave, enquanto Lundy foi detido.[59]

Os distúrbios do ano seguinte colocaram em uso o termo "gangues de Sloggers". Provavelmente em resposta à ascensão dessas gangues, em 1873, o número de policiais em Birmingham ganhou cinquenta novos membros, chegando a um total de 450 homens. Ainda assim, era apenas um para cada 778 moradores e, naquele ano, houve 473 agressões a policiais.[60] Em 30 de março, havia "um catálogo de arroubos desordeiros em várias partes de Birmingham". Na Rea Street South, uma multidão tentou resgatar um prisioneiro da polícia e atacou os agentes com pedras. Do outro lado da cidade, na Great Hampton Street, policiais e passageiros de um ônibus foram atacados com lama e pedras. Os jovens infratores então subiram nos telhados das casas, de onde jogaram telhas nos policiais que os perseguiam. Perto de Newtown Row, policiais foram feridos com pedras quando uma multidão tentou resgatar um prisioneiro e outros foram apedrejados no centro da cidade na Great Queen Street. Problemas também foram relatados em Aston, onde uma gangue de sessenta rufiões tinha "o hábito de quebrar janelas e espancar passageiros nas ruas" e, em 25 de março, eles atacaram quinze policiais com pedras.[61] Esses membros da polícia eram da força de Warwickshire, pois, naquela época, Aston ficava fora de Birmingham. Um lugar predileto para esses Sloggers de Aston se reunirem e lutarem contra os outros era perto da ponte do canal na Avenue Road.[62]

Em 1º de abril, o *Birmingham Daily Post* lamentou que graves agressões à polícia durante a execução de seu dever estivessem se tornando incomumente abundantes em Birmingham. Isso era especialmente verdade aos domingos, quando as reuniões de lança-e-joga eram maiores e quando "covardes brutais podiam dar vazão ao seu rufianismo".[63] Dez dias depois, o jornal lamentou "onze semanas de rufianismo em Birmingham", ao listar uma série de crimes. Condenado como um "registro melancólico do rufianismo sem precedentes que já há algum tempo se tornou uma característica de Birmingham", incluiu uma cena vergonhosa na Livery Street, que novamente aconteceu em um domingo. A polícia tentou dispersar alguns rapazes reunidos em uma casa em ruínas, mas foram atingidos com pedaços de tijolos. Quatorze dos infratores foram presos, mas "uma grande multidão os seguiu até a delegacia, vaiando, jogando lama e pedras". Então, a van da polícia apareceu para levar os prisioneiros à prisão pública de Moor Street, "uma multidão de cerca de cem pessoas, de ambos os sexos, a seguiu pela Great Hampton Street, Constitution Hill e Snow Hill, jogando lama, pedras e outros mísseis".[64]

A essa altura estava claro que as gangues de Sloggers estavam cada vez mais associadas a certas ruas com reputação de ser frequentadas por jovens violentos e que, além de atacar a polícia e transeuntes inocentes, essas gangues ligeiramente organizadas estavam brigando entre si. Em março de 1873, o *Birmingham Daily Post* notou que vários Sloggers da Bradford Street haviam emboscado um membro da gangue de Park Street. Depois de ser atingido com um pedaço de pau, ele fora derrubado e chutado.[65] Mais tarde naquele ano, uma gangue de Sloggers na Little Francis Street, Duddeston, foi confrontada por dois policiais que afirmaram que os jovens estavam armados com "batedores" de guta-percha (cassetetes feitos de uma substância semelhante à borracha) e também pedaços de pau com ferro nas extremidades. Outra gangue de brutamontes na Great Tindal Street, Ladywood, foi descrita como "um terror para o bairro".[66]

A lealdade às ruas, os esforços da polícia para suprimir os jogos de azar aos domingos e a reunião de jovens nas esquinas foram fatores essenciais para o aumento dos atos das gangues de Sloggers. Fizeram também parte de uma tendência mais ampla identificada por Weinberger, uma historiadora pioneira do policiamento e do crime. Sua pesquisa enfatizou que uma crescente hostilidade à polícia entre a classe operária era mais diretamente expressa pelos mais pobres e menos representados. Essa hostilidade estava enraizada em uma resistência às novas tendências nas diretrizes do governo central e local. Um estilo passivo de policiamento, pelo qual a ordem pública era mantida simplesmente fazendo ronda na cidade, estava dando lugar a uma abordagem mais coercitiva e punitiva.

Em um esforço para impor a disciplina urbana, cada vez mais a polícia estava mexendo com pessoas com quem antes não se incomodava. Como resultado, a tolerância geral da classe operária à polícia diminuiu, enquanto novas iniciativas policiais contra crimes comportamentais – embriaguez e apostas de rua, por exemplo – provocaram resistência. Por sua vez, isso levou a um aumento de ataques a policiais nas cidades de toda a Inglaterra na década de 1870. Mais particularmente, Weinberger argumentou que as gangues de rua rejeitavam as alegações da polícia de que tinham o direito de manter a ordem nos territórios sob o domínio das gangues.[67]

No entanto, embora as mudanças no policiamento possam ter provocado o surgimento das gangues de rua de Birmingham, muitos dos rapazes e homens envolvidos nelas eram tipos desagradáveis que arruinavam a vida das pessoas trabalhadoras e respeitáveis entre as quais viviam. De acordo com o *Birmingham Daily Post*, em 24 de junho de 1873, apesar das severas sentenças estabelecidas pelos magistrados, "o rufianismo ainda prevalece em uma extensão considerável em Birmingham". Em algumas partes da cidade, os domingos eram "monopolizados pelos brutamontes que se divertem com apostas, jogando tijolos nas casas, agredindo transeuntes de disposição pacífica e resgatando prisioneiros da custódia da polícia".

Essas áreas também eram entregues à lei da máfia nas noites de sábado. Edwin Cook – da Potter Street, nº 40, no bairro Gosta Green – estava entre os cidadãos pacíficos violentamente atacados pelos Sloggers. Fabricante de canos de arma e limador, na tarde de domingo, 8 de junho, ele estava tomando chá com sua família quando ouviu linguagem chula do lado de fora de sua casa e alguém jogando moedas para o alto. Ele saiu e viu vários brigões em uma rodada de lança-e-joga. Cook pediu que eles fossem embora, mas os rufiões zombaram dele, usando palavrões. Joseph French era o líder e ameaçou que "se você vier aqui eu vou te dar uma lição". Ele então puxou uma coronha de chicote pesada com uma barra de ferro presa a ela. Com essa arma perigosa, French atingiu Cook com força na testa enquanto ele corajosamente se aproximava da gangue.

Embora com um grande ferimento e roupas saturadas de sangue, Cook segurou French, que entregou o chicote a outro brigão, ordenando-lhe que "Pode jogar no ..." (as reticências na reportagem do jornal simbolizavam palavras de baixo calão). Isso ele fez e depois fugiu. No entanto, o audacioso Cook conseguiu segurar French até que um policial chegou; mas, ao tentar levar seu prisioneiro para a delegacia, ele foi resgatado pela multidão. No domingo seguinte, Cook viu seu agressor na York Street. Ele o denunciou à polícia e, depois de uma perseguição rápida, French foi preso. Enquanto o sargento Millard o escoltava para a delegacia, "uma multidão apareceu do nada e o apedrejou". Aproveitando-se da baderna, French tirou o paletó e escapou. Enfim levado perante os magistrados, ele foi condenado a dois meses de prisão com trabalhos forçados por uma agressão muito grosseira.[68]

GANGUES IRLANDESAS E INGLESAS

O ataque a Cook levou a um aumento da atividade policial e, no início de julho de 1873, o *Birmingham Daily Post* esperava com otimismo que, agora que as autoridades haviam despertado para "a gravidade do recém-desenvolvido mal do rufianismo de rua em Birmingham", isso logo se tornasse uma questão do passado.[69] Essa esperança, porém, não vingou. No início de fevereiro de 1874, John "Jacky" Joyce, de quinze anos, esfaqueou no pescoço John Thomas Kirkham, de quinze anos, no que parecia ser um conflito entre as gangues da Park Street e da Milk Street. A vítima morreu no hospital e, no Warwick Assizes, Joyce foi considerado culpado de homicídio culposo e sentenciado a um mês de prisão e cinco anos em um reformatório.[70]

A essa altura, a vizinhança de Milk Street era temida por estar tão "infestada de 'brigões' de ambos os sexos que é perigoso para um policial 'fazer uma ronda' sozinho, com a multidão caçando-o e apedrejando-o para 'dar o fora das ruas'".[71] Perto dali, os Sloggers da Barn Street também estavam ganhando notoriedade, assim como os Sloggers da Allison Street.[72] Esta era paralela à Park Street, e é provável que as gangues das duas ruas fossem próximas como carne e unha. O "capitão" dessa gangue de Sloggers da Allison Street era Thomas Joyce, irmão de John "Jacky" Joyce.[73]

Nascidos em Birmingham de pais irlandeses, os irmãos Joyce parecem ter se mudado para a vizinhança de Park Street na década de 1870.[74] Certamente, pelo censo de 1881, Thomas Joyce estava morando em Park Lane, a continuação da Park Street. Aos 26 anos, ele trabalhava como funileiro.[75] Assim como seu irmão mais novo, Thomas Joyce era violento. Na sexta-feira, 23 de setembro de 1874, ele e Andrew Toy, um operário que fabricava canos, da Bordesley Street, envolveram-se em uma briga sangrenta com William Smallwood, um rapaz de dezoito anos da River Street. Eles apareceram no tribunal com a cabeça tendo sido enfaixada no hospital. Joyce explicou que, ao voltar para casa do trabalho, ele estava perto da Deritend Bridge, quando Smallwood e um bando de cerca de vinte integrantes veio até ele. Queriam saber o que ele e seu amigo estavam olhando. Joyce então acusou Smallwood de acertar ele e Toy na cabeça com uma alça atrelada a uma fivela, causando ferimentos graves. Toy corroborou essa evidência, acrescentando que também foi golpeado por uma faca que tirou de Smallwood.

O policial Butler não encontrou nenhuma faca com Toy, enquanto Smallwood relatou ao tribunal que ele havia usado seu cinto apenas quando "o pessoal da Allison Street tentou esfaqueá-lo". Esta versão foi apoiada por uma testemunha independente, filho de um dono de fábrica local. Ele tinha visto Joyce e Toy brigando com um jovem perto da ponte e tinha ouvido um deles usando uma linguagem muito chula com Smallwood, que não usou sua fivela até que seus agressores mostrassem as facas. Os magistrados decidiram que, em legítima defesa, Smallwood dera a Joyce e Toy "uma boa surra – um gosto de seu próprio remédio". Ele foi dispensado.[76]

Parece que essa luta e a anterior entre as gangues de Park Street e de Milk Street, quando o jovem Kirkham foi morto, foram intensificadas pela animosidade étnica. Park Street e a adjacente Allison Street eram consideradas uma área irlandesa. Por outro lado, apenas cinco ruas abaixo de Digbeth, a Milk Street já era vista como inglesa. De acordo com Weinberger, "as gangues de rua da década de 1870 se reuniam com base no território e na etnia, e não pelo roubo em si, com cada gangue demarcando e defendendo suas reivindicações territoriais contra estranhos – fossem eles a polícia ou uma gangue rival".[77] Philip Gooderson também propôs que a "etnia parece ser uma das bases do início da década de 1870, pelo menos na área de Digbeth, apesar de ter retrocedido à medida que os irlandeses foram assimilados".[78] Ainda que se reconheça que algumas das primeiras gangues de Sloggers estavam associadas à etnia, é importante não considerar seu surgimento como uma coisa irlandesa – porque não era.

Em 1871, a população irlandesa de Birmingham caiu para 9.076 habitantes, comparada ao pico atingido uma década antes. Isso era apenas 2,64% do total de 343.787 habitantes da cidade, embora essa proporção aumentasse se os filhos de imigrantes nascidos na Inglaterra fossem incluídos. Os irlandeses eram encontrados em todas as partes da cidade, mas havia diferenças pronunciadas em sua concentração. As famílias trabalhadoras mais pobres de Roscommon e Mayo se estabeleceram em várias ruas espalhadas pelas partes mais antigas e insalubres de Birmingham. Isso significava que não havia gueto irlandês como tal, embora Park Street fosse amplamente considerada a zona irlandesa. Foram os irlandeses de lá que sofreram muito nos motins que ficaram conhecidos por Murphy Riots, em 1867, quando o conflito étnico convulsionou partes de Birmingham, e foi Park Street que teve um dos mais notórios dos primeiros bandos de Sloggers. Sua gangue de rua, portanto, provavelmente se uniu para proteger os irlandeses tanto da polícia quanto dos brigões ingleses.

Os Murphy Riots tiveram início em 16 de junho de 1867, quando os irlandeses da Park Street se reuniram para assobiar, gemer e atirar pedras em meio a uma reunião organizada por William Murphy, um pregador protestante que se tornou conhecido por seus ataques imundos e vis ao Papa, às freiras e à Igreja Católica. Um conflito com a polícia eclodiu e, no dia seguinte, uma enorme multidão inglesa atacou a Park Street. Os irlandeses se defenderam contra esse bando de brutamontes, descrito por um observador mais simpático aos irlandeses como composto "sobretudo de pugilistas, batedores de carteiras, garrotes, e aquela categoria na vida social chamada de 'classes perigosas'". Ajudado pela polícia, esse enganosamente chamado "partido da ordem" expulsou os irlandeses que tentaram proteger a rua e destruíram suas casas.

Quase todas as casas da Park Street foram arrombadas e destruídas pela multidão. Sem proteção, mulheres e crianças irlandesas se amontoavam nos cantos, lamentando os destroços de suas pequenas casas. Eles faziam isso "tudo em um silêncio interrompido apenas por algum lamento meio desesperado ou pelas explosões de choro das crianças".[79] Posteriormente, o prefeito convocou os militares do quartel em Ashted, e os magistrados leram o Riot Act. Essa legislação autorizou os funcionários locais a fazerem uma proclamação que ordenasse a dispersão de qualquer grupo de doze ou mais pessoas reunidas de forma ilegal, desordenada e tumultuada. Se não o fizessem dentro de uma hora da proclamação, as autoridades poderiam usar a força para dispersá-los.

Durante os Murphy Riots, a polícia de Birmingham estava em grande desvantagem numérica, mas foi acusada de se aliar aos desordeiros ingleses e de atacar os irlandeses no intuito de prendê-los. Em seu estudo detalhado desse motim, Patsy Davis revelou que os 450 policiais especiais que prestaram juramento para apoiar a polícia tornaram-se subordinados aos desordeiros ingleses. Além disso, o chefe de polícia de Birmingham, George Glossop, contou como o tumulto de segunda-feira terminara quando a parte "respeitável" do bando inglês "entrou em formação na frente da polícia e apedrejou os irlandeses com tanta força que a polícia se tornou dona da rua".[80] Tendo visto suas propriedades mutiladas, os irlandeses foram então responsabilizados pelos tumultos e punidos por eles.

Os distúrbios continuaram ao longo de 1867 e, em outubro, uma multidão inglesa marchou em St. Alban's, uma igreja anglo-católica, e tentou atacar áreas irlandesas e as igrejas católicas de St. Chad, St. Peter e St. Michael. Estas foram defendidas pelos irlandeses. As tensões permaneceram altas nos anos seguintes e, em 28 de abril de 1872, três semanas após a primeira menção às gangues de Sloggers, vários policiais encontraram "cerca de quatrocentos brutamontes, divididos em duas 'gangues', irlandesa e inglesa". John Morris foi preso por criar um tumulto e atirar pedras, o que ele também incitou outros a fazer. Aos 34 anos, ele era um pedreiro de Galway que morava com seus pais em Barford Street. Curiosamente, esta era uma rua predominantemente inglesa.[81]

Gooderson encontrou mais evidências de antagonismo étnico em 1874, quando o superintendente-chefe Glossop mostrou ao Comitê de Vigilância uma bandeira de papel preto e verde sobre a qual havia uma caveira, ossos cruzados e um trevo. Ele foi encontrado preso no viaduto ferroviário em Allison Street, após uma briga entre bandos rivais.[82] Ainda assim, a inimizade localizada entre gangues inglesas e irlandesas, que viviam próximas umas das outras dentro e ao redor de Digbeth, desapareceu à medida que a população de irlandeses de primeira geração diminuía e o casamento misto aumentava. Além disso, se por um lado a animosidade dos jovens irlandeses de segunda geração da Park Street e da Allison Street para com a polícia foi intensificada pela cumplicidade desta no vandalismo à Park Street durante os Murphy Riots, essa antipatia, por outro, também era compartilhada pelas gangues de rua nas muitas áreas onde os ingleses pobres predominavam. Era um ódio que se estendia aos que testemunhavam contra os Sloggers e que eram vistos como "dedos-duros" – informantes da polícia.[83]

Isso ficou claro em um tumulto no verão de 1874, que envolveu entre quinhentas e seiscentas pessoas na área de Digbeth. Alguns dias antes, um homem local havia se apresentado como testemunha de um ataque à polícia. O culpado foi preso e condenado a seis semanas de prisão. Então, na noite de 13 de julho, a testemunha foi avistada na região e perseguida. Desesperadamente procurando refúgio, ele correu para uma casa na Bordesley Street, que estava apedrejada. Uma força de quinze policiais e um sargento rastreou os desordeiros até Allison Street; mas, quando chegaram à Coventry Street, "eles foram detidos pelas pedras arremessadas pela multidão que parecia uma chuva de granizo".

A polícia acusou e prendeu quatro líderes, com idades entre vinte e 64 anos. Vários outros foram acusados de conduta desordeira, incluindo Julia Giblin, de quinze anos, uma fabricante de guarda-chuvas da New Canal Street. Esse é um caso raro de uma moça em uma baderna de gangues na década de 1870, embora haja um pouco mais de evidência de envolvimento feminino com Sloggers e Peaky Blinders no final do século. Giblin era descendente de irlandeses, assim como alguns dos outros presos – mas entre eles também estavam pessoas de origem inglesa. O conselheiro Arthur Chamberlain, irmão mais novo do prefeito Joseph Chamberlain, tinha sua fábrica na área onde o motim ocorreu. Como testemunha do tumulto, ele falou da frequência desses distúrbios no distrito e mencionou também as gangues de Park Street e Milk Street.[84]

O MOTIM DA NAVIGATION STREET

Os ataques à polícia continuaram, assim como os combates entre gangues de rua. Em março de 1875, foi relatado que em uma tarde de domingo, entre cem e duzentos jovens estavam jogando pedras e pedaços de tijolos uns nos outros na Hall Street, Ashted, enquanto dois jovens foram multados em dois xelins e seis pence por atirar pedras na Coleshill Street e por ter agredido o policial Morley.[85] Naquele mês, em 7 de março de 1875, ocorreu uma violenta desordem na Navigation Street depois que dois detetives prenderam William Downes, um homem suspeito de envolvimento em um assalto. Ele foi preso no Bull's Head Inn, na Wharf Street, que estava cheio de amigos seus. Enquanto Downes era levado em marcha pela Navigation Street, os oficiais foram "atacados por um grupo de brutamontes, que jogaram pedras e lama, e logo uma imensa multidão se reuniu". Eles corriam grande perigo de serem feridos e de terem seu prisioneiro resgatado, quando o sargento Fletcher veio em seu auxílio e tentou conter a multidão. Ele foi cercado e atacado – entre vinte e trinta rufiões o derrubaram e o espancaram com cassetetes e pedras e pularam sobre ele.

A essa altura, os detetives haviam conseguido chegar à esquina da Suffolk Street, onde viram o policial Lines chegando. Um deles exclamou: "Pelo amor de Deus, vá até o sargento Fletcher, eles o estão matando!". O corajoso policial subiu a rua imediatamente, juntou sua equipe e seguiu para ajudar o sargento Fletcher, que havia sido esfaqueado no rosto e sofrido vários ferimentos no couro cabeludo. Fletcher conseguiu fugir, mas o policial Lines foi agredido pelos brutamontes e, como uma testemunha descreveu graficamente, "eles se agarraram a ele como ratos e tentaram derrubá-lo, mas não conseguiram". Ele os afastou, mas "no calor da briga, um dos rufiões enfiou a faca no seu pescoço, perto da orelha esquerda, e então Lines caiu". Seus agressores então o chutaram e espancaram até que se ouviu um grito de que mais policiais estavam chegando e eles se dispersaram. O policial Lines foi levado para o Queen's Hospital em Bath Row, onde morreu em 25 de março.

Doze homens foram presos por sua participação no motim da Navigation Street. Com idades entre dezessete e 23 anos, foi declarado que todos eles eram ladrões condenados que haviam causado muitos problemas à polícia, enquanto vários haviam sido condenados diversas vezes por agredir a polícia.[86] Um deles, Jeremiah Corkery, conhecido como Corcoran, foi considerado culpado pelo assassinato do policial Lines e recebeu sentença de enforcamento. Quatro outros homens foram condenados por agressão ilegal e sentenciados à prisão perpétua – eles eram John Creswell, Thomas Whalin, Thomas Leonard e Charles Mee.[87] De acordo com um correspondente do *Birmingham Weekly News* em 1955, Creswell foi solto depois de vinte anos e, na década de 1890, morava perto da Broad Street, um trabalhador respeitável.[88]

Will Thorne, fundador do Sindicato dos Trabalhadores de Usinas a Gás, nasceu em 1857 e cresceu na Farm Street, Hockley, e em sua história de vida ele escreveu que havia "uma gangue de brigões muito barra-pesada que estava sempre procurando encrenca" na região da Navigation Street. Parece que, além de roubar e agredir a polícia, eles praticavam uma forma grosseira de protecionismo. No entanto, após o assassinato do policial Lines:

> A ação da polícia resultou na limpeza definitiva do bairro. Foi um alívio, especialmente para os frequentadores do Birmingham Theatre Royal, que ficava nas adjacências da Navigation Street. Era um dos lugares favoritos de operação da gangue.
>
> Uma de suas brincadeiras era acompanhar as filas que as pessoas faziam para entrar no teatro. Muitas vezes eu estava no meio da multidão e, assim que as portas se abriam, eles ultrapassavam o público que esperava, corriam para a galeria e tomavam conta dos melhores assentos do meio do teatro. Depois, eles vendiam alguns desses assentos, mas guardavam um número para si. Até o momento dos motins, nem a polícia, nem as autoridades do teatro foram capazes de impedir esses arrastões.

Enquanto os arrastões no teatro e o assassinato de um policial diferem muito na escala da violência, o depoimento de Will Thorne mostra a agitação geral na época, revelando um ambiente que se inclinava para o aumento dessa violência. Esse tipo de perturbação social infelizmente não se limitava apenas a essa área. Apesar da dissolução do bando da Navigation Street, em outros lugares as gangues de rua continuaram a arruinar a vida das pessoas pobres – por sua vez trabalhadoras e respeitáveis –, tanto quanto atormentavam os policiais em seus turnos. O problema era tão grave que, em maio de 1875, um comitê do distrito de Duddeston reuniu-se com representantes dos magistrados do bairro para discutir sua crença de que os infratores violentos não eram punidos com severidade suficiente. Liderados pelo conselheiro Derrington, explicaram que muitas brigas de rua ocorriam nos distritos eleitorais de Duddeston, Nechells e St. Bartholomew. Muitas delas surgiam da embriaguez, mas outras pareciam lutas de facções com "as forças opostas sendo formadas na vizinhança, e uma confusão geral se seguiu". O *Birmingham Daily Post* considerou a delegação equivocada, afirmando que havia exaltado cada pequena briga de rua em um surto de rufianismo e que suas alegações infundadas foram refutadas pelas estatísticas criminais oficiais.[89]

Essa rejeição teria resultado em pouco conforto para Margaret Moran. Fabricante de brinquedos de aço de 21 anos, da vizinhança da Navigation Street, ela foi uma das várias testemunhas contra os desordeiros que tinham sido perseguidos e ameaçados. No seu caso, ela também foi esfaqueada pela irmã de Corcoran e "temia por sua própria vida".[90]

Em contrapartida, os próprios magistrados levaram a sério as queixas do comitê. O vereador Manton salientou que nem mesmo um caso era relatado nos jornais, enquanto o magistrado estipendiado, Kynnersley, disse que estava claro que "grandes absurdos foram cometidos, mas aqueles que eram conduzidos para a delegacia tinham muito pouco a ver com o crime e muitas vezes eram acusados de se recusar a ajudar a polícia". Seria uma grande injustiça punir essas pessoas como se fossem as perpetradoras, enquanto os verdadeiros líderes raramente eram levados aos magistrados.[91] Ainda assim, e talvez motivado pela delegação e pelo assassinato do policial Lines, o Comitê de Vigilância aumentou a força policial em cinquenta homens, para que rondas com dois policiais pudessem ser executadas nas áreas mais perigosas.

Parecia que essas ações e as sentenças severas proferidas contra os desordeiros da Navigation Street tinham surtido efeito, pois, em fevereiro de 1876, o *Birmingham Daily Post* escreveu que "em Birmingham, desfrutamos de uma imunidade tão longa às brigas de rua, que estávamos começando a esperar que o espírito desordeiro da 'escória' local estivesse enfim subjugado, se não positivamente extinto". Tais esperanças haviam sido frustradas, no entanto, por uma recente briga de rua entre brutamontes e a polícia e por um distúrbio organizado.[92]

Um ano depois, relatou-se que, por vários meses, "um grande número de jovens rudes vinha se reunindo na esquina da Great Charles Street e se entregado ao que era vulgarmente conhecido como práticas de Sloggers". Eles atacavam uns aos outros com grandes pedaços de pau e apedrejavam-se com pedras e tijolos, enquanto vigiavam a polícia e fugiam assim que eram vistos.[93]

Àquela altura, o rufianismo em Birmingham estava atraindo atenção indesejada por toda a nação. Em 1877, no Northampton Assizes, o juiz Hawkins comentou que "noite após noite, as ruas de Birmingham tornam-se palco de uma violência e brutalidade quase irreprimíveis". A declaração veio acompanhada de uma carta ao *The Times*, na qual o escritor buscava uma explicação para a discrepância entre os elogios concedidos a Birmingham pela perfeição de suas instituições municipais e o grande número de casos de violência na cidade. Isso provocou "uma discussão acalorada" numa reunião da Comissão de Vigilância. Os conselheiros concordaram que os comentários recentes eram um estigma baseado em representações errôneas. Birmingham estava sendo ridicularizada e desprezada não apenas em todos os cantos da Inglaterra, mas também em todo o mundo civilizado. Em todos os lugares em que se perguntasse "O que o *Times* diz?", a resposta seria que crimes violentos ocorriam todas as noites em Birmingham. Em resposta, foi resolvido que o major Bond, o chefe da polícia, deveria escrever ao jornal com estatísticas para refutar tais alegações.[94]

Os líderes de Birmingham valorizavam muito a reputação recente que haviam conquistado, tanto nacional quanto internacionalmente, por boa governança, políticas progressistas e socialismo municipal. Quatro anos antes, em 1873, o conselho havia sido ocupado por jovens membros do Partido Liberal. Sob a liderança dominante de Joseph Chamberlain, importantes reformas foram realizadas, incluindo a municipalização das empresas privadas de gás e água. Como Chamberlain, muitos dos conselheiros que o apoiavam eram não conformistas e representavam os maiores fabricantes. Embora tivessem uma conexão com os trabalhadores mais qualificados e regularmente empregados da classe operária, era nítido que estavam descolados dos pobres em todos os aspectos: residencial, econômico, educacional e aspiracional, tanto pelo discurso quanto por atitudes e crenças. Consequentemente, os pobres não eram abraçados pelo novo conceito cívico de Birmingham.

Como bem salientou Weinberger, a negação das alegações de desordem por parte do conselho, juntamente com a falta de ação decisiva dos magistrados "apontam fortemente para uma atitude por parte das autoridades de que a desordem em certas áreas da cidade preocupava poucas pessoas além dos habitantes locais". O trabalho de Weinberger concentrou-se na percebida "classe criminosa", para a qual ela concluiu que uma estratégia de exclusão foi implementada pela elite urbana, pois não apresentava "uma ameaça política real, embora tenha servido a uma função econômica decrescente".[95] Esses tormentos perspicazes poderiam ser aplicados na mesma medida aos jovens mais pobres em geral – sua exclusão da entidade cívica foi outro fator que contribuiu para a expansão das gangues de rua em Birmingham na década de 1870, década considerada um período positivo durante o qual Birmingham se modernizou e avançou.

OS SLOGGERS DE ASTON

O rufianismo de rua era generalizado nos distritos da classe operária de Birmingham e, em 1878, houve 478 agressões à polícia. Ao longo dos anos seguintes, esse número caiu de maneira perceptível, para apenas 279, em 1883.[96] Isso pode ter ocorrido devido a uma abordagem mais cautelosa dos policiais nas rondas feitas nas imediações dos apostadores de domingo. Certamente, os processos contra eles parecem ter caído e aqueles que eram presos tendiam a ser meninos e não rapazes de mais idade.[97] Tal atitude da polícia foi intimada por um habitante de Aston, que escreveu que a prática de lança-e-joga nas proximidades da Kensington Street era um incômodo intolerável causado por uma multidão de brutamontes. Ainda assim, enquanto um policial estava em serviço patrulhando a região para evitar ataques a membros do Exército da Salvação na Porchester Street, não havia tal supervisão dos apostadores.[98]

A ocupação de terrenos baldios em Birmingham por novas construções também pode ter tido um efeito temporário no declínio das condenações pela prática de lança-e-joga. Com a perda de espaços maiores, aqueles que jogavam moedas agora se reuniam aos domingos em menor número nas ruas laterais dos distritos da classe operária.[99] Essa prática continuou até a década de 1920. Em uma tarde de domingo, quando os pubs estavam fechados, minha avó, Lil Perry, e outros jovens observavam os homens que saíam do Hotel Albion na esquina da Whitehouse Street com a Aston Road North "jogarem moedas até que a polícia aparecesse e eles saíssem correndo".[100]

Pode ser que a polícia estivesse agindo com mais cautela não apenas em relação às reuniões de lança-e-joga, mas também às gangues de Sloggers, pois os relatos sobre elas diminuíram no início da década de 1880; contudo, qualquer esperança de que tivessem desaparecido era equivocada. Em junho de 1882, as gangues da Harding Street e da Whitehouse Street lutaram perto da Miller Street. O *Birmingham Mail* reportou que, "o caso parece ter surgido através da existência de uma série de valentões que se unem e se autodenominam 'gangues de Sloggers'. A missão delas parece ser reunir guerrilheiros de certas ruas e entrar em combates, que por diversas vezes resultaram em lesões consideráveis". Foi o caso dessa briga. Thomas Dan foi atingido por um tijolo na cabeça e derrubado e depois chutado enquanto estava caído no chão. O ataque contra ele terminou com um golpe de um pedaço de ferro que quebrou seu crânio. Nocauteado e inconsciente, ele ficou com uma fratura exposta do crânio, um braço quebrado e um polegar quebrado.[101]

Mais tarde naquele ano, uma gangue estava causando problemas na esquina da New Canal Street com a Fazeley Street, e o renascimento das gangues foi anunciado na imprensa.[102] O chefe de polícia, sr. Farndale, assegurou ao Comitê de Vigilância que, embora tivesse havido algumas queixas sobre a prevalência das chamadas gangues de Sloggers, a maioria dos casos de esfaqueamento ocorria em pátios internos de casas geminadas ou casas particulares.[103] Essa observação desdenhosa dá peso à crença de Weinberger de que os ataques às pessoas mais pobres preocupavam apenas aqueles em seus bairros.

O problema contínuo dos Sloggers ficou claro em 1884, quando foi relatado que eles estavam atirando pedras uns nos outros na Summer Lane e, dois anos depois as gangues dos Sloggers de Aston chegaram às manchetes.[104] Em julho de 1886, os policiais Dawson e Houghton estavam levando Alfred Simpson da Whitehouse Street para a delegacia, "quando foram atacados por uma gangue de brutamontes, que os apedrejaram e se comportaram de maneira muito violenta". Os policiais foram obrigados a buscar proteção em uma loja. Simpson então foi até o policial Houghton e disse que "daria um jeito nele e, imediatamente depois, uma das pedras que voavam em todas as direções o atingiu na parte de trás da cabeça", enquanto um transeunte foi atingido por uma pedra, ficou inconsciente e teve que ser transportado para casa em uma carruagem de aluguel.

No tribunal, alegou-se que Simpson era um membro da gangue que infestava a Aston Road, a Whitehouse Street e toda a vizinhança do perímetro. De fato, "Mal havia um dia em que a gangue dos Sloggers de Aston encontrasse uma gangue de Birmingham e travasse uma batalha – as armas usadas eram pedras e tijolos". O problema era tão sério que mais policiais foram colocados em serviço. Simpson, que era de uma família notória, foi enviado para a cadeia por 21 dias, condenado a trabalhos forçados.[105]

Um mês depois, na quarta-feira, 18 de agosto, o superintendente Walker disse ao tribunal de polícia de Aston que, no domingo anterior, havia ocorrido "uma briga severa entre a gangue dos Sloggers de Aston e uma outra, e o conflito se estendeu até a Rocky Lane, quase chegando à Aston Cross". Às 17h, quase 2 mil Sloggers estavam envolvidos. Incluíam meninos de treze a dezesseis anos e homens de idade madura, que estavam armados com cintos pesados, pedaços de pau e pontas de tijolos, que usavam livremente em todas as direções. A baderna foi tão grande que a polícia de Birmingham teve que enviar reforços para os limites do distrito, enquanto toda a força disponível em Aston foi necessária para conter os combates. No entanto, apenas dois homens entre os numerosos envolvidos foram presos e formalmente acusados.[106]

As gangues de Sloggers mais próximas de Aston eram as de Nechells, centrada na Charles Arthur Street, e Duddeston, centrada na Great Lister Street e na Cromwell Street. As gangues também permaneceram na área de Digbeth, como a de Oxford Street. Em outubro de 1888, temia-se que o rufianismo estivesse ficando mais severo tanto em Birmingham quanto em

Aston, enquanto também havia evidências de uma organização rudimentar em algumas das gangues.[107] Charles Frith, um limador de eixos de rodas de dezenove anos, da Cromwell Street, era conhecido como o "rei" da gangue da Charles Arthur Street quando foi acusado de lesão corporal; já a gangue dos Sloggers de Aston estava envolvida em chantagem.[108]

De acordo com reportagens de jornais de setembro de 1888, parece que o grupo tinha um sistema de garantia compulsória contra multas, pelo qual os membros da gangue faziam contribuições para um fundo comum. Esse "esquema de seguro" foi refreado pelos magistrados de Aston, que enviaram todos os membros condenados da gangue para a cadeia sem permitir a opção de multa. Em resposta, outra estratégia foi adotada, através da qual o dinheiro era levantado em benefício de qualquer membro recém-libertado da prisão. Em busca disso, Simpson e outros da gangue de Sloggers de Aston "chamaram um residente de Aston e pediram uma subscrição para o fundo e, quando foram recusados, imediatamente começaram a bater na cabeça do homem com seus cintos afivelados". Simpson foi detido e enviado para a cadeia por dois meses.[109]

A infâmia dos Sloggers de Aston aumentou em fevereiro de 1889, quando cinco deles foram acusados de agredir a polícia em Birmingham. Nomeados como membros da gangue de Sloggers da Whitehouse Street, eles tinham alguma queixa contra um brigão em Digbeth e, em um sábado à noite, foram com outros para pagar contas antigas. Dois policiais viram William Greening e Frederick Robinson tirarem seus cintos e correrem para Digbeth, onde atacaram um homem desconhecido. Enquanto faziam isso, Greening gritou: "Deixa a Whitehouse Street para eles! Deixa eles tomarem conta!". Um dos policiais o prendeu, mas ele lutou com tanta violência que o oficial foi forçado a levar seu prisioneiro para uma padaria próxima. De dentro, Greening gritou: "Agora, rapazes, deitem-se; não cedam. Podemos lamber esses ..." (nesses casos, as reticências simbolizam palavras de baixo calão). Ele atingiu o policial várias vezes na cabeça, que também foi chutado por Robinson.

Várias pedras foram jogadas pela gangue do lado de fora. Entre os integrantes estavam John Coley, que gritou: "Agora, rapazes de Aston, podemos dar uma lição nesses...". Sete ou oito da gangue tiraram os cintos e golpearam vários policiais. O magistrado estipendiário disse que os distúrbios eram uma vergonha para uma cidade civilizada, e se a lei pudesse derrubá-los, tinham a obrigação de fazer isso. Coley e Frederick Gibbs foram condenados a dois meses de prisão com trabalhos forçados; um certo Peter Ridding recebeu seis semanas; e Greening e Robinson foram multados cada um em vinte xelins mais custas – ou na falta do cumprimento da pena, um mês de prisão com trabalhos forçados.[110]

Dentro de Aston, parecia que os Sloggers estavam desenfreados. Em fevereiro de 1889, James Casey e outros agrediram três policiais violentamente. Ele foi condenado a dois meses de prisão com trabalhos forçados por cada uma das agressões, mas, ao ser retirado do banco dos réus, informou aos magistrados que "complicaria as coisas para os 'dedos-duros' quando saísse". Com isso, ele foi mandado de volta ao banco dos réus e condenado a mais um mês por fazer a ameaça. Casey não se abalou, anunciando que "isso faz apenas sete meses e quinze dias, e eu sei que você não pode me dar mais de doze meses, então farei o que digo".[111]

A ferocidade com que os Sloggers atacavam a polícia ficou clara em julho de 1889. Naquele mês, o Tribunal de Polícia de Aston foi informado de que George Guy, um operário, havia atacado o policial Payne, que foi derrubado com um golpe violento. Ao recuperar o equilíbrio, Payne foi brutalmente chutado e espancado por Guy, Joseph English e William Perkins. Enquanto lutava no chão, o policial teve o apito e a braçadeira roubados, além de terem tirado seu capacete. Felizmente, os policiais Lander e Griffiths vieram em seu auxílio. A essa altura, uma grande multidão havia se reunido, e um tal de William Haywood foi ajudar a polícia. Ele era uma figura solitária. No depoimento, ele se referiu não apenas à brutalidade de Guy, mas também à indiferença da multidão, já que ninguém se deu ao trabalho de socorrer os policiais que estavam sendo "feitos de bolas de futebol". Haywood ajudou os policiais a levarem os três prisioneiros para a delegacia. Um deles foi carregado com as mãos presas para trás, de tão violento. O superintendente Walker disse que os prisioneiros eram os três maiores canalhas de Aston e que era impossível manter bons homens na polícia por causa da "brutalidade daqueles desordeiros, que eram membros proeminentes da gangue de Sloggers".[112]

Apenas algumas outras cidades tinham problemas com gangues, como Birmingham e Aston. Liverpool tinha seus Cornermen, e havia gangues de rua em Londres desde pelo menos a década de 1880, enquanto Manchester e Salford tinham gangues de Scuttlers.[113] Estes foram considerados a primeira tribo juvenil do Reino Unido, mas essa designação deve ser dada em conjunto com os Sloggers. Ambos os grupos de jovens se juntavam a gangues territoriais; ambos brigavam entre si com ferocidade; e ambos atiravam pedras em seus inimigos e depois lutavam de perto com cintos. Em seu livro, que faz uma pesquisa profunda sobre as gangues de Manchester e Salford, Andrew Davies destacou um artigo sobre "Os Scuttlers e suas práticas" de Alexander Devine. Publicado no *The Guardian* em 1890, o texto explicava o uso do cinto como arma:

> A parte mais perigosa do cinto é a fivela – ela é feita de latão, e geralmente mede cerca de sete centímetros de diâmetro, embora eu já os tenha visto maiores e menores. Eles são usados pelos Scuttlers, que prendiam a extremidade do cinto à fivela e, em seguida, passavam a mão dentro da volta do cinto e a enrolavam no pulso, para então agarrar o couro, deixando cerca de vinte ou vinte e cinco centímetros do cinto para ser usado como uma arma. O ato de a enrolar em volta do braço impedia que o cinto fosse prontamente arrancado da mão de seu detentor em uma luta.

A única diferença entre os Scuttlers e os Sloggers era que os Scuttlers usavam botas com ponta de latão, enquanto os Sloggers preferiam as de ponta de aço[114]. No final dos anos 1880, gangues de Sloggers estavam causando problemas por toda Birmingham e em Aston. Os jornais relatavam frequentes arremessos de pedras, abordagens agressivas e ataques pelas seguintes gangues de Sloggers: os de Nechells[115], os da Floodgate Street,[116] da Allison Street, da Milk Street e da Charles Henry Street, bem como da Blucher Street e da Legge Street.[117] Sem surpresa alguma, as gangues de Aston e Birmingham eram notórias na região, mas também ganharam má reputação em nível nacional. Em 1882, o *Sheffield Daily Telegraph* publicou, com sarcasmo: "O último presente de Birmingham para as instituições de nosso país é a 'gangue de Sloggers'. O nome não é bonito, mas é apropriadamente descritivo. Seus membros são brigões, e provavelmente são assim chamados porque seus modos carecem da brandura engendrada pela crença no direito de propriedade e na santidade da vida".[118] A partir de 1890, os Sloggers e as gangues de Sloggers também passaram a ser conhecidos por outro nome – que se tornaria ainda mais infame: os Peaky Blinders.

CAPÍTULO 2

A CIDADE DOS PEAKY BLINDERS

BOINAS E LÂMINAS

Apesar de ser do tipo que gosta de planejar e pensar muito, Tommy Shelby ainda é um lutador temido. Ele deixa isso claro na primeira temporada da série, em um confronto no campo com a família Lee, de origem romani. Três deles riem, zombando de Arthur Shelby. Tommy se move ameaçadoramente em direção a eles, exigindo saber se estão rindo de seu irmão. Eles avançam para confrontar Tommy, mas não respondem, o que alimenta sua raiva. Um dos Lee então insulta a mãe de Tommy.

Enfurecido, Tommy agarra a parte macia do meio de sua boina com a mão direita, de cuja aba rígida saem lâminas de barbear. Em uma cena de luta aprimorada por câmera lenta, ele lança um corte com a aba da boina sobre os olhos do ofensor Lee. Cego pela dor e pelo sangue da ferida infligida pelas lâminas, Lee cai de costas no chão, com as mãos na testa. Arthur rapidamente corta outro integrante da família e, então, com outro irmão, John, os Shelby passam a socar, chutar e dar cabeçadas nos irmãos romanis, que acabam espancados no chão.[119]

Em uma fala de 2013, o criador e roteirista da série, Steven Knight, explicou que a chamou de *Peaky Blinders* porque na virada do século XX, em Birmingham, "jovens desordeiros costumavam colocar essas lâminas de barbear em seus chapéus e eles eram chamados de Peaky Blinders". Após a Primeira Guerra Mundial, "esses garotos que estavam causando problemas tornaram-se mais organizados e essa gangue em particular ficou conhecida como Peaky Blinders".[120] Essa explicação se infiltrou em resenhas e passou a ser aceita como uma realidade histórica. Por exemplo, em setembro de 2013, John Crace escreveu que a série "é baseada em uma gangue da vida real (eles receberam o nome das lâminas de barbear que mantinham em suas boinas para cegar os inimigos) que operava em Birmingham após a Primeira Guerra Mundial, então me encontro na posição de presumir que há alguma verdade no retrato da cidade como uma terra sem lei comandada por gangues de veteranos calejados e traumatizados, que voltaram das trincheiras armados até os dentes".[121]

No entanto, após 1918, Birmingham não era mais uma terra sem lei comandada por gangues de veteranos calejados e traumatizados, e não havia uma única gangue chamada de Peaky Blinders. Na verdade, o termo era utilizado de maneira genérica para os brigões da cidade que tinha se popularizado desde, pelo menos, 1890 e originalmente era sinônimo das "gangues de Sloggers", como um rótulo para qualquer membro de gangue da época. Além disso, não há evidências de que as verdadeiras gangues de Peaky Blinders costuravam lâminas de barbear descartáveis na aba de suas boinas para usar como armas. Em vez disso, eles criaram o nome a partir de sua moda de puxar a ponta da boina para um lado da cabeça – quase cobrindo ou cegando um olho. Ainda assim, em seu apogeu, esses verdadeiros Peaky Blinders eram tão cruéis e violentos quanto suas representações fictícias, mas suas armas eram cintos afivelados, pedras, facas, cassetetes e botas – tudo que os Peaky Blinders utilizavam como parte de suas roupas, ou então que estava à mão e era gratuito ou barato de se adquirir. Embora algumas das gangues se dedicassem ao revanchismo como forma de proteção, elas eram pouco organizadas e estavam mais preocupadas em brigar do que em ganhar dinheiro por meios ilegais. Mais importante ainda, eles não eram glamorosos; eram brutais e vis.

Esses Peaky Blinders foram derrubados antes da Primeira Guerra Mundial por uma forte ação policial liderada pelo chefe de polícia de Birmingham, Charles Haughton Rafter. Ele era um protestante da Irlanda do Norte, assim como o inspetor-chefe (mais tarde Major) Campbell – um personagem da primeira temporada da série. No entanto, enquanto Campbell era agressivamente puritano, Rafter era respeitado pelos nacionalistas irlandeses, e seu vice-chefe de polícia, Michael McManus, era católico. Apoiado por muitas pessoas que respeitavam a lei nas ruas, por sentenças mais fortes e pela crescente popularidade do futebol de associação e o surgimento do boxe como um esporte codificado, Rafter e seus homens transformaram Birmingham em uma cidade mais pacífica, livrando-a dos Peaky Blinders.

O MITO DAS NAVALHAS

No folclore, a infâmia dos Peaky Blinders foi intensificada por seu nome, infundido como era com a cultura das gangues, a violência e o medo. O mito de que eles costuravam lâminas de barbear descartáveis na aba de suas boinas para cortar a testa de seus inimigos, fazendo com que sangue entrasse em seus olhos e os cegasse, na verdade, só surgiu uma geração depois que as gangues foram suprimidas – ou o rumor teve início nos jornais ou então se espalhou através deles. A primeira menção ao uso de boinas como armas parece ter ocorrido em 1929, quando o *Warwick and Warwickshire Advertiser* prestou homenagem a James Ravenhall, o vice-chefe de polícia do condado, em sua aposentadoria. Ele havia trabalhado como sargento em Aston em 1892, onde, entre os "Peakies", ele mostrou aptidão para o trabalho de detetive – e depois voltou para lá como inspetor-detetive. Ao explicar o termo *Peakies* para seus leitores, o jornal afirmou que eles:

> [...] também eram conhecidos como Peaky Blinders, um nome que conceberam com base em seus acessórios peculiares de cabeça. Eles eram personalidades violentas que, por sobre um dos olhos, usavam uma boina com aba que muitas vezes continha um pedaço afiado de aço – o que tornava o adereço uma arma formidável. Sobre o outro

> olho, havia um cacho de cabelo exibido com cuidado. Eles andavam em gangues rivais conhecidas como gangues de Sloggers, e suas principais armas de ataque eram cintos pesados, com enormes fivelas. Uma gangue entrava em conflito com outra e, muitas vezes, causava ferimentos terríveis aos integrantes inimigos. O sr. Ravenhall viu o chão da delegacia de polícia, quando um "Peaky Blinder" tinha sido preso: dava para nadar em sangue. Calças enormes do tipo boca de sino eram outra característica peculiar de sua vestimenta.[122]

Estas eram as palavras do jornal, não do próprio Ravenhall.

Naquele mesmo ano, o *Daily Mail* declarou que houve uma época em que Birmingham era conhecida como "a cidade da noite terrível", o lar dos Peaky Blinders, que tinham "o hábito engenhoso de usar lâminas de aço na aba de suas boinas, com as quais eles golpeavam os olhos de suas vítimas com divertimento".[123]

Uma década depois, em abril de 1939, em um artigo intitulado "Os dias de cinto e fivela: a saga dos Peaky Blinders de Birmingham", o *Birmingham Mail* observou que "a roupa de gângster era coroada com um chapéu de pano comum – comum, exceto que tinha uma aba reforçada. Uma inclinação repentina da cabeça usando essa arma poderia iniciar uma briga e muitas vezes terminá-la, ao mesmo tempo".[124]

No final da década de 1950, essa história de que os Peaky Blinders empunhavam suas boinas como arma ganhava força por causa de uma campanha amplamente divulgada pelo famoso polêmico local, Norman Tiptaft, contra o que ele percebeu ser um aumento nos crimes violentos em Birmingham. Ex-prefeito, ele foi apelidado de "vigilante extraordinário".[125] Era um título que lhe convinha em seu envolvimento com o Comitê Nacional da Liga Antiviolência, da qual foi fundador e que fazia campanha por sentenças mais severas para infratores violentos. Como tal, de 1957 a 1961 ele escreveu várias cartas à imprensa apelando à pena de açoite em determinados casos de crimes violentos. Para reforçar o pedido, ele lembrou:

> [...] os dias do início deste século, dos jovens "Peaky Blinders" que realizavam assaltos com lâminas de barbear na aba de suas boinas. Eles

> estavam sendo multados em dez e cinco xelins por juízes e magistrados. Então, o juiz Day apareceu de Liverpool. Ele ordenou a um jovem bandido vinte chicotadas, mandou outros para a prisão por sete, quatorze e vinte anos. Ele lhes mostrou o inferno, que era o que eles mereciam. Dentro de dois anos, não sobrou um único Peaky Blinder.[126]

Muito do que Tiptaft afirmou nessa peça hiperbólica estava incorreto. Na década de 1880, o juiz Day havia ordenado o açoitamento de integrantes de gangues em Liverpool; mas, quando estava no Tribunal de Warwick, não infligiu tal punição aos Peaky Blinders. Isso porque a pena de açoitamento só poderia ser atribuída a casos de assalto à mão armada. Além disso, a pena mais longa de prisão aplicada por Day a um membro de gangue foi de dez anos – e isso foi excepcional. Por fim, Day não estava mais nas Midlands na virada do século e suas ações não derrubaram os Peaky Blinders em dois anos. A afirmação de Tiptaft de que os Peaky Blinders realizavam ataques com lâminas de barbear na aba de suas boinas estava tão errada quanto tudo o mais em sua declaração.

Embora ele tenha nascido em 1883 e tenha crescido durante as décadas das gangues de Sloggers e de Peaky Blinders, é evidente que Tiptaft sabia pouco sobre eles. Quando jovem, ele morava em uma casa atrás da loja de ferragens de seu pai, em Spring Hill. Ele teve uma educação próspera e religiosa, tendo sido enviado para uma escola particular em Handsworth, na época principalmente uma área de classe média. Seu pai mais tarde se tornou um joalheiro e Tiptaft entrou no negócio quando deixou a escola, em 1898, tornando-se seu representante comercial dois anos depois. Como tal, ele passou muito tempo longe de Birmingham. Em nenhum lugar de sua autobiografia ele menciona o rufianismo de rua, os Peaky Blinders ou as gangues de Sloggers.[127]

Nos anos 1960, o mito das lâminas de barbear havia se consolidado no imaginário popular, fortalecido pelo fato de que, por si só, o nome dos Peaky Blinders era sugestivo. O título ainda recebeu um impulso em 1977, com o romance amplamente divulgado de John Douglas, *A Walk Down Summer Lane*. Situado nos anos entreguerras no que era considerado por muitos como a região mais pobre da classe operária de Birmingham, o livro causou furor, pois foi visto por muitos residentes de Summer Lane como uma brincadeira de mau gosto, por reforçar os estereótipos negativos da área. Alguns ficaram irritados porque a obra parecia retratar a Lane como um lugar de miséria, brigas de bêbados, brutamontes e brigões. Em uma das seções do livro, Douglas escreveu que:

> Grupos de homens perambulavam pelas esquinas esperando que os bares abrissem. Vestiam suas melhores roupas de domingo; camisas limpas com punhos puídos, alguns engomados; não eram muitos os que tinham colarinhos e gravatas, mas usavam um lenço de seda branco com um nó no pescoço e, se tivessem, uma boina com aba. A aba da boina geralmente era aberta para a inserção de moedas, lâminas ou pedaços de navalha e depois costuradas novamente. As boinas de aba eram usadas na luta para serem arrancadas da cabeça e golpeadas nos olhos do oponente, cegando-os momentaneamente ou cortando-lhes as bochechas. A marca do "cegante". A última tendência era comprar a boina de aba de Zissman, que perguntava se você queria que a aba fosse quebrada para fazê-la cair por sobre o olho, formando um ângulo de sombra – para dar uma aparência da moda.
>
> Alguns dos homens dos grupos estavam falando sobre as rusgas da noite do sábado anterior e muitos esbanjavam cicatrizes; rostos encaroçados, olhos roxos e lábios e orelhas cortados. Alguns ficavam sozinhos nas esquinas, com as mãos cruzadas atrás das costas, imitando os gângsteres que apareciam nas "fotos" do "*Globe*" – no estilo Edward G. Robinson de se levantar na ponta dos pés e curvar ligeiramente os ombros.[128]

Em resposta ao retrato de Summer Lane por Douglas, Pauline e Bernard Mannion escreveram um livro mais direto e realista sobre a história de Summer Lane no entreguerras. Eles reconheciam que "muitas narrativas foram contadas sobre Summer Lane, algumas verdadeiras, outras fantasiosas", mas enfatizaram que eram verdadeiros habitantes de Summer Lane "que [queriam] que suas memórias da vida na Lane nas décadas de 1920 e 1930 [ficassem] registradas para que todos pudessem ler". A abordagem realista dos Mannion enfatizava as boas relações das pessoas que ali viviam e o orgulho que tinham de sua rua – qualidades que compartilhavam com muitos habitantes dos bairros mais pobres da classe operária urbana do Reino Unido. Eles aceitavam que havia brigas, sobretudo no sábado à noite, mas também havia brigas em muitos distritos da Inglaterra, enquanto também havia brigas de gangues nas ruas secundárias: "Talvez um pub contra o outro, e as vans Black Maria saindo da delegacia e voltando carregadas com os infratores". No entanto, os Mannion não fizeram nenhuma menção aos Peaky Blinders. Isso não surpreende, pois não havia nenhum em Birmingham nos anos 1920 e 1930.[129]

Quanto aos verdadeiros Peaky Blinders da década de 1890 e da virada do século XX, não há evidência que indique que eles costuravam lâminas de barbear descartáveis na aba de suas boinas. Entre todas as armas registradas em reportagens policiais, judiciais e jornalísticas de brigas envolvendo gangues e ataques de Peaky Blinders, nenhuma menciona esse feito. Da mesma forma, nenhuma arma desse tipo é lembrada nas memórias das pessoas que viveram naquela época.

George Morris nasceu na Thorp Street, em 1885, e enfatizou que estava em um distrito que era um foco de problemas na década de 1890, quando às vezes nem mesmo permitiam a presença "de dois policiais sem que houvesse interferência". Seu pai nasceu em parte do atual local da New Street Station, em Bread Street, e costumava contar histórias dos Peaky Blinders e "os velhos tempos ruins dos conflitos de gangues" em Birmingham, lembrando que "quando menino, vi lutas com revólveres, facas, baionetas, cintos de fivela, garrafas e tijolos partidos – e cabeças esmagadas!".[130]

Mais pertinente ainda, o tipo de lâminas de barbear descartáveis atribuídas aos Peaky Blinders tanto na mitologia de Birmingham quanto na série não estava prontamente disponível quando as gangues estavam em seu auge. No século XIX, os homens se barbeavam com uma navalha (reta) ou iam ao barbeiro, já que essas navalhas eram caras. Os aparelhos de barbear, que tinham uma proteção entre a ponta da lâmina e a pele, foram anunciados a partir da década de 1830, mas não eram descartáveis, o que, no caso de examinar esse mito, é fundamental. As lâminas precisariam ser descartáveis para serem encaixadas nas boinas – as que existiam na época não seriam adequadas para esse fim. Foi só em 1880 que uma patente para aparelhos de barbear com lâmina removível foi registrada nos Estados Unidos. O instrumento tinha uma alça presa em ângulos retos a uma cabeça na qual uma lâmina removível era encaixada. No entanto, a lâmina não era descartável e, como a de uma navalha, seu corte tinha que ser aparado e afiado. Isso significava que se barbear com uma lâmina removível era caro.

Um anúncio de 1883 mostrava o preço de vários aparelhos de barbear, variando de um a seis xelins. Eram preços proibitivos para os homens de classe proletária, já que um trabalhador sem qualificação teria a sorte de ganhar quinze xelins por semana – e ainda por cima, também era preciso comprar sabonetes de barbear, pentes, escovas e lâminas. No início do século XX, a linha de pobreza era de cerca de uma libra (vinte xelins) por semana. Em 1904, o mais novo aparelho de barbear da Wilkinson Sword estava sendo vendido por oito xelins e seis pence, com um estojo incluindo seis lâminas sobressalentes, custando 35 xelins. No total, isso era mais que o dobro da linha de pobreza.

Não foi até o início do século XX que King C. Gillette conseguiu aperfeiçoar uma lâmina de barbear descartável. Os primeiros anúncios principais para eles não apareceram no Reino Unido até 1910, bem quando os Peaky Blinders e as gangues de Sloggers haviam desaparecido. Um aparelho de barbear padrão em estojo de couro forrado de veludo, com doze lâminas de dois gumes, custava 21 xelins, enquanto um conjunto que incluía sabonete e pincel de barbear da marca Gillette estava à venda por entre 25 xelins e três libras. Essas quantias também estavam fora do alcance dos homens da classe operária – e, de qualquer forma, os primeiros Peaky Blinders nem sequer usavam boinas.

CHAPÉUS-COCO E BOINAS

Arthur Matthison forneceu em primeira mão um relato raro e importante sobre os Peaky Blinders. Ele viveu em Summer Lane durante seu auge, na década de 1890. Nascido em 1870, quando tinha cerca de dezoito ou dezenove anos, seu pai foi nomeado secretário de nascimentos e óbitos do distrito de St. George. Sendo assim, ele teve que morar na área e alugou uma casa bastante grande em Summer Lane. Escrevendo em 1937, Matthison lembrou que isso era:

> [...] uma das ruas cruéis de Birmingham com abundantes áreas pobres ao redor, e o ponto de encontro do brigão de Brummagem conhecido naquela época como um "Peaky Blinder". Esse produto da pobreza, miséria e ambiente desfavorecido era um terror para pessoas respeitáveis há quarenta e poucos anos. Ele se orgulhava de sua aparência pessoal e vestia o papel com habilidade. Calças boca de sino presas por um cinto de fivela, botas com tachas, algum tipo de paletó, um cachecol vistoso e um chapéu-coco de aba comprida e alongada. Este chapéu era usado bem sobre um olho, daí o nome "aba sobre o olho". Seu cabelo era aparado curto por toda a cabeça, exceto por um topete na frente, comprido e grudado obliquamente na testa. Ele costumava pertencer a uma gangue de Slogger, e lutas terríveis ocorriam entre gangues rivais. Ele também era um terror para a polícia, que fazia a ronda aos pares pela Summer Lane todo sábado à noite, mas nunca incomodava nenhum membro da minha família. Talvez, por morarmos à sua porta, fôssemos tratados como membros da gangue por cortesia ou adoção. Eu não tinha hora para voltar para casa, dependia das horas que trabalhava na agência de telégrafo, e os valentões locais sempre me davam acenos curtos de camaradagem. Uma noite, eu estava atuando em uma performance amadora e voltei para casa com o figurino que estava usando, um uniforme de cavalaria, por volta da meia-noite. Passei por um par de beldades descansando na entrada de um tribunal notório. Um deles disse: "Vamos acabar com as malditas esporas desse soldadinho", quando o outro, dando uma boa olhada em mim, disse: "esse aí não é soldado, não – é só o bastardo do escrivão mesmo". Minha suposta ilegitimidade sem dúvida me salvou de agressões violentas e espancamentos naquela ocasião, mas me senti bastante orgulhoso por ter sido reconhecido como um homem e um irmão no crime.[131]

As roupas descritas por Matthison são corroboradas por descrições contemporâneas. Em 1890, um desertor chamado Arthur Cotton foi nomeado membro da gangue "boca-de-sino" da Charles Henry Street. As calças boca-de-sino foram anunciadas como as calças oficiais dos Sloggers e, um ano depois, as gangues foram chamadas de "grupo de boca-de-sino".[132] A parte do sino das calças era frequentemente adornada com uma linha de botões de pérolas.[133] Quanto ao acessório de cabeça dos Peaky Blinders no início dos anos 1890, era um tipo de chapéu-coco. Era amplamente considerado como uma característica do homem trabalhador, como ficou claro no *Birmingham Daily Post*, em 19 de maio de 1891. Um homem mais velho encontrado morto no canal em Saltley "sem dúvida pertencia às classes operárias", pois usava terno de sarja azul-escuro, calças de veludo cotelê, botas com cadarço e chapéu-coco.[134]

O relato de Matthison, destacando que os Peaky Blinders originalmente receberam seu nome do uso de chapéus-coco com uma borda alongada sobre um olho, é importante e é apoiado pelas memórias de outras pessoas que também tiveram conhecimento em primeira mão. Em 1936, um tal F. Atkins escreveu ao *Birmingham Weekly Post*, afirmando que as roupas dos Peaky Blinders consistiam em calças que mediam 55 centímetros ao redor da parte inferior e 40 centímetros ao redor do joelho, embora alguns preferissem fustão ou veludo cotelê. Eles também usavam um lenço de seda torcido duas vezes em volta do pescoço e amarrado nas pontas. Na época, era chamado de "gargantilha". Quanto ao chapéu, era um chapéu-coco com a aba feita para encaixar bem nas laterais, enquanto a frente da aba era pontiaguda quase como o bico de um jarro. Isso era conseguido molhando a borda, aquecendo-a no fogo e depois moldando-a na forma desejada.

Como Matthison também observou, a aba era usada na lateral da cabeça para mostrar o cabelo do outro lado, penteado em uma espécie de "topete" caído.[135] O pai de Norma L. Beattie nasceu na Langley Road, Small Heath, em 1879. Ela confirma que os Peaky Blinders "definitivamente não eram da década de 1920". Eles já estavam por aí quando seu pai era jovem e "os chapéus que eles usavam eram chapéus-coco com a frente puxada para baixo em uma ponta bem sobre os olhos – daí 'abas sobre o olho'".[136]

A polícia de Birmingham foi a primeira força do país a registrar as imagens de pessoas sob custódia, e o West Midlands Police Museum tem uma coleção historicamente significativa de fotos de prisioneiros, incluindo um grande número de exemplares dos anos entre 1892 a 1895.[137] Dos que usavam chapéus, 64 tinham chapéus-coco, 59 tinham boinas de algum tipo e quatro possuíam outro tipo de chapéu. Em contraste, nas fotos de prisioneiros de 1903 a 1907, 479 têm algum tipo de boinas e 73 chapéus-coco, com apenas alguns poucos usando outro tipo de chapéu. Essa mudança marcante na moda se refletiu no adereço de cabeça dos Peaky Blinders.

Nascido em 1892, V. W. Garrett cresceu pobre na área de Bath Row. Em sua história de vida, publicada em 1939, ele observou que em sua juventude, gangues rivais de brutamontes eram compostas de Peaky Blinders "que usavam bonés de bico comprido e calças largas de boca-de-sino que afunilavam gradativamente até os joelhos. Uma linha de botões de latão vívidos na frente dava uma distinção adicional". Quanto às armas, eles usavam cintos e soqueiras.[138]

Fred Sutton nasceu em 1898 e cresceu em Aston. Ele era outra pessoa que conhecia os Peaky Blinders em primeira mão. Ele também menciona seus chapéus, explicando: "Eles eram 'Peaky Blinders' porque costumavam usar um chapéu que dobrava bem sobre os olhos. Sabe, a aba? Então, eles costumavam dobrar a ponta da aba sobre o rosto e você mal podia ver os olhos deles e, se eles estivessem falando com você, você tinha que virar assim para vê-los, entende o que quero dizer? A ponta da aba ficava dobrada para baixo – era assim que era".[139] Antes da Primeira Guerra Mundial, esse estilo de puxar a ponta da boina bem sobre o rosto era comentado em vários jornais.

A mudança na preferência pela boina em vez do chapéu-coco foi acompanhada por uma mudança na moda do cabelo, pois no final da década de 1890, os Peaky Blinders preferiam cabelos curtos com franja comprida.[140] De acordo com um escritor contemporâneo do *Birmingham Mail*, esse tufo "dava uma aparência maligna ao rosto de quem o tinha".[141] No verão de 1906, quando os "Peakies" estavam chegando ao fim, um novo estilo de cabelo foi notado nos tribunais de Victoria de Birmingham. Normalmente, "o baderneiro da região tem o cabelo curto, com exceção de uma franja, que ele coloca cuidadosamente sobre qualquer extensão de testa que possa ter". Esse modo particular aparentemente saiu de moda, e a divisão ao meio o substituiu". Em conjunto com o resto da cabeça raspada, o efeito era visto como bastante curioso.[142]

Geoffrey Pearson, um pioneiro da pesquisa sobre as práticas de gangues e desordeiros, observou que os baderneiros de Londres também adotavam "um código de vestimenta uniforme de boinas com aba, lenços no pescoço, calças boca-de-sino que se abriam a partir de uma modelagem justa no joelho, cintos de couro pesados com desenhos trabalhados em tachas de metal e um corte de cabelo rente ao couro cabeludo com uma 'franja colada' sobre a testa".[143] Os Scuttlers de Manchester e Salford escolhiam uma moda semelhante. Eles usavam calças boca-de-sino e lenços de seda chamativos em volta do pescoço – seus cabelos eram bem curtos atrás e nas laterais. No entanto, eles tinham franjas longas, "que eram usadas e grudadas na testa sobre o olho esquerdo. As boinas com aba também eram usadas inclinadas para a esquerda e colocadas de maneira a exibir a franja".[144]

Ainda assim, pelo menos em Birmingham, havia algumas diferenças nas roupas, dependendo da renda do Peaky Blinder, como comentado por um escritor da *Central Literary Magazine*, de 1899, assinado como J.R.C. O escritor explicou que um Peaky Blinder geralmente era parte de uma gangue de vinte ou mais pessoas e que suas roupas variavam:

> [...] da respeitabilidade bem-vestida, em paletó de veludo, lenço de cores vivas, um anel de metal enorme e o cigarro para finalizar, até as menos favorecidas calças de veludo cotelê – um conjunto esfarrapado, desleixado, desarrumado e grosseiro de peças, alfinetes ou até pregados juntas – *en masse* eles formam um exército um tanto imponente, um terror para o pequeno lojista, uma isca sempre irritante na ronda monótona do policial, uma ameaça contínua à sua paz e ao seu prazer, para não mencionar a segurança, ou muitas vezes a vida.

Esse escritor considerava os Peaky Blinders jovens separados por um abismo daqueles que possuíam verdadeira cidadania. Nascidos de pais descuidados ou indiferentes, desde cedo as ruas tinham sido seu único parquinho. Era ali que ele encontrava "seus amigos entre rapazes igualmente desfavorecidos, sentindo que ninguém se importa com ele e que ele, por sua vez, não precisa de ninguém, o Peaky logo aprende a conhecer e medir a força total de seus inimigos, que consistem, a seu ver, em seres inúteis como funcionários de escola, empregadores, proprietários de casas, "tiras" e magistrados. Sua vida diária era de brigas contínuas após as refeições, travessuras ou esportes, "do futebol de rua ao lança-e-joga na reclusão dos pátios ou becos".[145]

No entanto, por mais alienados que pudessem ter sido da sociedade mais ampla, os Peaky Blinders e os Sloggers não estavam fora de suas próprias comunidades. Eles viviam em bairros da classe operária e a maioria trabalhava em uma ampla variedade de ocupações. Os processos judiciais discutidos e a serem discutidos revelam que muitos eram trabalhadores braçais, mas outros estavam no ramo de latão e um era um batedor de ouro – enquanto alguns eram descritos pela polícia como rapazes trabalhadores.

Embora muitas autoridades menosprezassem os Peaky Blinders e os Sloggers como vindos de um grupo isolado, à margem da vida urbana, um exame mais aprofundado revela um quadro diferente. Em termos ocupacionais, eles eram frequentemente retirados não da "escória", a classe criminosa e desempregada, mas das fileiras de operários industriais que formavam a maior parte da força de trabalho masculina jovem de Birmingham. Isso foi destacado por "Brummie[**], nascido e criado" em uma carta ao *Birmingham Weekly Post*, em 1936, que insistia que o Peaky Blinder era "apenas um trabalhador comum [...]. Ele sempre poderia ser encontrado trabalhando durante o dia em alguma fundição de latão, fazendo sua parte no torno, ou talvez como polidor, ou na fundição".[146]

A pesquisa detalhada de Heather Shore sobre as gangues e desordeiros que brigavam nas ruas de Londres apoia essa opinião. Ela localizava os meninos e jovens envolvidos na violência de rua dentro de suas comunidades da classe operária, que não eram simplesmente algo assemelhado a favelas. Em sua maioria, esses jovens "viviam em comunidades de classe mista, onde também trabalhavam, bebiam e socializavam". A retórica da imprensa vitoriana pode ter rotulado os baderneiros como membros da classe criminosa, mas "na realidade, a filiação e a identidade com as gangues de rua eram provavelmente mais desorganizadas, mais flexíveis e mais fugazes do que os contemporâneos pensavam". A maioria dos jovens que ela estudou em Londres trabalhava, mas principalmente em ocupações de baixo nível

** "Brum" era um apelido usado para a cidade de Birmingham, e seus naturais eram chamados "Brummies". (N. E.)

e baixa qualificação, como também parece ser o caso de Birmingham, e pode ser que as gangues lhes oferecessem um local de refúgio. Sentindo-se marginalizados socialmente, o distintivo de identidade de pertencer a uma gangue de rua ligada à pequena área em que viviam tinha significado.[147]

A GAROTA COM OS PEAKY BLINDERS

Em um artigo de jornal de 1901, os Peaky Blinders foram referidos como "Arry" e as jovens associadas a eles como "Arriet". Esses termos genéricos eram usados como insultos e podem ser equiparados ao uso depreciativo de "Mauricinhos" e "Patricinhas" na sociedade moderna. Mas, de maneira geral, as moças envolvidas com Peaky Blinders eram pouco mencionadas pelos jornais, a não ser em uma referência ocasional às que haviam sido atacadas. Em 1901, por exemplo, os leitores do *Birmingham Daily Gazette* ficaram perturbados com o caso de Dennis Kennedy, da Lower Loveday Street, que foi preso por dois meses por agredir Isabel Madden com uma lixa, causando vários cortes. Ele havia cumprido recentemente três meses por atacar a irmã dela. No tribunal, Madden afirmou que Kennedy havia chamado o filho dela de bastardo, mas negou que ela fosse uma espécie de acompanhante dele. No entanto, ela explicou que "ele sempre era ríspido com o jovem com quem eu saísse. Ele sempre me tratava bem". Ela admitiu que podia ter arranhado Kennedy com um grampo de cabelo, e ele tinha uma linha vermelha fina no rosto, mas, embora ele a tivesse agredido primeiro, ela o perdoou.[148]

O repórter afirmou que o caso trouxe à tona a vida baixa da cidade, mas como tantas evidências sobre a classe operária e especialmente os pobres, ele foi filtrado por uma perspectiva da classe média. Com isso em mente, é importante observar as pesquisas e descobertas do historiador Alan Mayne sobre representações sensacionalistas de áreas pobres em jornais do final do período vitoriano. Em geral, os observadores da classe média difamavam os bairros mais pobres como lugares obscuros, sombrios e iníquos, permeados não apenas pela pobreza, mas também pela violência, pelo vício, pela criminalidade e pela embriaguez. Os homens eram bandidos e as mulheres eram boas ou más – donas de casa ou desleixadas – e muitas vezes vítimas de namorados e maridos brutos.[149]

Davies discutiu essas questões de gênero em seu artigo envolvente sobre juventude, violência e namoro no final do período vitoriano de Birmingham. O texto concentrou-se no caso de James Harper, um polidor de metais de dezoito anos. Em dezembro de 1898, ele foi considerado culpado do homicídio de Emily Pimm, sua ex-namorada, a quem ele atribuiu chutes na cabeça e no corpo enquanto ela estava vulnerável.

Os comentários sobre Harper na imprensa de Birmingham insistiam em seu suposto status de membro de gangue, ou "Peaky Blinder", enquanto ele e Pimm foram identificados como moradores de região pobre em uma das regiões supostamente mais notórias da cidade, Summer Lane. Mesmo assim, as evidências contra Harper deixavam claro que tanto ele quanto sua família eram, pelo menos até certo ponto, respeitáveis, e ele não se vestia como um Peaky Blinder. No entanto, na imprensa local e no sistema judicial, o caso foi resolvido com facilidade: Harper foi condenado como um membro de gangue violento que havia antecipado o privilégio do marido "pobre" de bater na esposa. Como um morador de zona desfavorecida e, portanto, uma figura socialmente marginal, ele era visto como incapaz de conter seus impulsos selvagens, e seu comportamento era uma mancha na civilização. As ações de Harper eram sem dúvida violentas e moralmente corruptas, mas culpar sua atitude apenas com base em suas circunstâncias sociais é incorreto e injusto para com aqueles que compartilhavam de sua situação na vida. A realidade por trás da violência é elaborada por Davies, cuja análise lança dúvidas sobre retratar a violência de Harper como restrita apenas a moradores de distritos pobres. Embora a violência no namoro e no casamento estivesse longe de ser universal, ela ainda era costumeira – e se estendia por todas as classes sociais.[150]

Durante o clamor a respeito do comportamento de Harper, o *Birmingham Mail* enviou um repórter a Summer Lane para descobrir as opiniões dos jovens locais. Um dos entrevistados era uma "bonequinha" dos Peakies. Por meio dela, os leitores recebiam "informações privilegiadas" sobre "os métodos de fazer amor que prevalecem hoje entre a fraternidade dos boca--de-sino". Muitos dos leitores do jornal, sem dúvida, teriam ficado bastante empolgados com a descrição dessa figura "exótica" do que eles considerariam uma "classe inferior". A bonequinha era fácil de identificar por causa de seu vestido e penteado, que espelhavam os do próprio Peaky. Ela exibia abundantes botões de pérola, uma franja ocultando toda a testa que descia quase até os olhos, um lenço de seda de cores berrantes cobrindo sua garganta, e sua cabeça ficava escondida sob um chapéu largo e repleto de detalhes, decorado com penas e papoulas.

De acordo com o escritor da matéria, a bonequinha do Peaky Blinder se vangloriava das cicatrizes na cabeça raspada de seu amado, considerando cada uma como evidência de sua masculinidade.[151] Esse ponto foi reiterado por outro jornalista seis anos depois, quando se revelou que um Peaky Blinder preferia os cabelos curtos para distinguir as cicatrizes do cinto de fivela e do cassetete do policial. Ele encarava essas cicatrizes da mesma forma que um soldado considerava as medalhas como provas honrosas de ações realizadas. Mas não era apenas ele que apreciava essas marcas, pois "sua bonequinha – como ele chama sua amada – olha para elas com orgulho ostensivo. Quanto mais cicatrizes adornam o cabelo raspado do 'Peaky', mais numerosas são as bonequinhas que preferem aquele 'Blinder'".[152] É importante estar ciente de que as representações dos Peaky Blinders e das jovens associadas a eles são vistas pelo prisma de jornalistas de classe média e estão impregnadas de preconceito de classe. Como bem observou Benny Green, as massas urbanas como um todo nunca apareciam como elas mesmas, "mas apenas como algo que [poderia] ser transformado em outra coisa".[153] Isso era ainda mais verdadeiro para grupos à margem da classe operária, como os Peaky Blinders – nenhum dos quais falava por si próprio.

Em contraste com esses relatos da classe média, uma fonte rara e valiosa de uma perspectiva da classe operária mais pobre sobre os Peaky Blinders e suas namoradas é fornecida por Cecilia Costello (Kelly era seu nome de solteira). Nascida em 1884, ela cresceu em casas geminadas típicas de várias ruas ao redor do Bull Ring, mas seus pais eram do oeste da Irlanda e seu pai, Edward, ensinou-lhe as canções tradicionais que ele aprendera antes de emigrar. A própria Cecilia foi descoberta por estudiosos de música folk em 1951 e, em 1967, Charles Parker e Pam Bishop coletaram um grande número de reminiscências e canções dela. Uma história que ela contou foi que, em sua época, nos anos 1890, as calças dos jovens:

> [...] costumavam esvoaçar como a saia de uma mulher, aquelas calças boca-de-sino. Eles sempre tinham um chapéu para combinar, e costumavam usar um lenço de seda preto com uma flor. Se fossem irlandeses, era o trevo verde; se fossem ingleses eram os [narcisos?], todos recortados, tricotados no lenço. E eles nunca os amarravam como fariam hoje, eles os deixavam soltos e balançando; o chapéu de lado, a calça boca-de-sino. Se a gente visse um homem comum, tipo você, aparecendo, nem sonharíamos em olhar para você – "Ele não é normal demais?", a gente diria, e o mesmo valia para as mulheres. As jeitosinhas com luvas que chegavam até aqui, e o chapéu perfeitinho na cabeça – enquanto as garotas que andavam com os Peaky Blinders tinham um chapéu grande, e os rapazes andavam pela rua com elas. Os casais seguiam por aí cantando:
>
> *Meu homem é um Peaky, nada a reclamar*
> *Com a boca-de-sino*
> *e a boina a ostentar*
> *Os anéis nos dedos*
> *e uma flor para ornar*
> *A ralé enxerida vai toda se acovardar!*[154]

Em Manchester e Salford, Davies encontrou evidências de Scuttlers do sexo feminino, e há indícios de que algumas mulheres jovens em Birmingham também estavam envolvidas ativamente nas gangues dos Peakies.[155] Em seu artigo contemporâneo, J.R.C. notou que os Peaky Blinders não eram apenas homens, e que "suas irmãs muitas vezes [iam] à fúria igualmente proibitiva, e muitas vezes são apenas ajudantes e cúmplices de seus companheiros da rua".[156] Informações que corroboram esta afirmação foram encontradas em um relatório de maio de 1897, que comentou que duas gangues estavam causando ansiedade à polícia na área de Bath Row. Dois policiais que responderam a uma briga na Owen Street encontraram uma gangue de jovens, a maioria armada com pedaços de pau, e entre eles havia cerca de vinte garotas.[157]

OS VERDADEIROS PEAKY BLINDERS

No final da década de 1890, Birmingham havia afirmado suas reivindicações de ser considerada a cidade mais bem governada do mundo por causa de seu Conselho eficaz e eficiente, mais especialmente associado à propriedade municipal do fornecimento de gás, água e outros serviços. Como o *Sheffield Evening Telegraph* reconheceu: "Em muitas exibições de espírito público, a capital das Midlands certamente lidera". Mas era uma humilhação para a cidade que a brutalidade de lá fosse tão mesquinha quanto era prevalente. Prevalecia um estado de coisas muito sério, no qual a violência era cometida por vadios de esquina, "com os quais, em se tratando de números, Birmingham parece possuir uma liderança que é tudo, menos invejável". O jornal de Yorkshire enfatizou que esses vadios eram os personagens mais desprezíveis do mundo e que os magistrados da cidade precisavam conceder a pena máxima de prisão em todos os casos de violência cometidos por um Peaky Blinder cuja ofensa fosse provada diante deles.[158] De fato, o reinado desses rufiões era tão ruim que Birmingham era frequentemente desprezada como "a cidade dos Peaky Blinders".[159]

Esse novo termo para membros das gangues de Sloggers da cidade foi notado pela primeira vez na imprensa na primavera de 1890, sugerindo que já era de uso comum por causa dos Sloggers que usavam seus chapéus-coco puxados bem sobre um olho. No sábado, 22 de março, entre a hora do chá e as 23h, um jovem chamado George Eastwood entrou no pub Rainbow, na esquina da High Street Bordesley com a Adderley Street. Como se abstinha de álcool completamente, ele pediu uma garrafa de cerveja de gengibre. Pouco depois, vários homens conhecidos como a "gangue dos Peaky Blinders" entraram no pub. Trabalhador de uma fundição de latão, Eastwood, de vinte anos, era da vizinha Arthur Street, em Small Heath, e conhecia a gangue de vista, pois moravam no mesmo bairro. Os homens, que tinham uma má reputação, "imediatamente começaram a fazer comentários ofensivos sobre ele não beber álcool e preferir cerveja de gengibre. Ele apenas conferiu com o proprietário se tinha ou não liberdade para pedir o que quisesse, quando uma pessoa do grupo o derrubou por trás".

Por sorte, as coisas se acalmaram e os três homens foram embora, mas quando Eastwood partiu para casa, ele foi seguido:

> Ao chegar a uma parte solitária da Adderley Street – onde duas pontes se cruzam –, o capitão da gangue, um homem chamado Thomas Mucklow, da Adderley Street, gritou: "Agora, rapazes, vão com tudo para cima dele!". Então, eles começaram a atacá-lo com os punhos, e Eastwood tentou se defender. Em dado momento, ele foi atingido com um terrível golpe de um cinto afivelado – desferido, ele alega, por um homem chamado Groom. Ele caiu e, enquanto estava no chão, foi chutado pela estrada, e foi atingido várias vezes na cabeça com cintos afivelados. Por fim, Eastwood ficou de pé e, perseguido pela multidão, correu até a entrada dos fundos da Allcock Street Board School e, escalando o muro, atravessando o parquinho e depois subindo outro muro, entrou na Allcock Street, onde conseguiu abrigo na casa do sr. Turner. Naquele momento, Eastwood se encontrava em uma condição plena de exaustão, além de os ferimentos que sofreu estarem sangrando profusamente. Devido à atitude da quadrilha do lado de fora da casa do sr. Turner, que gritava: "Vamos matá-lo se o pegarmos!", era quase meio-dia quando conseguiram transferir o homem machucado para o Queen's Hospital.

O desafortunado George Eastwood sofreu ferimentos graves na cabeça e contusões por todo o corpo e em ambas as pernas. No lado direito de sua testa, havia um ferimento de quase três centímetros de comprimento e o osso frontal estava gravemente fraturado e lascado, enquanto "a substância cerebral também havia sido ferida". Ele tinha outro ferimento grave no couro cabeludo, uma fratura exposta de cerca de dois centímetros.

Por causa de seus ferimentos na cabeça, Eastwood foi trepanado. Usando um instrumento parecido com uma braçadeira e uma broca de carpinteiro, a equipe médica removeu uma seção circular de osso de seu crânio. Sem surpresa alguma, ele estava em uma condição um tanto crítica e permaneceu no hospital por 24 dias. Depois que o ataque foi denunciado à polícia, uma busca pelos responsáveis foi feita e a caçada se estendeu por toda a noite de sábado e pelo domingo. Mas temendo as consequências de sua ação, eles fugiram. Foi expedido um mandado de prisão contra eles.[160]

Pouco mais de duas semanas depois, um habitante de Birmingham escreveu ao jornal londrino *St. James's Gazette*, afirmando que:

> Existem em Birmingham e na região vizinha de Aston o que é conhecido como "gangues de Sloggers", que se deliciam em assaltar pessoas desavisadas em estradas solitárias, atacá-las de surpresa e maltratá-las brutalmente. Um exemplo recente é o que esses rufiões derrubaram um homem e o estavam chutando quando uma pobre mulher apareceu e implorou para que parassem. Eles responderam derrubando-a também. Em outro caso, ocorrido no sábado da semana passada, um jovem chamado Eastwood foi assassinado por vários membros de uma gangue conhecida como os "Peaky Blinders" de Small Heath. A polícia parece, com base no depoimento deste cavalheiro, participar de uma parcela excepcionalmente grande desses atos de violência.[161]

Essa carta ganhou ampla cobertura em jornais, de Aberdeen até Chichester, sobre com a manchete "Gangues de Sloggers".[162] No entanto, embora a gangue fosse conhecida como os Peaky Blinders de Small Heath, como Gooderson deixou claro, a Adderley Street fica na verdade em Bordesley.[163] Como todos os distritos centrais de Birmingham, ela fundia-se quase imperceptivelmente com áreas adjacentes, como Deritend, Camp Hill, St. Bartholomew's e, de fato, Small Heath. Esta última região atravessava a avenida principal, Coventry Road, que começava perto da Adderley Street. Embora houvesse muitas casas nas ruas do lado urbano de Small Heath, mais adiante havia casas maiores, em estradas, associadas à classe média.

O único membro da gangue da Adderley Street capturado foi Thomas Mucklow, um trabalhador de vinte e quatro anos da própria Adderley Street. Em maio, ele foi acusado de agredir violentamente Eastwood e, no *Birmingham Mail*, afirmou-se que, quando a vítima pediu sua cerveja de gengibre, Mucklow disse: "Você bebe isso aí para quê?". Eastwood respondeu: "Cuida da sua vida", e então Mucklow o desafiou a brigar. Não é de se estranhar que Eastwood tenha recusado. A gangue então saiu um pouco antes das 23h, mas esperou do lado de fora quando Eastwood pegou o caminho de volta para casa. Ele admitiu que não foi o golpe de Mucklow que causou seus ferimentos, mas o ataque infligido por um dos outros dois homens – embora um rapaz chamado Roberts tenha ouvido o prisioneiro incitar seus companheiros a entregá-lo a Eastwood. Com base nas evidências, os magistrados entregaram Mucklow às Sessões para julgamento. Concederam-lhe a fiança de cinquenta libras e uma outra parcela de mesma quantia. Este era um valor muito alto para homem da classe operária sem formação, considerando que ele teria a sorte de ganhar dezessete xelins e seis pence por semana.[164]

Em junho, Mucklow foi considerado culpado de infligir lesão corporal grave de forma maliciosa. Curiosamente, o inspetor-detetive Drinkwater disse que ele não era um rufião de rua, mas um homem trabalhador. Isso destaca um ponto importante: muitos Peaky Blinders não eram meros vagabundos ou homens que dependiam apenas de pequenos atos criminosos para ganhar a vida – na verdade, o grupo consistia em jovens e homens que tinham empregos respeitáveis, mas cuja vida fora do trabalho parecia intrinsecamente ligada a brigas. Para o azar de Mucklow, apesar de não ser o líder da briga, a polícia não conseguiu obter provas suficientes para justificar a prisão do homem que havia usado o cinto no infeliz Eastwood. Ao sentenciar Mucklow, o advogado assistente afirmou que o caso "era muito ruim, mas que ele levaria em consideração o bom caráter do prisioneiro e, como resultado, seria preso por nove meses com trabalhos forçados".[165]

Essa teria sido uma experiência cansativa para Mucklow. As prisões aderiram ao "Sistema Silencioso", projetado para quebrar o espírito dos condenados através do silêncio total e do trabalho duro, longo, inútil e exaustivo, como andar na esteira. Tratava-se de uma roda gigante com tábuas. Os prisioneiros seguravam uma barra e andavam subindo na roda por dez minutos, com um intervalo de cinco minutos. Isso durava um turno de oito horas e era o equivalente a subir mais de dois quilômetros e meio. Outra tarefa consistia em o prisioneiro girar a manivela em sua cela um número específico de vezes para ganhar sua comida – as pás eram reviradas dentro de uma caixa de areia.

Após sua libertação de uma prisão de trabalho forçado, comida ruim e tábuas duras onde dormir, Mucklow foi registrado no censo de 1891 como um carteiro morando com sua esposa, Elizabeth, na Adderley Street, 160. A residência era a casa de seus sogros: George Groom era um transportador e sua esposa, Mary, era uma operária de botões de pérola. Outros cinco também moravam no local – inclusive o filho dos noivos, George, que tinha vinte anos e era um carroceiro geral.[166] É claro, foi um homem chamado

Groom que foi identificado por Eastwood como quem o derrubou com um golpe terrível de um cinto afivelado. Ele escapou da justiça.

A CRUZADA CONTRA O RUFIANISMO

Durante a quinzena após o ataque brutal a George Eastwood, sete policiais extras foram colocados nas imediações da Milk Street por causa da disputa entre as gangues de Sloggers da Milk Street e da Barr Street. Essa era, em linhas gerais, uma batalha localizada que disputava a supremacia, pois as duas ruas estavam a algumas centenas de metros uma da outra. Em 5 de abril de 1890, cinco jovens das duas gangues foram acusados de atos criminosos. Cada um foi multado em vinte xelins mais custas ou, se não pagasse, um mês de prisão com trabalhos forçados. Em outra briga de gangues, um homem havia disparado uma pistola, e outro brigão estava girando uma picareta. Ao tentar dar voz de prisão, o policial Bertie foi atingido por meio tijolo jogado por John Bloxwich – outro rufião com condenações anteriores por agressão –, que fora enviado para a prisão por três meses de trabalhos forçados.

O irmão de Bloxwich – Benjamin, apelidado de Block, do pátio 21, casa 4, na Milk Street – era igualmente violento. Ele fora acusado de agredir Frank Nolan da Great Barr Street, em 7 de abril. Nolan pertencia à gangue de Barr Street e, ao passar pela Coventry Street naquela noite, foi atacado por Bloxwich. Ele estava acompanhado por vários outros membros da gangue e então colocou o pé no peito de Nolan e bateu forte na cabeça dele com a fivela de um cinto. O policial Meeson chegou e ouviu Bloxwich dizer que iria arrancar os miolos de sua vítima. Como Bloxwich mostrou resistência, o policial teve que sacar seu bastão e derrubá-lo para prendê-lo.

No tribunal, Arthur Chamberlain disse: "Era evidente que o prisioneiro pertencia a uma gangue perigosa, que continuava lutando na rua, e que os magistrados estavam determinados a acabar com esse tipo de coisa e com o uso de fivelas; e o prisioneiro teria que passar dois meses na cadeia, com trabalhos forçados". Quanto a Nolan, ele havia sido levado, inconsciente, para o Queen's Hospital. Sofrera onze ferimentos no couro cabeludo, sendo que quatro consistiam em fraturas expostas.[167]

Ao relatar essas lutas, o *Birmingham Daily Post* lançou a seguinte manchete: "A cruzada contra o rufianismo". Mas era uma campanha que estava sendo malsucedida. Na quarta-feira, 9 de abril de 1890, a gangue de Sloggers da Highgate Street, "uma notória gangue de bandidos", causou um distúrbio violento nas proximidades de Longmore Street, em Balsall Heath – na época, Worcestershire. Alguns deles traziam uma espécie de bastão de borracha da Índia. Outros tinham pedaços de chumbo presos a cordas de catgut, que eram usados para atirar nas pessoas, ou carregavam cintos com fivelas pesadas e formidáveis. O policial Dysons procurou reprimir a desordem e prendeu um dos homens mais turbulentos, Henry Butterworth, um fundidor de latão e líder da gangue. Ele foi algemado e ficou muito violento, enquanto seus companheiros agrediram o oficial sem misericórdia – eles o chutaram no lado do corpo, bateram em sua cabeça e cortaram gravemente seu joelho, além de Butterworth ter mordido sua mão esquerda severamente.

Um jovem tentou ajudar o policial, mas ele também foi agredido e fugiu. Uma grande multidão se reuniu, mas "nenhuma outra pessoa se atreveu a levantar a mão para resgatar o policial por medo de ataque, enquanto o agente estava tão cercado, que era muito difícil para ele se defender dos golpes que lhe eram dirigidos". Um dos que assistiram ao ataque "até quis dar assistência ao policial, mas se eu tivesse feito isso o resultado seria uma cabeça quebrada ou um chute no rosto ou nas costelas". A testemunha explicou que os vagabundos que estavam ali tentando resgatar seu "parceiro" eram algo assustador de se ver. Eles estavam procurando tijolos e pedras na rua quando um deles disse: "Venha por aqui – aqui tem alguns pedaços de carvão para jogar no policial". Tiras com fivelas na ponta também foram sacadas de seus bolsos.

Por fim, o policial Dysons conseguiu arrastar seu prisioneiro para o açougue do sr. Swadkins, mas os brutamontes o puxaram novamente. Mais uma vez, o policial conseguiu voltar para a loja e, "o sr. Swadkins, com um espírito que contrastava com o da multidão, que observava passivamente, parou na porta com seu cutelo e manteve os brutos distantes". Naquele momento, dois policiais de Birmingham vieram em socorro de Dysons. Butterworth recebeu seis meses de trabalhos forçados.[168]

Na mesma semana desse distúrbio, relatou-se que uma gangue de Sloggers de Birmingham agredira um homem em Perry Barr, enquanto a de Sparkbrook estava aterrorizando tanto o bairro ao atacar pedestres, sobretudo mulheres e crianças, que a força policial foi aumentada.[169]

Com leitores de classe operária, mais propensos a sofrer as depredações de gangues de Sloggers do que a classe média que comprava o *Birmingham Daily Post*, o *Birmingham Mail* ficou horrorizado com essa "lei da máfia em Birmingham", declarando em 11 de abril que a desordem, outra expressão para comportamento violento, estava aumentando. Havia gangues de Sloggers em muitos bairros da cidade. Algumas eram bastante inofensivas, pois se limitavam a usar linguagem obscena pelas ruas, "mas as mais notórias das gangues [eram] compostas por jovens que individualmente [poderiam] ser, afirma a polícia, os maiores covardes, mas que coletivamente [eram] os mais desesperados dos rufiões". Essas combinações de brutamontes se uniam sem nenhuma intenção definida: "Seu único objetivo é formar uma liga de proteção mútua. Considera-se correto que cada distrito tenha sua quadrilha de Sloggers, composta por jovens, com idades entre dezessete e 21 anos. Esses jovens infestam as esquinas – se a polícia estiver na espreita, eles vão para os cafés mal frequentados, onde decidem seus próximos movimentos".

Entre as mais infames estava a gangue de Digbeth, que recentemente estivera envolvida em um ataque violento ao gerente do Canterbury Music Hall, que levara à sua morte. Outra era a gangue da Whitehouse Street, "notória por seus ataques a pessoas inofensivas, encontradas tarde da noite no terreno baldio de Aston". Depois, havia as gangues de Suffolk Street e Summer Lane, que eram "famosas por sua ilegalidade e selvageria". Sentenças curtas de prisão tinham pouco efeito sobre esses rufiões, com a gangue da Park Street se gabando de que um de seus membros mais proeminentes era um jovem que passara quase onze dos últimos doze meses na prisão.

O relatório do *Birmingham Mail* de 11 de abril continuou explicando que uma nova arma favorita das gangues de Sloggers era o cassetete:

> Uma vara curta e pesada, bem carregada na ponta, que pode ser escondida na manga, mas eles também têm uma predileção por partes de atiçadores de lareira e lenços fortes com pedras amarradas na ponta. Há também a arma, que em mãos experientes pode ser usada em uma briga com efeito considerável. Se trata de um pedaço de

> guta-percha, às vezes se usa catgut, com pedras presas na ponta. Há também, é claro, a útil ponta de tijolo, o cinto afivelado e o grande canivete. O brigão que usa a faca em sequência é chamado pelo líder de "supetão". Isso significa que ele vai esfaquear a vítima pelas costas – mas não de maneira fatal, se conseguir evitar –, quando todos os outros métodos de a atacar forem tentados e considerados ineficazes.

Cada quadrilha tinha um líder e, além das brigas livres com outras gangues, às vezes atacavam o pub favorecido por um grupo inimigo, destruindo-o e atacando todos os fregueses que ali estivessem. Tais ações enfatizavam a territorialidade das gangues.

Apesar de todas essas evidências de que a violência estava aumentando, incluindo relatórios de seus próprios oficiais, em uma reunião do Comitê de Vigilância, em 22 de abril de 1890, o chefe de polícia, Joseph Farndale, afirmou que ele não tivera "evidência alguma de gangues de Sloggers na cidade havia muito tempo, e os superintendentes relataram que há anos elas vinham diminuindo em número e poder". No entanto, a alegação de Farndale foi ridicularizada no *Birmingham Mail*, em 23 de abril, que citou as preocupações sobre a prevalência do rufianismo de rua em texto escrito pelo juiz de Birmingham, sr. Dugdale.[170] É importante destacar que as provas para questionar a crença do chefe de polícia são fornecidas em várias sentenças exemplares emitidas pouco antes de ele tentar mitigar o problema dos atos dos Sloggers.

Nas Sessões do Worcester Quarter no início de abril, John Harper, da gangue de Sloggers da Sparkbrook, foi preso por dezoito meses devido a um ataque selvagem ao policial Bayliss. Ao fazê-lo, o vice-presidente observou que o tribunal havia passado uma sentença severa como mecanismo de dissuasão.[171] Houve um grande número de condenações contra Harper, assim como contra seu irmão, Thomas, que havia chutado o policial Bayliss. Por isso, ele foi condenado a seis meses de trabalhos forçados. Os irmãos eram "um terror para a vizinhança em que moravam". Eles costumavam agredir as pessoas, sobretudo nas noites de sábado, e as queixas feitas à polícia eram muito frequentes".[172]

Uma pena mais longa de prisão foi dada pelo Juiz de Birmingham, em 16 de abril, a Thomas Henry Everall, um trabalhador braçal de dezoito anos. Em novembro do ano anterior, ele e Albert Chaplin, de vinte anos, e outro operário, atacaram George Onions, de quem guardavam rancor por ter chutado o cachorro de um membro de sua gangue. Ao encontrar Onions em Summer Lane, eles o derrubaram, chutaram e o atingiram com uma corrente de ferro. Onions ficou no hospital por onze semanas, com ferimentos graves. Ao sentenciar os dois homens, o Juiz disse: "O caso era um daqueles que estavam se tornando mais prevalentes agora na cidade do que vinham sendo há muito tempo. Se esse tipo de coisa não fosse controlada, acabaria em assassinato". Era bastante intolerável, acrescentou, que "gangues de jovens saíssem pelas ruas e impossibilitassem que pessoas pacíficas andassem à noite sem serem agredidas e espancadas". Como líder da gangue que ele reuniu para fazer o ataque, Everall foi preso por cinco anos com Chaplin tendo sido condenado a quinze meses com trabalhos forçados.[173]

O *Birmingham Mail* destacou o seguinte:

> As sentenças são bem calculadas para infundir terror nos líderes do rufianismo que vem se manifestando em Birmingham nos últimos meses. Devemos esperar que tenham um efeito pacificador nas vizinhanças perturbadas; e ninguém estará disposto a discutir com sua severidade. O Juiz vê – e todo mundo deve ver também – que, a menos que o surto seja erradicado de uma vez, ele terminará como terminou o motim da Navigation Street, no enforcamento de alguém e, com tal perspectiva em vista, o falso sentimento em favor da misericórdia é perverso ao extremo.[174]

Deixando de lado o caráter alarmista das reportagens, era evidente que, no final da década de 1880, muitas áreas mais pobres de Birmingham de fato sofriam os tormentos das gangues de rua – e era difícil deixar uma gangue assim, como descobriu William Davis, da Hospital Street. Em 18 de junho de 1890, ele foi recebido por James Cain, um fundidor de latão de Belmont Row, e William Copley, da Moland Street. Davis explicou no tribunal, posteriormente, que Cain queria que ele matasse a gangue da Bagot Street, mas ele não o fez porque já estava farto. Essa falta de lealdade levou Davis a sofrer um golpe de Cain na lateral da cabeça e Copley a acertá-lo nas costas com um cinto afivelado, causando feridas que sangraram profusamente. Cain, um conhecido membro da gangue de Sloggers da Cross Street, foi condenado a 21 dias de prisão e Copley, a quatorze dias.[175]

OS PERIGOSOS PEAKY BLINDERS

Ao que parece, as atividades dos Sloggers foram reduzidas por um curto período devido às duras sentenças de 1890 e, nos anos seguintes, houve menos menções às gangues nos jornais locais. No entanto, apesar dessa aparente calmaria, as gangues de Sloggers não foram extintas. Em julho de 1891, o inspetor McManus disse que eles eram um problema público e que ele havia sido forçado a enviar uma dúzia de policiais à paisana para a Moorsom Street a fim de impedir os encontros entre eles.

Os Sloggers continuaram a atuar também em Sparkbrook, apesar da longa sentença de John Harper, e a vizinha Charles Henry Street, em Highgate, tinha uma gangue de Sloggers notória.[176] Como outras gangues antes e depois, era difícil sair – cumprir pena ou tentar ficar limpo não garantia a capacidade de cortar laços com antigos associados do crime. Em março de 1891, George Rutter, de dezenove anos, agrediu um companheiro porque este se recusou a se juntar à gangue em uma expedição desordeira.[177] No mês seguinte, William Rabbit atacou um antigo membro da gangue que supostamente havia feito um deles parar na cadeia; e dois adolescentes que caminhavam pela rua Charles Henry foram atacados com tijolos e cintos afivelados. Ambos foram tratados no hospital por ferimentos na cabeça, enquanto um deles também foi esfaqueado.[178]

Então, no outono de 1891, Arthur Croton foi identificado como um membro da chamada gangue "dos boca-de-sino" da Charles Henry Street, quando foi considerado culpado de um ataque a Emma Blade, uma idosa que administrava um estabelecimento de refrescos na rua. Croton discutira com ela sobre o troco de uma compra e tentara feri-la com uma faca de pão, que estava no balcão. Ele largou a faca e então pegou a placa que anunciava as ofertas do dia e atingiu a lojista com ela. Embora os magistrados pensassem que esse era um caso muito ruim, Croton foi multado em apenas quarenta xelins, com um mês de trabalho forçado se não pagasse.[179] Sentenças fracas como essa somam justificativa à afirmação de Weinberger de que os magistrados não pareciam se importar com a desordem nas partes mais pobres de Birmingham, quando os afetados eram apenas a população local.

As gangues de Sloggers em Summer Lane e na Aston Road também foram identificadas em 1892.[180] Esta última foi provavelmente outra manifestação das quadrilhas já estabelecidas – os Sloggers de Aston e os da Whitehouse Street. Dentro da própria Birmingham, em 2 de agosto, foi declarado que, na quinzena anterior, ocorrera combates de arremesso de pedras todas as noites entre as gangues de Sloggers da Cliveland Street e da Weaman Street e, em outubro de 1893, John Cambridge, um trabalhador de 22 anos da Rupert Street foi apontado como o chefe de uma gangue de Sloggers que infestava Nechells.[181]

A despeito desses relatos, em junho de 1894 os comentaristas locais acreditavam que a "epidemia de rufianismo" havia se instalado na cidade.[182] Isso não durou, no entanto, já que no final de 1895, as gangues de Sloggers e Peaky Blinders mais uma vez atraíram atenção desfavorável. Embora o termo "peaky blinder" tenha sido mencionado pela primeira vez em 1890, a expressão não parece ter sido usada novamente nos jornais de Birmingham nos cinco anos seguintes. Quando aconteceu, é evidente que era como outro nome para Sloggers e suas gangues. Em 27 de junho de 1895, sob a manchete "As gangues de Sloggers de Birmingham", o *Manchester Evening News* apontou que o juiz de Birmingham havia dado sentença de seis meses de prisão a dois homens por torturar um terceiro com um colete salva-vidas carregado, um cassetete de metal e ferros em brasa. Eles eram membros de gangues rivais de "Peaky Blinders", "que [ficavam] nas esquinas para agredir os transeuntes, ou entrar em brigas gratuitas com outras gangues". O Juiz disse que o incômodo não seria interrompido até que os magistrados enviassem os infratores para a prisão".[183]

Esse evento foi seguido, em outubro de 1895, por um distúrbio na Bromsgrove Street. Os policiais Bennett e Telfer foram chamados ao pub Stag and Pheasant, na esquina da Pershore Street, para desmascarar uma gangue de vinte a trinta Peaky Blinders que haviam causado problemas. Ao tentar derrubar Charles Warner, um batedor de ouro de vinte anos de

Edgbaston Street, eles foram agredidos por ele, e "a gangue começou a chutá-los e espancá-los". James Cuson, um operário de 28 anos de Cheapside, deu um chute no estômago do policial Bennett para que ele libertasse Warner, enquanto Cuson também conseguia fugir. O policial Telfer seguiu Turner e o recapturou em uma entrada na Inge Street, onde "outro encontro desesperado se seguiu, e Telfer corria o risco de ser agredido quando Bennett apareceu". Thomas Groves, de dezessete anos, um fundidor de latão de Hurst Street, foi ajudar Warner, e o bando usou cintos afivelados contra a cabeça dos policiais. Cuson era conhecido e tinha mandado de prisão expedido contra ele. Ele tinha dezoito condenações anteriores e fora enviado para a cadeia por seis semanas. Warner, que era descrito como tendo um caráter muito ruim, recebeu seis meses, enquanto Groves, cujo nome também aparecia com muita frequência nos livros da polícia, recebeu três meses de trabalhos forçados. Todos os três homens moravam nas proximidades do pub e obviamente faziam parte de uma gangue local.[184]

Um mês depois, foi relatado que uma gangue de Sloggers estava operando na vizinhança de Northwood Street e Kenyon Street, em Hockley. Um policial também explicou que em Aston havia uma briga entre a gangue da Park Lane e a gangue da Lichfield Road. Curiosamente, ele afirmou que este último era formado por rapazes trabalhadores, contrastando-os com aqueles que eram vadios e que viviam como pequenos ladrões ou pelo trabalho de suas esposas ou namoradas. Três membros da gangue da Lichfield Road foram acusados de ferir gravemente William Latham com a intenção de lhe causar danos corporais graves. Eles eram Samuel Preece, Albert Medlicott e Samuel Greer. Em 24 de agosto, golpearam Latham com a fivela de um cinto e o esfaquearam no peito. Quando a vítima caiu, ela fora chutada no chão. Levado inconsciente para o hospital, Latham ficou lá por seis semanas, durante as quais se temia que ele morresse devido aos ferimentos.

Os agressores foram julgados no Tribunal de Warwick em dezembro de 1895, e o juiz, sr. Day, confessou que iria "desfazer o acordo da Lichfield Road".[185] Apelidado de "Judgement Day", ele se tornou famoso por punir membros de gangues em Liverpool com açoite – o chicote utilizado era conhecido como "o gato de nove caudas".[186] Ao sentenciar os três homens, ele os chamou de "uma gangue de rufiões que infestavam os subúrbios de

Birmingham", solicitou prontamente que a polícia tomasse mais medidas e expressou sua determinação em acabar com o problema. Greer recebeu dez anos de servidão penal, enquanto Medlicott e Preece receberam pena de dois anos de trabalhos forçados.[187]

Naquele mesmo mês, o primeiro homem a ser especificamente reconhecido como um "Peaky Blinder" foi levado ao tribunal. Henry Lightfoot tinha 22 anos e, incomumente, não tinha residência fixa. Tendo uma rixa contra alguns homens que estavam bebendo em uma cervejaria, ele correu para dentro e agrediu várias pessoas com um pedaço de pau. Ao expulsar Lightfoot, o proprietário e sua esposa foram mordidos na mão. O "rufião" então marchou pela Hurst Street até a Bromsgrove Street, atacando todos que encontrava até encontrar o detetive Tingle. "Você é um idiota! Desça!", gritou Lightfoot. Levantando o bastão sobre a cabeça, ele "desferiu um golpe que derrubou a guarda de Tingle e atingiu sua cabeça". O detetive atingiu Lightfoot no rosto e o derrubou, mas um associado de Lightfoot veio a seu socorro e derrubou o policial, permitindo que Lightfoot o atingisse novamente com o bastão. Lightfoot enfim foi preso. No tribunal, o sargento Richards disse que ele havia sido mandado à cadeia muitas vezes por agressões à polícia e que fora tratado com severidade no julgamento por uma agressão em Hay Mills. Os magistrados disseram que ele era, sem dúvida, um "Peaky Blinder" perigoso e que seria enviado para a prisão por seis meses.[188]

Lightfoot não foi o primeiro de sua família a ter problemas com a lei. Em janeiro de 1877, seu irmão mais velho, Samuel, foi multado em um xelim e custas no Tribunal de Polícia de Balsall Heath. Sua infração havia sido a "prática perigosa de jogar *bandy* [um jogo semelhante ao hóquei] nas ruas públicas". Os magistrados que impuseram a multa incluíam homens de famílias ricas do ramo industrial. A multa contra Samuel Lightfoot, com onze anos naquela época, enfatizou o ataque da classe média contra os esportes violentos da classe operária e o uso da rua como área de recreação.[189]

Seis anos depois, Samuel Lightfoot estava envolvido em uma "confusão geral" na Balsall Heath Road. Ele havia sido preso pelo policial Rudnick por se recusar a deixar o Sherbourne Hotel Concert Hall, onde havia demonstrado mau comportamento. Relatou-se que, desde 1878, "cenas vergonhosas e tumultos" das gangues de canalhas desbocados e baixos ocorriam fora deste lugar nas noites de sábado.[190] Nessa ocasião, Lightfoot "incitou uma multidão, que se reuniu em torno dele para libertá-lo, o que fizeram". Na cadeia mais uma vez, ele "agiu como um louco, chutando e agredindo a polícia". A multidão agora contava com cerca de duzentas pessoas e, mais uma vez, Lightfoot foi liberado. Ele foi multado em quarenta xelins e custas.[191]

Quanto a Henry Lightfoot, seu primeiro delito foi em 1886 por roubar um pato. Ele tinha treze anos e ficou preso por sete dias. Dois anos mais tarde, ele foi descrito como um "criminoso casca-grossa" quando foi condenado a nove meses de prisão com trabalho forçado por roubar oito maçanetas de latão.[192] Anteriormente, ele havia roubado frutas, uma jaqueta e pombos, e viria a ser preso várias vezes por outros pequenos furtos, bem como por apostas, embriaguez, roubo, depredação e linguagem obscena. No entanto, além de ser um contraventor, Lightfoot também era um homem violento. Em dezembro de 1892, ele foi condenado a nove meses de prisão por lesão corporal; ele cumpriu mais seis meses em 1894 por agredir um policial e foi condenado por outros seis ataques. Sua última condenação aparente em 1907 foi o roubo de doze escovões.[193]

Sete anos depois, em 14 de setembro de 1914, logo após a eclosão da Primeira Guerra Mundial, Lightfoot se juntou ao Regimento Real de Warwickshire. Esse homem, que passou a maior parte de sua vida infringindo as leis de seu país, decidiu lutar pela nação, como é enfatizado pelo fato de ele ter informado sua idade como 34 anos, quando na verdade tinha 41. No entanto, velhos hábitos custam a morrer e, em novembro daquele ano, ele foi condenado a quatorze dias de detenção por insolência e ameaça a um suboficial. Poucos dias depois de cumprir a pena, Lightfoot foi dispensado do Exército sob a alegação de que seria improvável que se tornasse um soldado eficiente.[194]

Em janeiro de 1915, ele estava morando em Rowington Terrace, na Berkley Road, em Hay Mills, quando passou a servir mais uma vez, agora com o 2/5º Batalhão de Reserva do Regimento Real de Warwickshire, uma unidade do Exército Territorial. Lightfoot, no entanto, ainda era um soldado problemático. Em agosto de 1915, ele usou linguagem insubordinada a um oficial superior e "ofereceu-lhe violência", pelo que foi detido por vinte e oito dias. No mês seguinte, ele recebeu oito meses de detenção por desobedecer a uma ordem e fingir doença. Logo após terminar sua sentença, em 21 de maio de 1916, seu batalhão foi enviado à França para servir na Força Expedicionária Britânica como parte da 143ª Brigada da 48ª Divisão. Assim, Lightfoot esteve envolvido no primeiro dia da sangrenta Batalha do Somme, em 1º de julho de 1916. No dia seguinte, ele foi ferido no olho e no lado direito. Enviado de volta à Inglaterra dois dias depois, foi dispensado do Exército em abril de 1917, por não estar mais fisicamente apto para o serviço ativo.[195] Henry Lightfoot morreu em 1936 aos 63 anos.

EXIGINDO DINHEIRO

Em janeiro de 1896, um correspondente do Birmingham Mail lamentou que "apesar de todo o esforço da polícia de Birmingham, o tempo presente é um verdadeiro reino de terror, devido à conduta dos Desordeiros Profissionais chamados Peaky Blinders". O repórter afirmou que ter um Peaky Blinder em um bairro já era o suficiente para deixar todo o distrito em chamas, pois "ele certamente tem seguidores, e os jovens Peakies imitam sua conduta desordeira e se dedicam para agir da mesma forma quando a escuridão da noite de sábado cai, e o conhecimento de um grande número de seguidores parece ser propício para o seu negócio". Esse negócio consistia em espancamentos e roubos de feirantes bêbados e outros civis. Se por acaso alguns deles fossem pegos, segundo o jornal, compareciam ao tribunal "parecendo o mais inofensivos e abatidos possível, e usando um curativo desnecessário. Eles alegam que estão muito arrependidos, mas estão bêbados e, com a ajuda do Tribunal de Polícia, os advogados são devolvidos aos amigos com nada além de uma pequena multa". Em seguida, elaboram uma lista de mendicância para percorrer todos os pubs num raio de um quilômetro e meio, arrecadando dinheiro para "os pobres fulano e beltrano, que arrumaram um 'pequeno problema' – e ai daqueles que não contribuíssem".[196]

Pat Collins era um animador famoso responsável por muitas das feiras nas Midlands, além de ter enfrentado um protecionismo absolutamente grosseiro quando assumiu a Onion Fair de Birmingham, em setembro de 1890. Datada de 1400, a feira acontecia no centro da cidade, mas, considerada um espetáculo barulhento e vulgar, foi abolida pelo conselho municipal em 1875. Como resposta, Randle Williams, o rei dos animadores, transferiu-a para o Old Pleck, no extremo norte de Birmingham. Perto da fronteira com Aston, o local era cortado pela St. Stephen's Street e logo "se tornou o feliz campo de caça de valentões e gangues que exigiam tributo de animadores em troca de não os importunar".[197] Devido ao problema causado pelos Peaky Blinders que extorquiam proteção, Williams vendeu o contrato para Pat Collins. Contaram-se histórias de que ele esmagou as gangues com o uso vigoroso de uma soqueira, uma história de que ele se ressentia, ao enfatizar que era um absurdo dizer que havia usado qualquer coisa que fosse. Em vez disso, Collins lembrou:

> Eu sabia o que estava enfrentando. As gangues apareciam e exigiam dinheiro para deixar as barracas em paz – ou dois xelins e seis pence ou, no caso dos Peaky Blinders, "rapazes de dezoito anos ou mais que sabiam brigar", um xelim. Eu disse que faria um aluguel e o limparia para que você pudesse bater seu relógio e corrente no meio da feira e encontrá-lo novamente quando fosse buscá-lo. Pedi ao inspetor McManus (que mais tarde viria a se tornar vice-chefe da polícia de Birmingham) vinte policiais – ele conseguiu quinze, e o primeiro dos gângsteres a exigir dinheiro ele derrubou com o punho. Os rapazes à paisana vieram com bastões de aparência desagradável e logo tivemos essas gangues no nosso encalce.[198]

Terry Proctor foi informado de como seu avô lidava com os Peaky Blinders que entravam em seu açougue no número 89 da Summer Lane, exigindo dinheiro de proteção. Edwin Proctor era um homem durão e aventureiro que não iria tolerar ser intimidado, e ordenou-lhes: "Saiam rápido, senão vão ter consequências!". Eles não o fizeram e, de acordo com Terry, "Edwin pega um gancho do trilho de carne, o balança sobre o balcão, prende um deles no pescoço, o puxa para cima do balcão acaba com ele na porrada, depois o joga pela vitrine aberta da loja. Eles nunca mais tiveram nenhum problema com eles depois disso!".[199]

A extorsão em pequena escala contra os lojistas era acompanhada por bullying e intimidação. Por exemplo, em dezembro de 1896, vários jovens, "pertencentes a uma gangue de rufiões que infestavam o bairro de Ladywood havia algum tempo", exigiram tabaco de um funcionário chamado Smith quando ele deixou seu local de trabalho na Sherborne Street na hora do jantar. Eles correram em direção a ele, mas ele escapou entrando de volta no local de trabalho. O gerente, Josiah Griffiths, armou-se com um chicote e acompanhou Smith para fora, mas ambos foram imediatamente atacados pela gangue. Griffiths teve o chicote retirado dele e "cintos e facas com pontas de fivela foram usados livremente. Algum tempo depois, uma força de homens das fábricas expulsou os rufiões. O sr. Griffiths, o mais gravemente ferido, foi transferido para o hospital".[200]

O REINADO DOS BRIGÕES

As brigas da gangue de Sloggers e os ataques de Peaky Blinders em 1895 mais uma vez atraíram atenção desfavorável para Birmingham, com o *Coventry Evening Telegraph* afirmando que a cidade há muito tempo era notória pela brutalidade. Mal se passava um mês de "mas temos que registrar algum ato de violência chocante" e as infames gangues de Sloggers continuavam sendo um terror em alguns bairros.[201]

Embora não houvesse grandes surtos de violência de gangues no ano seguinte, muitos cidadãos ainda estavam com medo dos Peaky Blinders. Um correspondente do *Birmingham Mail* acusou os magistrados da cidade de desconhecê-los porque, em grande parte, "aqueles que administram a justiça nesta cidade residem nos subúrbios luxuosos ou no campo". Ele os exortou a fazer uma visita ocasional a Summer Lane, a Hospital Street, até mesmo à vizinhança mais respeitável de Camden Street ou Spring Hill em um sábado. Se o fizessem, poderiam formar uma ideia do que o público tolerava quando as esquinas de Birmingham estavam "infestadas com esses parasitas humanos, que parecem estar atentos à oportunidade de uma garota ou mulher que passa e despejar linguagem imunda para poluir seus ouvidos".[202]

Em 1897, os jornais de todo o reino voltaram a se concentrar na má reputação de Birmingham com manchetes como "O Reinado dos Brigões em Birmingham" e "Os Brigões de Birmingham em Fúria".[203] Estas foram motivadas pelo assassinato do policial Snipe. Tarde da noite, no domingo, 18 de julho de 1897, ele estava de plantão em Hockley Hill e, após o fechamento dos pubs:

> Um homem chamado Kilrain, sob a influência do álcool, comportou-se tão desordenadamente que Snipe, que estava acompanhado pelo policial Mead, conseguiu prendê-lo. Kilrain ofereceu resistência vigorosa e, enquanto os policiais estavam lutando com ele, um homem chamado Charles Alvis apareceu e se juntou ao ataque. Seguiu-se uma luta desesperada, durante a qual um terceiro homem, James Franklin, jogou um tijolo que atingiu Snipe na cabeça, deixando-o inconsciente. Foi necessário transferir Snipe para o Hospital Geral em uma ambulância, onde ele veio a falecer [...][204]

Os perigos contínuos enfrentados pelos policiais são realçados pelo fato de que, nos seis anos anteriores, no cumprimento de seu dever, o policial Snipe foi agredido oito vezes.[205]

Assim como o assassinato do policial Lines em 1875, o assassinato do policial Snipe despertou indignação. Uma arrecadação foi criada para sua viúva e, no dia de seu enterro, enormes multidões se alinhavam nas ruas que levavam ao cemitério de Warstone Lane.[206] Embora Franklin tenha sido julgado por assassinato, ele foi absolvido por causa de evidências indicando que outro homem havia jogado o tijolo. Este era George "Cloggy" Williams, que foi considerado culpado de homicídio culposo e condenado à servidão penal perpétua. Quatro outros homens foram enviados para a cadeia por períodos mais curtos. Enquanto o policial Snipe estava inconsciente no chão, ele havia sido chutado na cabeça por Kilrain (também escrito Colerain), que também havia chutado o policial Mead. Ele foi condenado a dezoito meses de trabalhos forçados. Thomas Hedges, Charles Edward Elvis e Thomas Moran também foram condenados por agredir ilegalmente os dois policiais e receberam nove meses de trabalhos forçados.[207] Por sorte, no entanto, o reinado dos Peaky Blinders desse tipo estava prestes a terminar.

CAPÍTULO 3

O FIM DO REINADO DOS PEAKY BLINDERS

A EPIDEMIA DA BRUTALIDADE

Um sino soa ameaçadoramente enquanto um cavaleiro solitário galopa por uma rua de paralelepípedos – um homem grande, de costas retas e chapéu-coco, um casaco comprido desabotoado e um terno e gravata. Ele para em uma fileira de policiais montados, cada um com cassetete em punho. Alinhados ameaçadoramente do outro lado da rua, eles são as únicas pessoas ali. Atrás deles ergue-se uma fábrica grande e feia. Suas prensas pulsam, intensificando a melancolia do cenário e o clima sombrio. O cavaleiro fala com força para os oficiais com um sotaque distinto da Irlanda do Norte. Eles não devem deixar pedra sobre pedra e trazer para ele todas as armas e balas que encontrarem para sua inspeção.

A polícia montada desce a rua, cada agente virando-se de frente para as casas, de um lado e de outro, a intervalos. Eles são acompanhados por uma grande força de policiais de capa que correm pela rua e param de dois em dois. Ao sinal de seu líder, os policiais a pé arrombam as portas da frente de cada casa e se forçam a entrar à procura de comunistas. Enquanto os apitos da polícia soam, os homens são arrastados para fora. O som de cassetetes acertando carne humana pode ser ouvido. As crianças correm assustadas pela rua enquanto as mulheres gritam e são empurradas para o lado.[208]

É mais uma cena vívida e envolvente da primeira temporada de *Peaky Blinders*. O homem encarregado do ataque nessa rua no centro da base de poder da família Shelby é o inspetor-chefe Campbell. Fisicamente imponente, ele é cheio de astúcia e é conhecido por ter livrado Belfast do crime e da corrupção. Ele então foi enviado a Birmingham por Winston Churchill para recuperar uma remessa de armas que desapareceram da BSA, a Birmingham Small Arms Company. Os principais suspeitos são os Peaky Blinders liderados por Tommy Shelby, por quem Campbell rapidamente desenvolve um ódio intenso. Ele também detesta os fenianos do Exército Republicano Irlandês e os comunistas. Junto com os Peaky Blinders, eles são "o bicho de três cabeças" e ele acredita que é seu trabalho decapitá-los.

Desconfiando da polícia de Birmingham, ele traz novos homens de Belfast, obviamente protestantes como ele. São eles que formam suas tropas de choque no ataque ao coração do reduto dos Shelby. Campbell falha em derrubar os Peaky Blinders. No entanto, um policial protestante de Belfast, de fato, desempenhou um papel de liderança no final do reinado dos verdadeiros Peaky Blinders e rufiões de rua de Birmingham. Seu nome era Charles Haughton Rafter. Ele foi nomeado chefe de polícia em 1899, após o furor sobre a "epidemia da brutalidade" que estava avassalando Birmingham.[209]

Após o assassinato do policial Snipe, exigências foram feitas para a introdução do açoitamento como punição pela violência nas ruas, já que a lei só permitia essas medidas se a agressão fosse acompanhada de roubo. O chefe de polícia Farndale concordou e temeu que não pudesse fazer mais nada usando a força da polícia.[210] Também foram feitas queixas contra a percepção de clemência dos magistrados em punir agressões a policiais com multas em vez de seis meses de prisão, conforme permitido pela lei. Em resposta, em agosto de 1897, Arthur Chamberlain, presidente dos magistrados e irmão de Joseph Chamberlain, pediu a seus companheiros "para olhar para os casos do ponto de vista do chefe de família paciente, e não dos ofensores que, perante eles, pareciam muito penitentes, mas que, quando nas ruas aos sábados e domingos, eram um incômodo terrível para as pessoas tranquilas". Era preciso deixar claro que as ofensas contra as pessoas eram mais graves do que aquelas contra a propriedade.[211]

Charles Anthony Vince foi um acadêmico, jornalista líder do *Birmingham Post* e firme defensor de Joseph Chamberlain. Em seu livro *History of the Corporation of Birmingham* [História da Corporação de Birmingham], ele fez esforços para apresentar a cidade da melhor maneira possível. No entanto, até mesmo ele admitiu que na década de 1890 a atenção pública foi atraída para o sério aumento dos crimes de violência. O sentimento popular culminou na exigência de medidas mais drásticas para "a repressão desse mal que se fez após o assassinato do policial Snipe".[212] Esse sentimento generalizado atingiu o apogeu em 1898. Naquele ano, de acordo com Geoffrey Pearson, a palavra "baderneiro" [*hooligan*] entrou abruptamente no uso comum do inglês, durante o verão quente "subsequente a uma celebração demasiado turbulenta do Feriado Bancário de agosto em Londres, que resultou em um grande número de pessoas sendo levadas aos tribunais por acusações de desordem, embriaguez, agressões a policiais, roubos de rua e brigas".[213]

Naquele ano, em Birmingham, o número de intimações por agressões a policiais atingiu um máximo de 623 – relativos a uma força policial, incluindo oficiais, de setecentos homens.[214] Os ataques à polícia, em 1898, incluíram o policial Leach, um jovem de vinte e três anos de "bom físico, de Cheltenham". Ao levar um bêbado problemático para a delegacia, ele foi atacado por uma gangue de jovens na Lister Street. Um deles jogou uma garrafa ou um tijolo nele, que o atingiu, gerando uma fratura no crânio, de modo que ele precisou de uma operação de trepanação. Não muito tempo depois, o sargento Brown e vários policiais prenderam sete homens da região com idades entre dezessete e 22 anos.[215]

O que distinguia os membros da gangue dos Peaky Blinders, como esses, de outros jovens era o penteado e as roupas. Mas muito desse estilo também era adotado por brigões que não necessariamente faziam parte de uma gangue. Isso significava que cada vez mais o nome Peaky Blinder também era aplicado a uma pessoa violenta que lutava e causava danos em locais públicos. Como o *Daily Mail* informou a seus leitores, "Birmingham, como certos distritos de Londres, tem seus baderneiros; embora, nas Midlands, os rufiões sejam conhecidos pelo nome eufônico de "Peaky Blinders"". John Groves era um desses jovens. Descrito como um rapaz promissor de dezoito anos, em maio daquele ano ele havia jogado uma garrafa em um policial. O vidro cortara gravemente a bochecha esquerda do agente e ele tivera que ser tratado no hospital. Como Groves não tinha recebido condenações anteriores, foi condenado à prisão por três meses de trabalhos forçados. Embora nenhuma evidência tenha sido fornecida de que ele fazia parte de uma gangue, ele foi chamado de Peaky Blinder, um daqueles "terrores que estão acostumados a maltratar pessoas indefesas que encontram nas ruas". Essa ampliação no uso do termo foi acompanhada pelo aparecimento de dois novos termos para descrever homens violentos e pequenos ladrões – "do tipo dos Peakies" e "da classe dos Peakies".

A CHEGADA DE RAFTER

A epidemia de brutalidade em Birmingham levou a crescentes demandas para acabar com o elemento perigoso do "Peaky Blinderismo". Como um comentarista expressou, a fraternidade dos boca-de-sino "reinou por muito tempo, e os ataques cometidos contra a polícia e os cidadãos não foram suficientemente combatidos pelos magistrados, que foram muito brandos".[216] O clamor por ação ficou mais alto e foi ouvido por toda a nação.

Em janeiro de 1899, o *Globe*, um jornal londrino, noticiou que, "com razão, os cidadãos de Birmingham fazem queixas amargas da tirania brutal exercida pelos rufiões de rua". Explicou que, algum tempo atrás, os magistrados costumavam impor punições dissuasivas em vez das "sentenças absurdamente brandas que costumavam proferir". O efeito foi imediatamente benéfico, disseram eles, mas nos últimos tempos os juízes de paz haviam retornado à sua antiga disposição misericordiosa, de modo que o rufianismo voltou a levantar a cabeça. Recentemente, uma gangue armada com cintos afivelados e facas atacou um homem inofensivo quando ele voltava para casa e "o esfaqueou quase até a morte, além de espancá-lo sem piedade". Uma testemunha que prestou depoimento foi atacada e esfaqueada por alguns baderneiros quando estava saindo do tribunal. Esse foi um caso de severidade exemplar, mas o líder só recebeu dois meses de prisão.[217]

Três meses depois, o chefe de polícia Farndale renunciou devido a problemas de saúde. Embora o tenha feito em meio à "epidemia de rufianismo", alguns observadores o elogiaram. Em particular, *The Owl*, uma publicação local, escreveu que ele era um servidor admirável que havia feito muito para reduzir as esferas de influência das gangues de Sloggers.[218] A afirmação era discutível – embora as batalhas em larga escala entre gangues de Sloggers de diferentes ruas de fato tivessem diminuído, os ataques à polícia mantiveram-se constantes, assim como o poder dos Peaky Blinders pelas ruas.[219]

Foi o sucessor de Farndale – o norte-irlandês Charles Haughton Rafter – quem foi aclamado popularmente como o homem que encerrou o reinado dos Peaky Blinders. Sua morte no cargo, em 1935, após 36 anos de serviço, foi noticiada na primeira página local e virou manchete no *Birmingham Daily Gazette* como "A segurança restaurada nas regiões perigosas".[220] O funeral de Rafter foi um evento cívico com a presença de funcionários do governo e uma guarda de honra de centenas de policiais. Mas a verdadeira homenagem à sua vida e obra não estava bem no velório oficial na Igreja de St. Martin, no Bull Ring, mas no fato de que o enterro "lotou as ruas da região da St. Martin's e as avenidas próximas à Harborne Parish Church, com homens e mulheres sem status de autoridade pública que lamentaram a morte de um homem que era em primeiro lugar um homem e policial apenas quando necessário". O homem e a mulher comuns de Birmingham vieram de suas casas e encheram as ruas aos milhares como "uma singela homenagem a um funcionário público que, além de fazer seu trabalho de maneira excelente, ganhou o carinho do povo". Para a maioria da classe operária cumpridora da lei, essa afeição tinha sido conquistada através da liderança de Rafter em acabar com os Peaky Blinders e tornar as ruas seguras.[221]

Criado em uma família protestante em Belfast, ele ingressara na Polícia Real Irlandesa como oficial cadete em 1882. Foi uma época turbulenta em que a Irlanda estava cada vez mais dividida entre nacionalistas católicos que buscavam uma Irlanda independente e unionistas protestantes que desejavam permanecer no Reino Unido. Ele chegou ao cargo de inspetor distrital e foi encarregado da área de Ballinrobe, em Mayo, onde a Liga da Terra era ativa. Essa era uma campanha popular contra o latifúndio – quando os oficiais de justiça chegaram para servir os avisos de despejo, foram recebidos com grandes manifestações. Os que tinham sido expulsos de suas casas foram socorridos por seus vizinhos, e embargos foram colocados em fazendas de onde os arrendatários foram expulsos, enquanto aquelas pessoas que não se enquadraram com os guerrilheiros foram condenadas ao ostracismo.

Mais tarde, Rafter se envolveu no policiamento em Tipperary, onde ganhou a admiração do conde Arthur Moore, um deputado do governo local, que escreveu um depoimento brilhante para Rafter em sua inscrição no Comitê de Vigilância de Birmingham. Moore enfatizou que o sentimento em Tipperary havia sido tão elevado durante o mandato de Rafter, que "qualquer falta de tática ou julgamento poderia ter precipitado um encontro a qualquer momento entre as duas partes envolvidas. Durante todo esse tempo, o sr. Rafter manteve a cabeça fria e clara e superou bem os problemas daquele período agitado, lidando com um grande número de homens armados e eufóricos com bom temperamento e tato infalíveis".[222] Rafter também era conhecido por sua habilidade de organização e pela integridade e habilidade com que exercia seu trabalho.[223]

Dos cinquenta candidatos ao cargo de chefe de polícia de Birmingham, ele foi um dos oito pré-selecionados e o único a comparecer à entrevista com uniforme completo. Por mais impressionante que isso possa ter sido, mais marcante ainda foi a capacidade óbvia de Rafter de lidar não apenas com situações potencialmente violentas de maneira calma e eficaz, mas também de supervisionar a redução do crime – e essas eram justamente as qualidades necessárias para deter os Peaky Blinders.[224] Ele começou seu trabalho em 1899 "sentindo-se com extrema cautela", de acordo com o *Birmingham Mail*. Ele estudou minuciosamente a cidade e suas características, ao mesmo tempo em que desejava que seus homens fossem inteligentes, tivessem bom físico e fossem conhecedores da lei sob a qual as prisões eram feitas.

Rafter mostrara sua própria coragem na Irlanda e, em seu jeito calmo e despretensioso, ele a demonstrara em uma reunião sobre a Guerra Sul-Africana no Birmingham and Midland Institute. A reunião atraiu uma multidão fervorosa, e um movimento ameaçador foi feito por alguns deles. Assim que isso aconteceu, Rafter deixou seu lugar discreto no canto da sala e foi para a frente da plataforma, preparado para intervir se necessário. De acordo com o jornal, foi então que "começou uma correria feia e alguns homens passaram pelo cordão policial e se dirigiram para os alto-falantes. Imediatamente, Rafter escolheu o líder e foi até ele, pegando-o pelo colarinho". De estatura baixa, ele lutou em vão contra as garras do chefe de polícia. Determinado, mas não muito vigoroso em seu aperto, Rafter disse algo em voz baixa, mas decisivo, e o homem foi embora.[225] Nesse incidente foram reveladas algumas das técnicas com as quais os Peaky Blinders seriam tratados: através da força física, precisão, bravura e determinação. Esses seriam todos traços necessários, pois os primeiros anos de Rafter foram marcados pela violência contínua.

AS PROVOCAÇÕES AOS POLICIAIS

Em junho de 1900, e após relatos de desordem, cinco policiais foram enviados para a Barford Street. Esta era uma das ruas associadas aos Sloggers e às gangues de rua de Birmingham desde 1870. Quando eles chegaram e tentaram prender dois irmãos, o policial Hurst foi atingido com um cinto afivelado pelo polidor de latão Albert Harris, de dezoito anos. Em seguida, Percy Langridge, um polidor de dezesseis anos, esfaqueou o policial Barker nas costas e chutou as pernas dos policiais Lawson e Watson, que também foram agredidos por Fredrick Long, um limador de quinze anos. Por fim, o policial Macaulay foi esfaqueado no braço por Henry Attwood, de vinte anos. Os quatro infratores foram descritos como do tipo dos Peaky Blinders. Harris foi condenado a três meses e Long, a um mês de prisão, ambos com trabalhos forçados.

Devido à gravidade de suas acusações – ferir policiais de forma ilegal e maliciosa –, Langridge e Attwood não puderam ser julgados por magistrados e, em vez disso, foram enviados para o tribunal mais importante de qualquer condado, realizado quatro vezes por ano por um juiz itinerante. Nascido em Brighton, Langridge tinha 1,70 metro de altura e várias tatuagens. Tanto ele quanto Attwood receberam a longa sentença de cinco anos de prisão, o que enfatizava por si só que os tribunais estavam começando a tratar os ataques à polícia com severidade. Após a libertação de Langridge, os cuidados posteriores foram prestados a ele pelas Sociedades de Auxílio a Prisioneiros Libertados, que encontraram um emprego para ele como auxiliar de forja em Londres.[226]

Ao relatar esse caso, o *Birmingham Mail* expressou os sentimentos de muitas pessoas ao afirmar que "a sorte do policial não estava a seu favor". Foi revelado que, em 1899, haviam sido instaurados 585 processos por agressões à polícia e, na época, nove homens estavam incapacitados por causa de agressões contra eles.[227] No ano seguinte, a força policial totalizava setecentos homens e havia 496 processos por agressões contra eles. Esse número não era tão alto quanto em 1898, mas manteve-se óbvio que ainda havia muitos ataques e, em 1901, o número subiu para 507.[228]

O policial Bennett foi um dos feridos naquele ano. Em janeiro de 1901, um longo canivete foi cravado em suas costas. A ferida era muito profunda e teria sido instantaneamente fatal se o golpe tivesse sido dois centímetros e meio mais baixo. Bennett foi esfaqueado por Thomas Walters, que fazia parte de um grupo de jovens expulsos do Teatro Saltley por conduta desordeira e com quem o policial Bennett protestara. Walters foi condenado a cinco anos de servidão penal por lesão corporal dolosa.[229] Nomeado como um Peaky Blinder em alguns jornais, em outros ele foi chamado de rufião e, curiosamente, um *hooligan*.[230]

Os problemas contínuos causados pelos Peaky Blinders foram acentuados no verão de 1901, quando uma delegação se aproximou do Comitê de Vigilância para procurar uma delegacia de polícia no bairro de Garrison Lane por causa do tumulto. Eles não queriam exagerar, explicaram, "mas atualmente há um estado de terror e ilegalidade que constitui escândalo para a cidade. Todas as noites, incluindo sábados e domingos, o lugar se torna um verdadeiro pandemônio, os Peaky Blinders e os brigões reinam em supremacia". A situação era tão precária que recentemente um dos membros da deputação fora obrigado a fugir para salvar a própria vida, quando foi visto por cerca de cinquenta brutos que estavam atirando pedras em uma planta industrial.[231]

Meu tio-avô Wal me falou da notoriedade das gangues de Garrison Lane e Summer Lane. Nascido em Studley Street, Sparkbrook, em 1897, ele lembrou que, durante sua infância, era "costume se juntar após uma rodada de cerveja, depois de se equipar com soqueiras, cintos afivelados e outras armas, e seguir até a localidade onde estava a gangue rival com quem tinham 'contas a acertar', quando isso invariavelmente significaria um combate em que ninguém pedia arrego".[232]

Como o *Birmingham Mail* lamentou em novembro de 1901, "os Peakies ainda estão entre nós, e a noção de que os policiais existem apenas como alvo de tijolos ainda não foi expulsa de suas mentes".[233] A violência dirigida à polícia foi destacada naquele ano por uma série de artigos ardentes no *Birmingham Daily Gazette*, escritos por seu jornalista líder, J. Cuming Walters. Chamado *Scenes in Slumland: Pen Pictures of the Black Spots in Birmingham* [Cenas nas regiões precárias: Imagens dos locais perigosos de Birmingham], sua revelação sobre a extensão da pobreza e a "propriedade das áreas pobres" na "cidade mais bem governada do mundo" causaram um clamor. Ele atraiu seus leitores para o que percebia como as ruas miseráveis da "região precária", metade das quais eram:

> [...] atravessadas pelas sombrias pontes ferroviárias de pedra de basalto, sobre as quais os trens passam continuamente com um rugido, e essas próprias arcadas são o golpe final de um quadro sombrio e não redimido. Um ou dois "Peakies" quase certamente serão encontrados nas esquinas, e nas vias menos frequentadas a ameaça que eles apresentam não deve ser desconsiderada. A polícia não é rara, embora se pense que seria possível ser encontrada com mais prontidão; mas um fato que não deve ser considerado insignificante é que ela é quase sempre encontrada em pares. Onde um policial é considerado um inimigo natural, e sua mera presença, uma afronta à multidão, cuidado nunca é demais. Anteriormente, um policial solitário foi quase assassinado ou mutilado para o resto da vida nesta zona de Birmingham em vingança pela prisão de um infrator – e nunca importou se a vingança, que geralmente toma a forma de tijolos e cintos, fora infligida ao oficial real que havia provocado o ressentimento, ou algum de seus colegas. Ao lado da provocação do policial vem o passatempo menos empolgante, mas muito satisfatório, de bater

> na esposa. Porém, a perseguição dos brutos que se dedicam a isso raramente é realizada por razões perfeitamente compreendidas.[234]

Meses depois dessa observação sombria, outro policial foi morto nas ruas precárias de Birmingham. Na noite de 22 de julho de 1901, George Fowles, um limador de latão de dezenove anos, junto com Joseph Adey, 23, e John Davis, 33, ambos polidores, estavam bebendo nas proximidades da Staniforth Street, na localidade de Gosta Green. Perto da meia-noite, eles começaram a cantar pela rua. O policial Gunter "fez o pedido muito razoável de que eles seguissem em frente e parassem de perturbar a vizinhança". Ele então foi reprimir uma briga doméstica nas proximidades da casa da família Bruce.[235]

No inquérito sobre sua morte, várias testemunhas da vizinhança depuseram contra os três homens – incluindo uma tal Mary Ann Bruce. Ela afirmou que quando o policial Charles Gunter entrou em sua casa para acalmar a briga, ele foi seguido por sete homens, entre os quais Fowles e Adey. Sua prima, Emma Butler, explicou que quando o policial Gunter saiu de casa, "todos eles o cercaram". Quando questionada pelo legista sobre o que havia acontecido, ela respondeu de maneira concisa: "foi tijolo pra todo lado. Uns quatro, eu acho". Mais tijolos foram jogados na direção da Fisher Street, e o policial foi cercado por aproximadamente quinze homens. Ele caiu no chão.

A mãe de Butler, Fanny, disse que William Willis, que vivia com a família Bruce, disse a ela que depois que o policial Gunter ordenou que os jovens que cantavam na rua seguissem em frente, um deles disse: "Vamos descer e acabar com ele". O que aconteceu a seguir foi testemunhado por Thomas Smallbone, o vigia noturno da grande fábrica de canetas Perry and Co. na Lancaster Street, ali perto. Ele tinha visto um homem de chapéu de feltro pegar um tijolo e quebrá-lo no meio-fio. Uma garota no fundo de uma entrada gritou: "Se você fizer isso, eu vou dedurar você" (informar à polícia), e foi então que ela foi atingida pelo homem.

Mais dois homens se juntaram a ele – um em mangas de camisa e o outro usando um chapéu de palha. Eles subiram alguns metros na rua. Um dos homens jogou alguma coisa e o policial caiu. Smallbone saiu correndo da fábrica e encontrou o policial caído no chão, sangrando de um ferimento na testa. Na manhã seguinte, um sargento da polícia foi até o local onde o policial Gunter havia caído e descobriu que estava cheio de pontas de tijolos. Naquele dia, outra testemunha local, Alice Lee, ouviu Fowles contando à esposa que ele havia brigado e "quebrado um tijolo ou dois".

O policial Gunter foi internado no Hospital Geral em 30 de julho. Ele veio a ter oito convulsões e foi operado, mas permaneceu em estado crítico e ficou paralisado do lado direito e incapaz de falar. Mais três operações foram realizadas, em cada caso, por conta de um abscesso no cérebro. Após a quarta operação, a condição do policial Gunter melhorou, mas ele sofreu uma recaída e morreu em 26 de outubro, devido a uma meningite causada por um abscesso cerebral criado pelo ferimento na testa.[236] Ele deixou esposa e filho e foi levado de volta a Carmarthenshire para ser enterrado. Seu corpo foi escoltado para a Snow Hill Station por cem policiais e oficiais. Eles foram liderados pelo chefe de polícia Rafter.[237]

O júri no inquérito dera um veredicto de homicídio doloso, mas no julgamento dos três acusados eles foram considerados culpados de homicídio culposo – para surpresa do magistrado, o juiz Bigham. Ele condenou cada um a quinze anos de prisão, esperando e confiando que isso "servisse de aviso para as pessoas de sua classe nesta cidade, que não sabem controlar suas paixões e que pela bebida ou outras causas se permitem ser levados, para que pratiquem a violência". A passagem das sentenças causou comoção no tribunal e várias mulheres protestaram – embora o *Birmingham Daily Gazette* tenha fulminado que os homens deveriam ter sido condenados à prisão perpétua. O periódico difamou a vizinhança de Staniforth Street como "o assombramento do maldito 'Peaky Blinder', uma fera selvagem em forma humana".[238]

O policial Gunter foi morto na paróquia de St. Laurence, uma área amplamente condenada como um dos pontos mais perigosos da "Birmingham do submundo" e, no entanto, seu velório foi realizado naquela igreja, na mesma paróquia. Em vida, Gunter adorava aquele lugar, tendo trabalhado na delegacia próxima da Duke Street. Tantas pessoas compareceram ao culto que um grupo que não coube dentro da igreja precisou ser alocado nas salas da escola.[239] E foram as testemunhas desse bairro supostamente baixo e rude que forneceram os depoimentos vitais para as condenações dos três homens acusados do assassinato. Essas pessoas fizeram a denúncia apesar da intimidação. O apoio corajoso à polícia feito por pessoas pobres como estas – irritadas e cansadas como estavam do reinado de terror dos Peaky Blinders e dos rufiões de rua – é o que seria um fator crucial para acabar com as práticas de gângsteres nas ruas.[240]

Logo após a morte do policial Gunter, outro ataque brutal a um membro da polícia chocou e enojou Birmingham. Em janeiro de 1902, o policial Ernest Blinko "foi abatido e impiedosamente morto a golpes de um pequeno machado". Seus agressores eram dois irmãos, David e Frank Cherry, conhecidos pela persuasão dos "Peaky Blinders".[241] No dia anterior, o policial Blinko havia acompanhado o policial Stevens no atendimento a David Cherry com uma intimação policial. Parece que ele e seu irmão buscaram vingança por isso, pois antes do ataque os irmãos haviam sido vistos rondando o distrito de maneira suspeita, como se estivessem procurando por alguém.

Quando o policial Blinko apareceu, os irmãos correram pela Sherbourne Road e o seguiram pela Longmore Street. Ultrapassando o policial, David Cherry tirou uma machadinha do bolso e "deu-lhe um golpe forte na cabeça, que o derrubou". Enquanto o policial indefeso estava no chão, ele foi novamente atingido por Cherry com três ou quatro golpes fortes na cabeça. Seu irmão, Frank, estava presente o tempo todo e, de acordo com um rapaz chamado Thomas Steadman, ele disse ao irmão: "Vamos lá, você acabou com ele". Esse relato foi corroborado por outras testemunhas.[242]

Os gritos das mulheres que viram o que aconteceu trouxeram vários homens ao local, e os dois irmãos fugiram, enquanto a vítima foi levada às pressas para o hospital em um carro de aluguel.[243] Ele estava inconsciente e perdendo muito sangue. Apenas uma vez ele se recuperou para falar: "Me levanta: eu vou embora". Eles não tiveram dificuldade, pois muitas pessoas os viram, chamando a atenção como estavam, devido ao machado. Algum tempo depois, os irmãos foram encontrados no pub George, na Ladypool Road, em Sparkbrook. Houve uma luta para prendê-los que terminou quando Frank Cherry comentou: "Vamos em silêncio, David. Vão acabar com a gente".

Os irmãos Cherry foram considerados culpados de malícia e premeditação com a intenção de matar e assassinar. O juiz Bigham declarou que se não fosse pelas habilidades do dr. Jordan Lloyd, que salvou a vida do policial

Blinko, eles teriam sido enforcados. Ele passou a enfatizar que "parece haver uma disposição em Birmingham em homens de sua posição de vida para caçar policiais até a morte. Então, vou dar o meu melhor com a punição que infligirei a você para impedir que isso aconteça". Os Cherry foram condenados à prisão perpétua – um anúncio recebido com aplausos no fundo do tribunal, enquanto o *Birmingham Daily Gazette* esperava que essas sentenças exemplares contivessem o "vandalismo desregrado que existe entre o tipo dos Peakies" e que levava a ataques assassinos e não provocados à polícia.[244]

O DESAPARECIMENTO DOS PEAKY BLINDERS

Inicialmente, parecia que as sentenças proferidas contra os assassinos do policial Gunter não haviam sido eficazes. Os processos por agressões a policiais, de fato, diminuíram em 91 em 1902, e embora esta tenha sido uma "diminuição gratificante", o alto número de outros delitos violentos levou o *Birmingham Daily Gazette* a anunciar que "o resultado não conduz a nenhuma esperança de que o Peaky Blinder tenha sido domado e o baderneiro, despojado de seus atributos mais característicos".[245] Os números pareciam apoiar essa conclusão, pois então, em 1903, os processos por agressões à polícia aumentaram dramaticamente para 459 e chegaram a 487, em 1905.[246]

Apesar disso, em 13 de setembro de 1905, o *Birmingham Daily Gazette* anunciou que, apesar de a cidade ser conhecida como a morada do Peaky Blinder:

> Seus dias de glória, quando ele floresceu em triunfo e desonrou o registro da cidade por seus ultrajes, já passaram há muito. O "Peaky" de hoje, por sorte, vive de sua reputação passada e, graças sobretudo aos esforços e à vigilância da polícia, ele praticamente se aposentou do serviço ativo. No entanto, surtos periódicos de rufianismo ocorrem para nos lembrar de que o espírito que animava os valentões de Birmingham de outros anos é passível de renascimento ocasional entre os desordeiros da cidade de hoje. Nossas colunas de notícias hoje contêm evidências desse espírito de ilegalidade na cidade, mas não precisamos ficar alarmados com a perspectiva de um retorno

> aos velhos tempos de baderna e rufianismo nas ruas. A polícia nos garante que Birmingham é uma cidade bem conduzida e não corre o risco de cair em maus caminhos. Os magistrados podem ajudar materialmente no trabalho de reprimir a violência de Birmingham ao atribuir sentenças exemplares.[247]

Uma semana após esse relatório positivo, em 20 de setembro de 1905, William Lacey, membro de uma gangue de Sloggers/Peaky Blinders, atirou em um membro da gangue de Summer Hill. Ele morreu cinco dias depois. Ambos os homens e seus companheiros foram declamados como pertencentes a "uma classe da qual nenhuma cidade poderia se orgulhar, vagando pelas ruas em gangues, encontrando-se constantemente com gangues rivais e entrando em conflito com elas, sobretudo nas noites de sábado". No entanto, a matéria do *Mail* foi perceptiva, pois essas brigas de gangues eram cada vez mais raras e os dias dos Peaky Blinders haviam de fato passado, não faltando muito para que fossem aposentados do serviço ativo.[248]

No ano seguinte, 1906, o número de processos por agressões a policiais caiu drasticamente em 150 para 337.[249] Há referência no *Birmingham Daily Gazette* a um "ataque de baderneiros" em Newton Row, em janeiro de 1907 – que anteriormente tinha sido um reduto de Peaky Blinders – quando três homens do tipo dos Peakies atacaram e roubaram um empresário com agressividade, tarde da noite, mas parece não haver menção de assaltos ou brigas por parte da gangue depois disso.[250] O desaparecimento estava tão completo que em 1912 o jornal pôde publicar que "houve uma época em que uma caminhada à meia-noite de Birmingham através da área precária para qualquer um dos subúrbios era uma aventura repleta de perigos. Atos escusos eram praticados na região, uma guerra travada pelos notórios 'Peaky Blinders' amedrontava os andarilhos noturnos".[251]

CLUBES, ESPORTES E CINEMA

O que levou ao rápido desaparecimento dos Peaky Blinders? Em 1898, eles eram desenfreados e sete anos depois, eles ainda estavam infligindo ferimentos graves em policiais e civis. No entanto, em 1907, as pessoas começaram a se referir a eles no passado e, na década de 1920, eles eram apenas uma memória. Uma série de fatores contribuíram para esse fenômeno, como aconteceu com o desaparecimento das gangues de Manchester e Salford. Em seu livro, fruto de profunda pesquisa sobre as gangues de lá, Davies observou que os conflitos de gangues diminuíram entre o final da década de 1890 e a eclosão da Primeira Guerra Mundial. Isso coincidiu com uma mudança de atitude em relação a "os excluídos de Manchester", "a Birmingham do submundo" e "a miséria de Liverpool". Havia o temor de que, nas grandes cidades poluídas e superlotadas, os jovens pobres sofressem como resultado de seu ambiente sombrio, tornando-se fisicamente inaptos e doentes devido às más condições em que viviam. Uma resposta importante foi o desenvolvimento de clubes para rapazes trabalhadores. Começaram a ganhar força a partir do final da década de 1880, mas levaria mais uma década para que pudessem dar uma contribuição significativa para o desenvolvimento de passatempos mais pacíficos entre a crescente geração de jovens.[252]

Gooderson discerniu um processo semelhante em Birmingham, concentrando-se no trabalho de Arnold Pinchard, um clérigo da Igreja Alta Anglicana encarregado de St. Jude's desde 1896. Esta igreja ficava em Hill Street, uma das partes mais pobres de Birmingham e perto de onde o motim da Navigation Street tinha ocorrido em 1875. Pinchard fundou um clube para seus "companheiros Peaky Blinders" e vadios de esquina que tinham entre dezoito e vinte anos, cobrando uma assinatura de um penny por semana. O estabelecimento ficava aberto todas as noites, e Pinchard tinha a ajuda de seu cura, um leigo e um capitão do Exército da Igreja. Os meninos podiam jogar damas, dominó e cartas, mas, como Gooderson reconheceu, "mais importante eram dois pares de luvas de boxe".

Reconhecido como um lutador forte e um boxeador inteligente, Pinchard foi capaz de realizar uma competição de boxe dentro de dois meses após iniciar seu clube – "embora não houvesse cordas restritivas no ringue, então os boxeadores caíam no colo dos espectadores da primeira fila". Os meninos lutavam – em trajes comuns: camisas de flanela, calças de veludo cotelê, cintos e botas pesadas – pelo primeiro prêmio de um conjunto de roupas e um segundo par de botas. O vencedor se chamava Copestick e ele tinha "uma franja pontiaguda mostrada para melhor vantagem". Pinchard também proporcionou um clube de recreação para meninas e uma Brigada de Rapazes da Igreja para menores de dezoito anos que eram treinados como se fossem militares e aprendiam ginástica.[253]

Conhecido em toda a nação por seus esforços clericais entre os Peaky Blinders, Pinchard tinha as mesmas intenções do célebre padre Jay, o vigário da Santíssima Trindade no Old Nichol, conhecida como a área criminosa mais infame de Londres no fim da era vitoriana.[254] Depois de ter assumido o controle da paróquia em 1886, ele montou um ginásio e um ringue de boxe no porão de sua igreja. Àquela altura, o boxe era uma parte importante do trabalho missionário do East End para os pobres. Isso porque, como a historiadora Sarah Wise indicou, os trabalhadores comunitários de estabelecimentos beneficentes e universitários "perceberam que a melhor maneira de envolver os homens pobres era formalizar uma paixão já existente; então a luta de rua – muitas vezes pavorosamente realizada com os nós dos dedos desprotegidos e levando a ferimentos graves – foi transformada em um empreendimento disciplinado, estruturado e, portanto, mais 'moral'". O que distinguiu os esforços do padre Jay foi sua jogada de mestre em remover o boxe do pub, quebrando assim a associação entre o esporte e o álcool.[255]

O boxe de acordo com as Regras de Queensbury – um código que obrigava o uso de luvas – era um esporte novo, que teve um impacto profundo e positivo sobretudo naqueles jovens que poderiam ter sido mais propensos a se tornarem Peaky Blinders. Em um artigo perspicaz sobre eles de 1899, um escritor reconheceu que, apesar do trabalho de muitas organizações, ele não conhecia "nenhuma agência existente que estivesse pronta para entrar e conquistar os Peakies para uma masculinidade decente e cidadania cumpridora da lei" além de uma igreja que tinha sido bem-sucedida em sua missão. Esta era, sem dúvida, a Igreja de St. Jude de Pinchard, cujo sucesso era "obtido por meio do ginásio e das luvas".[256]

O boxe realmente teve um efeito construtivo em muitos jovens, inculcando na maioria o respeito pela luta justa em vez da luta suja. O Clube de Boxe Amador de Birmingham começou em 1881, mas era sediado no centro da cidade e atendia principalmente jovens mais qualificados da classe operária e, como tal, não alcançava jovens mais pobres como o clube de

Pinchard.[257] Mas a partir do início do século XX, clubes de boxe de menor escala começaram a abrir em bairros da classe operária. Eles incluíam o Clube de Boxe Amador de Sparkbrook. Fundado em 1906 por Albert Smith na Main Street, em dois anos sua adesão atingiu cerca de oitenta membros e teve que se mudar para instalações maiores e mais adequadas no térreo na Sampson Road North, perto de Camp Hill.[258]

Assim como Jay, Pinchard era anglo-católico e, após sua morte em 1934, o *Birmingham Daily Gazette* chamou a atenção para seu trabalho pioneiro na cidade: "a fundação de um 'clube de boxe', a instituição de um clube para moças que haviam trabalhado o dia todo em uma fábrica, talvez fosse um novo rumo na filantropia cristã, mas o vigário conhecia seu povo – e o que era mais importante, o povo conhecia seu vigário".[259]

Irmã Beta, mais tarde Sra. Hornabrook, era outra pessoa de origem abastada que trabalhava para o bem-estar de jovens pobres. Filha de um pastor Wesleyano, ela se tornou uma Irmã de Wesleyan ligada à Missão do Salão Central na Corporation Street. Lá, ela trabalhou por seis anos e "começou vários empreendimentos – uma festa de sábado para os meninos que naquela época vendiam fósforos e jornais vespertinos na rua, e um clube para os "Peaky Blinders" de Aston, jovens baderneiros que receberam a primeira aparição dela em seu meio com uma chuva de pedras, mas depois pensaram melhor e formaram um corpo de guarda-costas para protegê-la enquanto ela caminhava pelos distritos mais pesados".[260]

O maior e mais bem-sucedido clube desse período, no entanto, foi o iniciado em julho de 1889, pela Kyrle Society, quando abriu um clube masculino na Lawrence Street. O experimento foi realizado no que era considerado como o "Seven Dials" de Birmingham – na época uma notória área londrina repleta de cortiços, lar de pobres marginalizados.[261] Logo depois, inaugurou-se um clube de garotas e, em 1893, novas instalações foram abertas nas proximidades, na Sheep Street.[262] Kyrle Hall teria um impacto positivo e duradouro e se tornaria famoso por seu clube de boxe. Em 1911, foi dado à União do Clube para Garotos e Garotas de Birmingham. Este havia sido iniciado cinco anos antes por Canon Carnegie, reitor da Catedral de Birmingham, que ficara chateado ao chegar à cidade e ver rapazes descalços em roupas esfarrapadas vendendo jornais na estação. Determinado a ajudá-los, ele montou um clube onde eles poderiam conversar, beber uma xícara de chá e jogar. Em dois anos, ele tinha oito clubes e, a partir de 1909, também havia clubes para meninas.[263]

No entanto, apesar deste sucesso, apenas um pequeno número de rapazes ingressava nos clubes, era difícil envolver aqueles considerados os mais durões. Em Birmingham, a União das Crianças de Rua foi formada expressamente para ajudar a grande classe de meninos e meninas "cujas ocupações ou más condições domésticas os levam a passar a maior parte de suas vidas nas ruas". No entanto, em 1914, a União tinha apenas quatrocentos rapazes com mais de quatorze anos em seus oito clubes seniores, enquanto os vários outros clubes da cidade atraíam meninos de uma origem mais "respeitável" da classe operária.[264] Ainda assim, como sustenta Davies, é possível que a influência indireta dos clubes tenha sido mais importante na medida em que incentivaram a participação ativa nos esportes. Isso aumentou significativamente na década de 1890, uma década que também viu o crescimento significativo da popularidade do futebol de associação, especialmente nas ruas. É importante ressaltar que em Manchester e Salford, as equipes de rua deram uma nova saída, além da violência, para rivalidades territoriais.[265]

Em Birmingham, o futebol de associação era tão popular quanto. Equipes escolares estavam competindo em ligas a partir do final da década de 1880, enquanto no início do século XX, equipes baseadas em fábricas, igrejas, capelas e também bares nas ruas periféricas estavam envolvidas em ligas como as de Small Heath e a District.[266] Além disso, muitos rapazes da classe operária jogavam jogos próprios quase diariamente.

"H. V." era um deles. Ele manteve um diário por uma semana como parte de uma investigação detalhada no início de 1914 sobre as condições do "trabalho de meninos" na cidade. Isso foi realizado em nome do Conselho por Arnold Freeman. Ele se concentrou em uma amostra cuidadosamente escolhida de 71 meninos de dezessete anos que se acreditava serem "típicos da massa de meninos sem instrução em Birmingham". Todos os dias da semana, durante o almoço, H. V. revelou que ia para casa comer e depois jogava uma partida de futebol com os outros rapazes antes de começar a trabalhar novamente. Então, no sábado de manhã, ele e seus colegas de trabalho conversavam sobre futebol, como sempre faziam, e depois do almoço ele e seus amigos "iam a um jogo de futebol com nossa loja e Cape Hill Mission".

"K. L." também participou da pesquisa. Em seu diário, ele escreveu em detalhes sobre a partida do Birmingham City contra o Preston North End, a que ele assistiu no sábado. Depois do café da manhã no domingo, ele se arrumou e saiu para encontrar os amigos às 9h50. Eles jogaram futebol em algum terreno baldio até por volta das 14h. Mais tarde, ele disse: "Nós nos reunimos e vimos alguns rapazes que moram do outro lado da nossa rua e perguntamos se eles jogariam futebol conosco". Eles concordaram e o time de K. L. venceu por 8 a 5 e, após a partida, todos foram à cafeteria.[267]

O cinema foi outra forma de entretenimento popular que teve um efeito positivo, tendo surgido na época em que os Peaky Blinders e os Scuttlers estavam em declínio. A partir de 1900, Pat Collins exibia "imagens em movimento" em sua feira e seu exemplo logo foi seguido por outros empresários que realizavam espetáculos de cinema em teatros, salões e salas de reunião, alguns dos quais convertidos em "*penny gaffs*"[***] – lotados e desconfortáveis, com os fregueses estimulados pela bengala do lanterninha ou do pregoeiro a se esmagarem em bancos de madeira bem apertados. Não é de admirar que fossem chamados de "lata de sardinhas", ou então "pulgueiros" por causa da pressão anti-higiênica das pessoas. Então, a partir de 1910, a Lei do Cinematógrafo assegurou que "as imagens" tivessem que ser exibidas em instalações permanentes, licenciadas e sujeitas a inspeção.

Como Davies deixou claro em relação a Manchester e Salford, os oficiais superiores da polícia ficavam "agradecidos por ver tantos rapazes e moças passando três ou quatro noites por semana em casas de cinema em vez de nas ruas".[268] A ida ao cinema se mostrou tão popular que, em seu estudo, Freeman disse que "desistiu de perguntar aos rapazes se eles iriam ao cinema, porque a resposta era invariavelmente afirmativa". Cada menino ia a um dos 46 "palácios" de projeção de Birmingham cerca de duas vezes por semana, passando praticamente a noite toda lá.

Freeman identificou outro fator que, em sua opinião, influenciou positivamente os jovens – a escolaridade. Por causa das reformas do governo do

*** Pequenas manifestações artísticas realizadas pelas classes mais baixas da sociedade em lugares improvisados. Podia ser show de piadas, uma breve apresentação teatral ou musical etc. (N. T.)

novo Partido Liberal de 1906, em parte, as escolas foram transformadas em organizações preocupadas não apenas com a educação das crianças, mas também com seu tratamento médico, alimentação e até moradia. Se essa grande influência na vida das crianças da nação fosse eliminada, acreditava Freeman, "deveríamos estar fabricando uma raça de baderneiros". Em vez disso, as escolas resgataram as crianças de uma centena de influências sinistras e, de forma imperfeita, mas firme e vigorosa, as transformaram produtivamente em bons trabalhadores e cidadãos capazes.[269]

ELES SABEM BRIGAR?

Apesar de toda a importância das forças sociais, a derrota dos Peaky Blinders dependeu de três outras causas. Em primeiro lugar, a condenação mais forte a homens violentos a partir da virada do século. Em segundo, o apoio da classe operária à polícia e seu posicionamento contra as gangues. E terceiro, policiamento vigoroso. Todos os três fatores estavam interligados. O chefe de polícia Rafter deu início ao policiamento mais forte, o que deu confiança à classe operária para apoiar a polícia. Além disso, também foi ele que levou os magistrados a adotar uma linha mais dura com os infratores que atacavam a polícia.

Em seu artigo sobre os Peaky Blinders em novembro de 1901, o *Birmingham Mail* chamou a atenção para a severa ação recém-tomada pelo sr. T. M. Colmore, o magistrado estipendiário, contra os brigões da classe dos Peaky Blinders. As sentenças proferidas contra eles "não poderiam ser denunciadas como indevidamente brandas". Ele mandou para a cadeia, sem opção de multa, até os infratores contra os quais não havia registro de desordens.[270] Os jornais locais vinham pedindo essa mudança de abordagem havia muitos anos, e isso aconteceu por causa de Rafter.

Por sua instigação, o advogado de acusação pediu ao sr. Colmore para infligir punições exemplares substanciais de prisão aos condenados por ataques a policiais. O objetivo era possibilitar que um policial cumprisse seu turno sem ser perturbado.[271] A confiança dos magistrados em Rafter e sua força policial foi igualada pela da classe operária, alguns cidadãos da qual agora encorajados a tomar uma posição contra os Peaky Blinders.

Após o Motim da Navigation Street de 1875, a polícia tinha enorme dificuldade em prender testemunhas por causa do "terrorismo exercido pelos brutamontes do bairro". Não é surpreendente, dado o ataque a Mary Ann Bell. Suspeita de ter dado informações à polícia, ela foi agredida com brutalidade por várias pessoas, um grupo liderado pela mãe de um dos acusados, e ficou com os olhos roxos e cortes graves no couro cabeludo.[272]

Os Peaky Blinders eram igualmente vingativos e cruéis. Ministrando em uma das áreas mais pobres da cidade, o reverendo T. J. Bass ganhou ampla notoriedade para sua paróquia em 1898 por meio de seu panfleto, *Everyday Life in Blackest Birmingham: Facts Not Fiction* [Vida cotidiana no submundo de Birmingham: Fatos, não ficção]. O distrito era:

> [...] a casa do "Peaky Blinder", e terrível é a vingança deste rei malandro para aqueles que se recusam a obedecer. Essas vias constituem seu pequeno reino, e o terror de sua ira se manifesta em todas as mãos. Seus métodos de retribuir um ato de mal gosto são desagradáveis – para usar uma expressão muito suave. Um golpe ou uma facada no escuro, a destruição total de suas janelas e uma centena de pequenas tiranias são exercidas de maneira tão engenhosa que desafia a detecção. Mesmo que ele seja descoberto em algum ato ilegal, uma rápida retirada para os meandros dos tribunais com os quais está familiarizado torna a perseguição não apenas difícil, mas praticamente inútil.[273]

Ainda assim, dentro de alguns anos, algumas pessoas da classe operária não estavam mais prestando homenagem aos malandros, mas sim agindo contra eles e em apoio à polícia. Isso ficou claro em maio de 1901, quando uma gangue de rufiões desfilou na Bromsgrove Street, empurrando e agredindo todos que cruzavam seu caminho. Um médico foi atingido por um pedaço de miúdos e depois esmurrado; um trabalhador braçal que foi ajudá-lo acabou sendo atingido na cabeça com um cinto afivelado, derrubado e chutado no rosto, e outro homem foi atingido no rosto e perdeu um dente.

Uma jovem chamada Harriet Chaplin, que morava na região, em Hurst Street, testemunhou o que aconteceu. Ignorando a violência cometida pela quadrilha, ela os seguiu e contou à polícia o que havia acontecido e onde estavam os agressores. James Thornton, de 24 anos, foi identificado como aquele que golpeara o médico e o operário. Ele foi condenado a dois meses de prisão. Os magistrados então agradeceram a Harriet Chaplin por "sua conduta corajosa em seguir os homens e recomendaram que o chefe de polícia lhe desse alguma recompensa". Sua bravura foi ainda mais notável porque o infrator, Thornton, também morava em Hurst Street.[274]

Quatro anos depois, em março de 1905, houve uma "luta emocionante entre a polícia e três Peaky Blinders", em Key Hill. O policial James Smith encontrou James Brough bêbado em Park Road, Hockley. Aos 22 anos, ele era um polidor da St. Mark's Street em Ladywood. Ele resistiu à prisão e, após derrubar o policial, chutou-o no corpo e no rosto. Outros oficiais apareceram, mas então dois amigos de James Brough tentaram arrastá-lo para longe. Eles provavelmente teriam conseguido "se não fosse a pronta assistência prestada por vários espectadores, que se agarraram com tenacidade aos prisioneiros e rolaram no chão com eles". Em particular, um certo sr. Tiller "demonstrou coragem conspícua, e foi principalmente por meio de sua instrumentalidade que os prisioneiros foram algemados, após uma hora de luta". O policial Smith ficou inconsciente e teve que ser levado ao hospital, assim como James Brough, cujas roupas quase foram arrancadas de seu corpo. Ele e Mullis receberam um mês de trabalhos forçados, enquanto William Brough foi multado em vinte xelins ou um mês de trabalhos forçados. O presidente dos magistrados cumprimentou os membros do público que prestaram assistência pronta e valiosa à polícia.[275]

A vontade de prestar ajuda ativa à polícia foi facilitada pelo forte patrulhamento imposto por Rafter. Desde o início de sua atuação no cargo, ele estava ciente de que não tinha homens suficientes para as necessidades de uma cidade do tamanho de Birmingham. Felizmente, essa visão logo foi confirmada pelo Inspetor de Polícia de Sua Majestade. Em 1900, o capitão o honorável policial Legge declarou que Birmingham era pouco policiada e recomendou a adição de 220 homens, pois as rondas estavam com uma defasagem de cerca de duzentos homens, enquanto o departamento de detetives estava com falta de pessoal e excesso de trabalho.

A Comissão de Vigilância foi convencida por essas representações, mas não pediu ao conselho "o aumento total sugerido de uma só vez".

Provavelmente influenciado pelo contínuo clamor por ação contra os Peaky Blinders e o rufianismo, em fevereiro de 1901, o conselho "aprovou sem objeções um aumento imediato de cem homens, seguido por seis aumentos anuais de vinte homens cada". Isso levaria a brigada a uma força de 920 integrantes, em 1907.[276]

Esse aumento acentuado no número de homens sob seu comando garantiu que Rafter pudesse acabar com as rondas executadas por apenas um policial. Trabalhando em duplas, os policiais eram capazes de se defender e lutar contra os Peaky Blinders. Rafter entendeu que havia "algumas partes da cidade onde as patrulhas policiais literalmente carregam a vida nas mãos, e onde os baderneiros consideram seu privilégio e diversão atacar qualquer um que use um uniforme de policial"[277]. Mesmo assim, os jornais locais estavam preocupados que o policial Gunter estivera sozinho quando atacado, mas, como Rafter informara ao Comitê de Vigilância, o policial Heeley estivera junto com ele até as dez para a meia-noite, quando tudo parecia tranquilo. O ataque assassino aconteceu logo depois que eles se separaram. Rafter também revelou que quatorze rondas foram executadas em dupla naquela noite, e quando o policial Gunter usou seu apito, o som foi ouvido por três outros membros da força, assim como por outras pessoas na vizinhança. Além disso, a divisão na qual o policial Gunter serviu já havia recebido sua cota total de cem homens, autorizada pelo Comitê de Vigilância, enquanto "a aquisição dos homens estava sendo feita o mais rápido possível para que o treinamento de pessoal conseguisse lidar com os recrutas".[278]

De acordo com uma tradição da polícia da cidade, Rafter fazia três perguntas a seus recrutas: "Eles sabem ler? Eles sabem escrever? Eles sabem lutar?". Um anúncio do *Sheffield Daily Telegraph* de outubro de 1901 sugere que as qualidades que ele buscava incluíam alfabetização e força física. A publicação estimulava a inscrição de jovens de bom caráter e alguma escolaridade, que tivessem pelo menos 1,70 metro de altura e 90 centímetros de largura de peito para o ingresso na Polícia da Cidade de Birmingham. Nove anos depois, os recrutas eram procurados dentre "homens inteligentes e espertos e com bom caráter, bom físico e boa educação; solteiro; entre 21 e 26 anos de idade; 1,78 metro de altura; medida do peito de 94 centímetros". Os salários eram de 25 xelins por semana, subindo para 33 xelins.[279]

Os recrutas que não estivessem preparados para lutar não eram bem-vindos. Em setembro de 1903, um caso singular de covardia foi levado a Rafter. Um policial tinha ido prender dois jovens por jogo, quando foi agredido por outro homem. O oficial estava acompanhado por um jovem recruta que "não apenas não conseguiu ajudar seu superior, mas, afirma-se, ele fugiu para salvar sua própria pele". O mais velho foi severamente maltratado e ficou no hospital por mais de uma semana, enquanto o recruta foi dispensado.[280]

A crença de que os policiais altos e fisicamente bem constituídos de Rafter usavam força física para derrubar as gangues é apoiada pelas memórias do inspetor-chefe James McArdell. Vindo de Berkshire, ele se juntou à polícia de Birmingham em janeiro de 1896 e "logo depois se misturou com as notórias gangues de 'Peaky Blinders' que aterrorizavam Birmingham. Mês após mês ele se engajou na repressão desse vandalismo", e lembrou que "muitas vezes tivemos que lutar por nossas vidas com essas gangues".[281] Relembrando esses anos em 1955, um leitor do *Birmingham Weekly Post*, R. W. Hawkins, afirmou que se reconhecia que, se um membro de uma gangue de Peaky Blinders fosse preso, ele deveria resistir à polícia e "a gangue se esforçaria para resgatá-lo". Como a polícia da época era, em sua maioria, grande e robusta, e os canalhas (como eram chamados) geralmente eram baixos e durões, a gangue geralmente levava a pior".[282]

Há pouca evidência oficial para essa afirmação de que a polícia estava disposta a procurar brigas físicas com os Peaky Blinders – no entanto, no verão de 1900, alguns policiais foram considerados culpados de violência injustificável contra civis e foram punidos.[283] Dois anos depois, em 1º de maio de 1902, os Livros de Ordem da Polícia registravam que os juízes de paz haviam feito queixas ao chefe de polícia sobre "certos casos em que presos foram levados a delegacias e se queixam de terem sido agredidos pelo policial ao prendê-los, nenhum memorando de tal reclamação é feito pelo sargento da reserva ou pelo policial e nenhum relatório sobre o assunto foi feito ao superintendente da divisão".

Ordenou-se, portanto, que o superintendente tomasse providências para que, no futuro, todas essas denúncias fossem anotadas pelo sargento da reserva e relatadas oportunamente. O chefe de polícia também enfatizou que a autodefesa era a única circunstância em que os policiais podiam usar suas equipes – e apenas em caso de absoluta necessidade. Além disso, era proibido bater na cabeça com um bastão, e estes não podiam ser usados em prisioneiros, que deveriam ser tratados sem violência desnecessária.[284]

A partir do final da década de 1880, os bastões usados pela polícia eram feitos de *lignum vitae*, um tipo de madeira dura. No entanto, em 1890, houve um escândalo na imprensa, pois vários desses materiais haviam quebrado quando os policiais os usaram contra criminosos violentos. Como resultado, realizaram-se testes e, de 501 bastões, 157 foram quebrados ou rachados de forma a não serem adequados para uso posterior. Dizia-se que, se cortados corretamente, os bastões deveriam ser quase inquebráveis, mas a maioria dos quebrados não havia sido cortado com o veio da madeira e, em quase todos os casos, quebravam na parte arredondada acima do lugar onde era empunhado.[285] Diante dessa evidência, o Comitê de Vigilância decidiu armar a polícia com novos bastões feitos de madeira de nogueira. Esta foi escolhida porque era dura, mas flexível, não quebrava facilmente, e podia aguentar um bom golpe forte.[286]

Meu tio-avô Wal me disse que, antes da Primeira Guerra Mundial, alguns policiais de Rafter, no entanto, preferiam lutar com outra arma:

> Eles eram quase todos policiais irlandeses na época. Charles Haughton Rafter era o chefe de polícia e seus recrutas vinham da Irlanda e eram todos caras irlandeses grandes e largos. Eles poderiam realizar um trabalho que ele quisesse; um pouco de ordem [...]. Eles costumavam aparecer, alguns deles, se encontrassem um distúrbio no Gate ou em qualquer outro pub, e costumavam usar uma capa enrolada no cinto. Eles descobriam quem eram os culpados e os avisavam, os tiravam para a rua e diziam: "Se manda pra casa!". Eles não costumavam usar seus cassetetes, costumavam usar as capas.[287]

A capa da polícia era geralmente feita de tecido Melton, embora em Birmingham fosse de sarja de lã.[288] Grossa, sólida e resistente, era uma arma robusta, fácil de usar e rápida de manusear, enrolada como possível no cinto.

É interessante perceber que os ex-homens da Royal Irish Constabulary não eram aceitos por Rafter, pois, apesar de sua própria formação, ele não acreditava em ter ex-policiais em sua força.[289] Além disso, em fevereiro de 1901, relatou-se que ele só contrataria ex-soldados se tivessem sido dispensados com caráter "muito bom" ou "excelente", mas preferencialmente este último. Observou-se também que a maioria dos candidatos à força eram irlandeses.[290] Isso levou a sugestões de que a polícia da cidade estava se tornando "irlandesa demais".[291] No entanto, como foi explicado no *Birmingham Mail*, em outubro de 1901, recebia-se um grande e constante número de solicitações de jovens provenientes da Irlanda porque o soldo da polícia era melhor na Inglaterra, enquanto havia falta de candidatos ingleses por causa do bom estado do comércio.[292] Na realidade, os irlandeses constituíam uma pequena, mas significativa minoria da força policial de Birmingham. Em 1909, sua força real era de 950 homens e incluía 832 ingleses, 64 irlandeses, 45 galeses e outros nove.[293] Os irlandeses eram quase 7%, numa época em que apenas 1% da população geral era irlandesa.

Um dos principais policiais irlandeses em Birmingham era Michael McManus, vice-chefe de polícia de Rafter, e o homem que derrubara um Peaky Blinder com o punho, em defesa de Pat Collins, o animador da feira. McManus teve uma carreira memorável e notável. Criado em Newfield, Mayo, e ex-operário, ele se juntou à força em 1873, aposentando-se em 1918. Por vários anos, ele ficou atrelado à Divisão da Duke Street, considerada a parte mais perigosa da cidade. Um homem duro e determinado, ele começou sua carreira quando "havia muito mais ilegalidade do que há hoje – quando não era seguro para os policiais se aventurarem sozinhos em algumas das ruas dos bairros degradados de Birmingham". Uma de suas primeiras experiências foi "uma luta com uma multidão de brutamontes, um dos quais o atingiu na cabeça com um tijolo, o que exigiu sua detenção no hospital por cinco semanas".[294] Em outra ocasião, McManus enfrentou uma gangue de ladrões de estrada sozinho. Chutado, esfaqueado e espancado com fivelas de cinto, ele ficou severamente ferido, mas "de certa forma, foi consolado, pois os rufiões tiveram que acompanhá-lo ao hospital".[295] Bem conhecido por andar em um grande cavalo branco em torno de Birmingham, McManus e muitos outros policiais irlandeses se tornaram o folclore da classe operária local.

O policiamento rigoroso também foi evidente em Aston, onde a luta da polícia contra suas temidas gangues de Sloggers foi liderada pelo superintendente H. A. Walker, nomeado para seu cargo em 1882. Após sua aposentadoria em 1900, ele enfatizou que era mais fácil falar do que livrar as ruas desses bandos infames. Os Sloggers "se ressentiam de qualquer interferência da polícia e, no decorrer da cruzada que se seguiu, um grande número de oficiais não apenas foi agredido, mas alguns deles com tamanha gravidade, que ficaram praticamente incapacitados de servir". No início da campanha de Walker contra os Sloggers, multas pesadas foram impostas na esperança de que surtisse efeito. Eles falharam, pois as gangues faziam uma espécie de "vaquinha" para pagar as multas de colegas assim punidos. As multas foram substituídas por penas curtas de prisão, mas não tiveram o efeito desejado. Os Sloggers continuaram a florescer e "a desdenhar espalhafatosamente da polícia, que muitas vezes também era agredida com brutalidade". Em seguida, os magistrados começaram a impor a pena máxima de seis meses para cada delito em separado e os Sloggers desapareceram aos poucos. Mas é evidente que a polícia de Aston também combateu fogo com fogo, desmantelando as gangues com "medidas repressivas severas".[296] Um policial especialmente temido pelos Sloggers era o chamado "Big Jimmy" – o policial Hodson, que nunca hesitou em enfrentar as gangues, por mais ameaçadora que fosse sua atitude.[297]

O QUE ACONTECEU COM OS PEAKY BLINDERS?

Surtos de rufianismo ocorreram em Aston após a aposentadoria do superintendente Walker, mas o reinado das gangues de Sloggers no distrito estava quase no fim. Dentro de alguns anos, os Peaky Blinders em Birmingham também foram derrubados. Então, o que aconteceu com eles? Em 1915, o *Birmingham Mail* noticiou que, "como os jovens vagabundos rigorosos que preferiam uma vida errante a uma vida que envolvesse o trabalho", muitos Peaky Blinders se juntaram ao Exército e também se tornaram bons soldados. Outros encontraram empregos respeitáveis com empregadores preparados para contratar trabalhadores não qualificados. Enfatizou-se que "ninguém está mais satisfeito do que a polícia local, para quem esses jovens 'Peaky Blinders', como costumavam ser chamados, eram uma fonte inesgotável de problemas".[298]

Relembrando, quarenta anos depois, Hawkins, o escritor da carta ao *Birmingham Weekly Post*, concordou que a Primeira Guerra Mundial viu o fim das gangues: “Muitos estavam na antiga milícia e foram convocados e muitos se juntaram ao Exército Regular. Poucos voltaram. Eles estavam mais velhos e mais disciplinados, e então se estabilizaram na vida”.[299]

Henry Lightfoot, o primeiro homem a ser especificamente chamado de Peaky Blinder, exemplifica as observações perceptivas de Hawkins. O mesmo acontece com George Hickling, um dos notórios membros da Gangue dos Dez Arcos [*Ten Archers Gang*], de Aston, que recebeu esse nome em homenagem ao viaduto ferroviário que cruza Birmingham até o canal Fazeley, em Holborn Hill, e mencionada pela primeira vez em 1883.[300] Em maio de 1900, George Hickling e seu irmão, Thomas, “dois jovens do ‘tipo dos Peakies’” foram acusados de ter atirado pedras e tijolos que quebraram uma janela na Church Inn, Lichfield Road, onde um homem de quem eles não gostavam estava bebendo. Os irmãos foram considerados culpados e presos por um mês, pois não podiam pagar os danos, a multa e as custas processuais exigidos deles.[301]

Quinze anos depois, George Hickling ingressou no Exército, mas, como estava temporariamente inapto, foi transferido para a reserva antes de se juntar às cores do Regimento Real de Berkshire, em maio de 1916. Com apenas 1,60 metro de altura, ele tinha 39 anos e era instalador de lambe-lambes. Logo depois, Hickling se casou com Clara Timmins na Igreja de St. Mary’s, Aston Brook. Eles já moravam juntos havia dezessete anos e tinham dois filhos ilegítimos. Morando em uma casa de fundos na Powell Street, eles se casaram para que, presumivelmente, Clara e seus filhos pudessem receber um subsídio de separação. Mais tarde, Hickling foi designado para a 17ª Companhia, o 3º Batalhão de Trabalho. Incluía homens que tinham sido clinicamente considerados como abaixo da condição “A1” necessária para o serviço de linha de frente. Hickling era BII. Ele foi dispensado em março de 1919 com 20% de deficiência auditiva e uma pensão por 26 semanas de cinco xelins e seis pence por semana. Seu caráter foi considerado como bom.[302]

Os Peaky Blinders continuaram a ser tema de publicações, mas agora no passado. Em 1925, em um artigo sobre as melhorias em Birmingham, destacou-se que uma importante mudança positiva havia acontecido no campo da manutenção da paz, pois os "brigões de calças boca-de-sino – que eram uma fonte real de aborrecimento, se não de perigo, ao público em geral e às autoridades há algumas décadas", tinham desaparecido.[303]

O fato de terem livrado a cidade dos Peaky Blinders foi mais uma vez destacado em 1929, quando o *Birmingham Daily Gazette* informou a seus leitores que:

> Um desrespeito a Birmingham por um jornal londrino foi refutado pelas declarações de que o Chefe de Polícia (Sir Charles H. Rafter) apresentou ao Comitê de Vigilância de Birmingham, ontem. Em um artigo recente, o jornal em questão declarou: "Três cidades britânicas são notórias por crimes de violência: Birmingham, Sheffield e Glasgow". Sir Charles Rafter, ao apresentar um retorno do crime em Birmingham, de 1899 a 1928, disse que a matéria em questão dava à cidade um nome extremamente ruim e, no que concernia Birmingham, as alegações estavam longe da verdade. Os retornos mostrariam que a cidade estava em um estado comparativamente feliz em relação ao crime; em vez de haver um aumento, houve uma diminuição considerável.

O presidente (Conselheiro W. E. Lee) disse que havia algumas comparações nos retornos que valiam a pena destacar. Avaliando a posição de 1913 em relação à de 1928, seria perceptível que os ataques à polícia haviam caído de 387 para 123; ataques comuns, de 877 para 484. Essas reduções ocorreram apesar do fato de que havia 120 mil pessoas a mais na cidade em 1929 do que em 1913. O Peaky Blinder típico de 1899 havia desaparecido havia muito tempo, assim como as gangues.[304]

É claro que nem todos os homens violentos se tornaram subitamente pacíficos; a polícia ainda enfrentava violência, embora muito menos. Em setembro de 1910, dois policiais pediram a uma multidão de homens que saíssem do lado de fora de um restaurante na Essex Street. Um deles fez uso de um linguajar muito sujo e, enquanto os policiais se moviam em direção aos infratores, Robert Daly balançou um cinto militar na mão e o arremessou no capacete do policial Clark, causando um corte em sua cabeça. Ele e seu colega foram atingidos. Daly fugiu, mas foi alcançado pelo policial Clark e foi "derrubado ao chão sob seu bastão". Ele permaneceu no chão por dois minutos e depois se levantou e agrediu ainda mais os policiais. A essa altura, a multidão havia se tornado hostil, e tijolos e garrafas foram jogados nos dois policiais. Daly foi condenado a dois meses de trabalhos forçados.[305]

Algumas pequenas gangues também continuaram. Em junho de 1920, seis jovens foram condenados a seis meses de trabalhos forçados por agredir Robert Graves e Albert Woodin, chutando e golpeando-os em Dale End. Enquanto o *Birmingham Daily Gazette* chamava os infratores de baderneiros e terroristas de rua, o presidente dos magistrados os chamava de baderneiros e Sloggers. É sugestivo que eles não fossem chamados de Peaky Blinders. Essa ocasião parece ter sido o último uso do termo "Sloggers" e veio quinze anos depois da menção anterior a essas gangues nos jornais.[306] Ainda assim, bem como com qualquer cidade grande, havia muitos homens brutos em bairros de classe operária mais pobres – sendo que alguns deles tinham sido Peaky Blinders em sua juventude, e alguns deles eram valentões.

Notáveis entre os valentões eram os Kirby. Em março de 1927, James Kirby, de 26 anos, e Frederick Kirby, de 24, foram presos por dois meses por agressão violenta a um policial. Ambos moravam na Tower Street, em Summer Lane e, no tribunal, o inspetor Shereston disse que o distrito se tornara tão problemático que precisou convocar policiais extras.[307] Três anos depois, os Kirby e dois outros foram descritos como "os homens mais notórios na cidade" e as pessoas de Newtown Row "não se atrevem a ir ao tribunal para depor contra eles". Condenado por invadir uma fábrica, James Kirby foi condenado a doze meses de trabalhos forçados. Seu irmão já estava preso por violência após as corridas de Birmingham e foi condenado a quinze meses de trabalhos forçados.[308]

Porém, é importante ressaltar que nenhuma preocupação sobre um suposto renascimento do "Blinderismo" ou da baderna foi levantada pelos jornais de Birmingham após o caso de 1920 ou os relatórios sobre os Kirby. Quanto à região de Garrison Lane/Watery Lane, local de origem dos Shelby e sua gangue na série *Peaky Blinders*, nenhum relato da classe operária disponível ou relacionado à década de 1920 faz menção a Peaky Blinders.[309]

A VIZINHANÇA DE GARRISON LANE

Em comum com outras regiões mais pobres, no entanto, esta área de Bordesley, nas fronteiras de Small Heath, tinha uma família temida – os irmãos Harper. Beattie Hamill nasceu na Artillery Street em 1907 e morava no número 44. Quando adolescente, na década de 1920, ela trabalhava no restaurante de peixe em Garrison Lane e lembrou: "Quando eles ficavam bêbados, costumavam entrar lá, sabe? E eles jogavam à beça, e nas noites de sexta-feira você sempre poderia esperar que eles chegassem bêbados". Em uma noite de sexta-feira em particular, os irmãos chegaram bêbados e Billy Harper queria trocar laranjas por peixe com fritas. Hamill disse a ele que não seria possível. "De qualquer modo, o cara veio da acomodação e disse para eles darem o fora, e é claro que eles começaram a intimidar. Tacavam as laranjas nele e uma caiu na panela de gordura".

Quando isso aconteceu, Hamill foi "para os fundos da casa e desceu a entrada para procurar o policial noturno, que sempre podia ser encontrado, fosse na Gordon Street ou na Wolseley Street ou em algum outro lugar, porque tentaram todas as portas". O policial veio e teve que usar seu cassetete e algemar os irmãos. Billy era lembrado como o maior terror de todos, e ele, seu irmão, Wagger, e seus companheiros costumavam ficar na esquina da Wolseley Street com a Gordon Street, onde entravam na Garrison Lane. Depois que saíam do pub, os homens ficavam cantando, e era aqui que eles costumavam lançar suas moedas nas apostas. A gangue, da qual eles eram membros principais, chamava-se Five Ways Albion.[310]

Nascido em 1915 e criado no número 312 da Garrison Lane, Victor Andrews escreveu um relato evocativo de seus dias de juventude no bairro. A casa deles ficava "na colina", em frente ao St. Andrew's, o campo do time de futebol Birmingham City. Atrás do conjunto de casas geminadas do terreno havia uma lixeira para resíduos industriais nos antigos poços de argila. A escavação de milhões de toneladas de argila vermelha havia feito um enorme corte na colina. Embora fosse cercada, a população local encontrava maneiras de entrar e, para as crianças, era "uma terra proibida de empolgação e perigo". E para os desempregados locais era um lugar de reclusão e fuga das atenções da polícia quando apostavam com moedas no lança-e-joga.

Embora inofensivo, era ilegal e as batidas policiais eram frequentes. Andrews ficou ofendido com a ação policial contra homens pobres em busca de consolo e libertação de sua existência miserável e se perguntou como a polícia justificava suas operações em vez de prender "algum bando de criminosos perigosos". Um ataque em uma tranquila manhã de domingo em 1926 ficou gravado em sua memória. Ele estava sentado na porta de casa, vendo outras crianças brincarem de amarelinha, quando:

> Uma van Black Maria atravessou as linhas de bonde do outro lado da estrada e freou bruscamente até parar na esquina do beco sem saída que levava ao poço de argila. Outra van da polícia desceu a colina e parou no outro beco sem saída, perto da ponte ferroviária. As portas traseiras dos veículos foram escancaradas e dezenas de homens uniformizados irromperam para fora. Alguns correram pelas estradas em direção ao poço, enquanto outros pularam sobre o parapeito da ponte ferroviária para descer na margem da ferrovia. Soube mais tarde que todas as saídas foram cobertas nessa operação, que envolveu mais de cinquenta policiais. A "bolsa" tinha cerca de trinta homens. Eles foram amontoados em alguns carros que apareceram. Algumas mães, esposas e irmãs furiosas já haviam saído de suas salas e cozinhas e estavam dando aos policiais uma bela bronca. A visão dos bastões pretos reluzentes nos punhos dos oficiais dissuadiu qualquer pensamento de tentativa de resgate. Seus homens passivos e taciturnos foram levados. As esposas mais tarde vestiram seus casacos ou xales e partiram, algumas para tentar levantar dinheiro para fiança com parentes ou amigos solidários; outras para ir à delegacia para dar apoio moral a seus maridos encarcerados.[311]

No final do século XIX, tal batida policial teria provocado uma resposta violenta de Sloggers e Peaky Blinders da região. No entanto, embora os Peakies tenham desaparecido, nem todos sossegaram e se tornaram cidadãos pacíficos. Alguns passaram a fazer parte da notória gangue de Birmingham, que aterrorizava as pistas de corridas de cavalo da Inglaterra, enquanto outros se envolveram em uma disputa sangrenta e duradoura que ficou conhecida como a Vingança da Garrison Lane. Foi travada entre um homem chamado Billy Beach e seus aliados, contra uma família violenta e vingativa chamada Sheldon, que tem uma conexão com os Shelby fictícios de *Peaky Blinders*.

CAPÍTULO 4

CORRETORES DE APOSTAS ILEGAIS E UMA VINGANÇA

APOSTAS ILEGAIS

Honrado por bravura na Primeira Guerra Mundial, Tommy Shelby é um personagem complexo. Bonito, inteligente e carismático, seu arquivo do Ramo Especial registra que ele também é um gângster fora da lei, ladrão armado, líder dos Peaky Blinders e corretor de apostas clandestinas que opera em sua base em Small Heath. Em uma cena inicial do primeiro episódio da primeira temporada, ele caminha pela casa da família e, depois de puxar uma cortina pesada, abre a porta e entra na casa de apostas, grande, barulhenta e conturbada com atividades ilegais. Em primeiro plano, um agente está fumando um cigarro e colocando apostas em um livro, enquanto, ao fundo, John Shelby está em uma plataforma de frente para um quadro preto largo e alto. Está preenchido com os nomes e as probabilidades de cada cavalo para as próximas corridas, bem como os resultados das já disputadas.

Enquanto o irmão mais novo anota as últimas apostas, os homens olham para o jornal esportivo do *Winning Post*, escolhendo sua preferência, enquanto uma voz chama para eles fazerem suas apostas para as 14h30, em Kempton. Uma máquina transmite informações das pistas de corrida enquanto os apostadores fazem suas apostas em pedaços de papel em cartolas sobre uma mesa na área de apostas. Dois pares de mãos marcam as moedas enquanto a fumaça do cigarro sobe. Um animado John Shelby então mostra a Tommy o livro-razão no qual as apostas foram registradas.[312] É uma cena vívida e atmosférica e, como disse o departamento de propaganda da BBC, o objetivo geral dos sets da primeira temporada era "trazer as ruas, casas e antros de jogo da época de volta à vida".[313] No entanto, não havia antros de apostas nas ruas periféricas de Birmingham na década de 1920, pois as apostas eram uma atividade de rua.

Apostar por dinheiro fora das pistas de corrida, dentro de ambientes específicos, foi proibido em 1853 pela Lei das Casas de Apostas. Aqueles que fossem considerados culpados de administrar essas apostas estavam sujeitos a uma pena não superior a cem libras, ou então poderiam ser presos por seis meses. A divulgação de casas de apostas também era proibida, e se um local fosse considerado violador da lei, poderia ser arrombado e os que estavam dentro poderiam ser presos, enquanto quaisquer documentos relacionados a corridas e apostas poderiam ser apreendidos. Em Birmingham, algumas casas de apostas tentavam burlar a lei estabelecendo grandes mercados ao ar livre em terrenos baldios, enquanto alguns donos de pubs desafiavam a legislação incentivando as apostas em suas instalações. A ação policial foi tomada contra ambos, mas a demanda por apostas clandestinas a dinheiro permaneceu e os corretores começaram a ficar nas ruas, coletando o dinheiro dos apostadores à medida que passavam.

Eram processados sob os estatutos do conselho municipal existentes por obstrução de ruas, mas essa ação era ineficaz. Assim também era uma lei aprovada especificamente em 1900, que declarava que "nenhuma pessoa deve se reunir com outra em qualquer rua ou local público para fins de apostas". A pena máxima era de cinco libras. Estatutos semelhantes em outros lugares também não conseguiam impedir as apostas de rua, e a preocupação com seu crescimento por todo o país levou à Lei de Apostas de Rua de 1906. Isso tornou infração qualquer pessoa frequentar ou vadiar "nas ruas ou locais públicos, em nome de si mesmo ou de qualquer pessoa, com o propósito de organizar apostas, apostar, concordar em organizar apostas ou em apostar, ou pagar, receber ou determinar apostas".

Os infratores primários podiam ser multados em até dez libras. Esse valor era dobrado para os que fossem condenados duas vezes. Para as terceiras infrações ou infrações subsequentes, os infratores podiam receber um máximo de cinquenta libras, ou então poderiam ser presos por não mais de seis meses, com ou sem trabalhos forçados. Além disso, a polícia tinha o direito de confiscar quaisquer artigos relacionados com apostas e que fossem encontrados em posse das pessoas que prendesse. Por fim, em uma negação esmagadora dos direitos dos indivíduos e em uma revogação do tão elogiado princípio da liberdade britânica, os oficiais da lei foram autorizados a "deter sob custódia sem mandado qualquer pessoa encontrada cometendo um delito sob esta lei".[314]

Por isentar as apostas a crédito e a dinheiro em pistas de corrida nos dias de corrida, a nova legislação foi considerada por muitos como uma lei classista e injusta, destinada especificamente a impedir as apostas em dinheiro da classe operária. Como tal, tem-se argumentado que a lei contra apostas de rua foi parte dos esforços feitos no final do período vitoriano para estender o poder policial às áreas da classe operária e controlar a região. Além disso, na época de sua aprovação, oficiais superiores da polícia consideravam as apostas de rua e as apostas em geral como males sociais e acreditavam que ambos poderiam ser erradicados.[315]

Inicialmente, sua fé em derrubá-los parecia ser justificada. De acordo com Charles Vince, as multas mais severas impostas pela lei forneceram um forte impedimento em Birmingham porque, em comparação com o período anterior de sete anos, entre 1907 e 1914, o número de condenações caiu substancialmente em mais de 50%, até 1883[316]. No entanto, o chefe de polícia Rafter foi responsável por essa queda porque "as dificuldades da polícia aumentaram, em grande parte, devido à engenhosidade dos apostadores que adotam muitos dispositivos para burlar a lei".[317] Essas dificuldades foram exacerbadas após a Primeira Guerra Mundial, porque as apostas de rua se expandiram visivelmente – como se reflete na série *Peaky Blinders*.[318]

Essa tendência foi destacada no relatório anual de Rafter para 1919. Ele observou que houve um número surpreendente de condenações por apostas de rua, que passaram de apenas 97, em 1918, para 535. Ele também revelou que "mais de 109 'campos' de apostas, vigiados por 'olheiros' dos homens que os frequentam, chegaram à atenção da polícia".[319] Um campo era o lugar na rua onde um corretor de apostas atuava. Ao longo da década seguinte, o número de campos aumentou e, em 1932, Rafter disse à Comissão Real de Loterias e Apostas que praticamente toda essa aposta de arremesso era "realizada nos distritos da classe operária e nas áreas industriais". Ele observou que sua localização era geralmente uma entrada, como a passagem estreita que ligava a rua a um pátio interno de casas geminadas.[320]

CORRETORES DE APOSTAS EM CAMPO

A popularidade de fazer apostas em uma entrada foi explicada por Harry Vokes: ele observou que sua vizinhança em Aston "dava uma impressão de labirinto de entradas, quintais, becos, todos rotas de fuga para os anunciantes, agentes, corretores e mensageiros".[321] Anunciantes, agentes e mensageiros – todos eram nomes de pessoas que aceitavam apostas para o corretor de apostas, de alguma forma. As vantagens delineadas por Vokes eram reforçadas por edifícios comunitários como os "*miskins*" – galpões externos construídos para o depósito de lixo e que às vezes se estendiam por dois quintais. Consequentemente, se a polícia fosse avistada, um apostador ou seu representante poderia fugir para eles e escapar para o próximo pátio. Outras instalações compartilhadas eram igualmente úteis e, às vezes, o apostador se afastava da entrada e pegava apostas escondido atrás da porta da lavanderia comunitária em um quintal. Outra característica nos bairros mais pobres eram os "acessos duplos" – a maioria dos conjuntos de casas geminadas tinha apenas uma entrada para o pátio interno, mas algumas tinham outra que levava a outro lugar da rua ou então a uma rua diferente. Esses acessos duplos eram inestimáveis para um apostador que estava fugindo da captura pela polícia.

Alguns corretores de apostas atuavam em vários campos, mas a maioria trabalhava na rua onde moravam ou perto desse local. Meu avô, Alf Chinn, era um corretor local. Ele começou em 1922, em Studley Street, onde ele e sua família alugaram uma casa geminada, assumindo o campo deixado por

"Nack" Carey e seu primo, Bill Preston. O vovô tinha um acesso duplo, que ia da Studley Street até a casa de cinema Olympia, na Ladypool Road, onde poderia se perder em meio à multidão de compradores se fosse perseguido pela polícia. Meu avô, Nack Carey e Bill Preston eram veteranos da Primeira Guerra Mundial – assim como o fictício Tommy Shelby.

Muitos outros corretores de apostas clandestinas eram ex-soldados. Eles incluíam Sid Clamp de Highgate, como lembrado por sua filha, Hetty Bradbury:

> Quando meu pai foi desmobilizado da guerra de 1914, ele começou esse negócio de apostas na casa onde morávamos, o número 50 da Darwin Street, apenas um cômodo no andar de baixo com copa, um quarto e um sótão. O negócio floresceu e nos mudamos para uma casa maior do outro lado da rua, a número 165. Passamos momentos muito caóticos lá. Um homem comum ficava na entrada e outros dois homens ficavam nas esquinas, um acima e outro abaixo. Assim que um ou outro deles visse um policial, eles sinalizavam para Dave (que coletava o dinheiro das apostas) e ele corria para dentro da casa. Quando ele houvesse entrado, uma tábua de madeira muito grossa era colocada em dois suportes de ferro na porta.[322]

Esse sistema de um coletor, chamado de *taker* (na variante de Birmingham, *teker*), que pegava as apostas na rua e depois as entregando ao corretor em sua casa ou em uma sala alugada, surgiu antes da Primeira Guerra Mundial. O método foi adotado pela maioria dos apostadores de rua, alguns dos quais continuaram até a legalização em 1961. Esse método foi implementado porque se o apostador ou tomador fosse preso, eles seriam acusados de acordo com a Lei de Apostas de Rua, que incorreria em uma multa muito menor do que sob a Lei das Casas de Apostas.[323]

As coletas de dinheiro da maioria dos apostadores de rua eram complementadas por mensageiros de fábricas próximas. Esses trabalhadores eram pagos em comissão. A prática era tão difundida que, em 1923, afirmava-se com desânimo que "dificilmente há uma fábrica que empregue mais de vinte operários em que ao menos um não seja agente de uma casa de apostas neste país".

As apostas também eram recolhidas pelas crianças.[324] De fato, Steven Knight disse que, quando jovem, em Small Heath, na década de 1920, sua mãe era uma corretora de apostas. Em uma entrevista, ele observou que as casas de apostas usavam crianças porque eram menos propensas a serem presas – embora ainda precisassem recorrer a subterfúgios. Como ele destacou: "as crianças desciam a rua, às vezes com uma cesta de roupa lavada, e as pessoas jogavam moedas, embrulhadas em um pedaço de papel com o nome do cavalo em que estavam apostando. O garoto pegava todas as apostas e as entregava aos administradores".[325]

Havia dois corretores de apostas de rua principais na área de Small Heath. Um era Charlie Wright, que tinha um campo na Arthur Street, bem como outro nas proximidades, administrado por seu irmão e por sua cunhada. O outro era Tucker Wright, cujo território ficava do outro lado da Coventry Road. Chamado por suas iniciais, T. K., seu campo de atuação principal era em Green Lane, mas ele também tinha um na Victoria Street e vários outros em Garrison Lane, todos organizados por mensageiros. Albert Judd, uma personalidade renomada em Birmingham, relembrou Tucker Wright como um cavalheiro e "um cara legal". Como o corretor de apostas mais notável da região, ele sempre tinha uma flor em seu casaco.[326] Essa visão positiva foi reiterada por um tal sr. A. T. Richardson, que afirmou que "Tucker, o corretor de apostas" era "muito querido em toda a Small Heath porque ele nunca deixava de pagar".[327]

George Langham cresceu na Wright Street, Small Heath, na década de 1920, e tinha onze anos quando fez sua primeira aposta – quando começou a aceitar apostas para Tucker Wright dos vizinhos do conjunto de casas geminadas onde sua família vivia e em outros lugares da Wright Street. O sr. Langham lembrou que:

> Eu recebia dois xelins por semana todo sábado à noite do administrador, Tucker Wright. Cheguei atrasado para a escola muitas vezes enquanto pegava minha bolsa de apostas, porque o agente do corretor estava correndo para escapar dos policiais. Isso significava que eu tinha que esperar até que o mensageiro voltasse. Naquela época, qualquer pessoa que fizesse uma aposta tinha que confiar que o corretor era honesto e você não tinha uma cópia de sua aposta como hoje em dia.

Agentes de apostas de rua como Tucker Wright obtinham os resultados das corridas das últimas edições do jornal noturno local e, como meu avô, muitos pagavam o prêmio no pub local – um procedimento que não era ilegal. Com seu salário pago por Tucker Wright, gorjetas de apostadores vencedores e outros dois xelins semanais para levar carvão à Vovó Plumley, que administrava um depósito de carvão na Wright Street, o sr. Langham conseguia ajudar sua mãe dando-lhe cerca de sete xelins por semana.

PATRULHAS E SUBORNO AOS POLICIAIS

George Langham também lembrou que "os tiras costumavam fazer todo tipo de truques para pegar o mensageiro do agenciador".[328] Nessas circunstâncias, os vigias, conhecidos como olheiros, anunciantes, patrulhas ou delatores, eram vitais para que as casas de apostas ilegais pudessem realizar seus negócios, como explicou Harry Vokes:

> Em um lugar com boa visibilidade, geralmente na esquina, ficava um vigia lendo um jornal ou fumando um cigarro, muitas vezes cuidando de seus próprios negócios; mas, sem dúvida, de olhos abertos. Todos os estranhos improváveis eram suspeitos; em algumas áreas, desencorajados. Levantar o chapéu, coçar a cabeça e coisas do tipo eram sinais de perigo para os vigias do lado de fora da casa de apostas, que também impediam qualquer um que parecesse suspeito de entregar uma aposta pela porta, que abria apenas uma fresta quando se desse uma batida especial. Os bilhetes de apostas eram um pedaço de papel que vinha à mão, envelopes velhos e esfarrapados, qualquer coisa em que pudessem escrever e embrulhar dinheiro dentro. Nenhum nome aparecia nos papéis, apenas um apelido – Black Jack, Charley Chase, Lobby Lud, todo tipo de coisas estranhas. A quantidade de leva-e-traz era algo impressionante de se ver. Vizinhos e todos os outros tomaram isso como parte da cena normal até que o vigia que conhecia todos os policiais deu o aviso. Então, a verdadeira diversão começaria com a polícia tentando pegar o coletor como pegar um pedaço de sabão no banho.[329]

Os apostadores precisavam incluir um nome com sua aposta para que pudessem ser identificados pelo apostador se seu cavalo entrasse, mas também poderiam ser presos se usassem seu nome real e a polícia capturasse o coletor ou mensageiro, então apelidos ou codinomes forneciam o anonimato necessário.[330]

Policiais uniformizados que estivessem trabalhando em um sistema de rondas eram fáceis de serem identificados pelos vigias. O sr. A. T. Richardson nasceu em 1919 e cresceu na Cattell Road, em Small Heath, perto do campo de futebol do Birmingham City. Quando jovem, aos sábados e durante as férias escolares, ele e alguns colegas observavam os mensageiros de apostas que trabalhavam para Tucker Wright. Costumavam sentar-se em suas bicicletas na esquina da Cattell Road com a Templefield Street, vigiando quando o policial passava em suas rondas. Se ele fosse visto, eles "subiam a rua e gritavam para os mensageiros do apostador, que então corriam pela entrada ao lado da casa do corretor com as apostas em um saquinho e iam para a porta dos fundos, que estaria aberta. Ele jogava a sacola, pulava a cerca do jardim e entrava em outra casa bem distante". Esses jovens vigias recebiam três ou seis pence. As apostas vencedoras costumavam ser pagas na casa do corretor. O mensageiro ficava no fundo da entrada e deixava os apostadores vencedores subirem "contanto que estivéssemos na esquina em nossas bicicletas, dando a eles o "ok". Isso geralmente significava mais três pence se fizéssemos depois da escola, mas seis pence se fizéssemos durante toda a tarde de sábado".[331]

Para tentar fugir dos vigias e capturar os coletores e mensageiros, policiais uniformizados foram designados para o serviço à paisana e usaram de artifícios para realizar sua tarefa. O pai de Ebury era policial na área de Balsall Heath na década de 1920 e, em uma ocasião, sua irmã o viu "todo vestido com roupas femininas". Ela correu até ele e disse: "Ei, pai? O que o senhor está fazendo?". E o que ele estava tentando fazer era algum tipo de disfarce para pegar o corretor de apostas clandestino. Eles costumavam esperar nas entradas para pegá-lo e passavam alguns dias tentando".[332]

Outra estratégia foi relatada como nova e bem-sucedida na imprensa local em 1928. Um policial afirmou que estava escondido em uma grande carruagem comercial debaixo de artigos como aqueles que poderiam estar a caminho da lavanderia. Ele foi então empurrado pela estrada por outro policial à paisana, que saltou quando chegou ao local onde o corretor estava fazendo as apostas. Em um primeiro momento, ele conseguiu fugir, mas foi capturado e disse: "Está tudo bem; é um policial justo".[333]

As dificuldades de apanhar os corretores, coletores e mensageiros eram agravadas pelo apoio geral que recebiam em suas vizinhanças. Isso foi reconhecido em 1932 tanto por Rafter quanto por John Maxwell, chefe de polícia de Manchester, que afirmou que esse apoio se baseava em grande parte em uma aversão ao que era amplamente criticado como uma lei de classe. Como resultado, tanto a legislação quanto a ação policial tinham falhado em erradicar as apostas de rua[334]. Desiludidos, muitos policiais chegaram a acordos com o corretor de rua local, como meu avô. Meu tio-avô Bill me disse que "ele costumava suborná-los com um pouco de prata – meia coroa, algo assim".[335]

O "Grande" Horace Foster era um gerenciador de apostas das proximidades da Kyrwicks Lane, Sparkbrook. Sua filha, a sra. V. G. Pullin, explicou como seu pai vez ou outra tinha uma reunião clandestina com o oficial à paisana para confirmar o dia em que uma batida seria feita para prender seu coletor. Ele poderia então largar seu parceiro regular para aquele dia e "encontrar outro homem para ficar no degrau e que seria preso, levado perante os magistrados e multado, o que meu pai costumava pagar imediatamente depois de reembolsar o criminoso com generosidade por sua boa ação. A vida voltava ao normal até a vez seguinte".[336] Esses "bonecos" ou "marionetes" recebiam algumas apostas e uma pequena soma de dinheiro.

Esse sistema beneficiava os gerenciadores de apostas de três formas: em primeiro lugar, significava que pagavam uma penalização mais baixa se o seu substituto fosse réu primário; em segundo lugar, garantia que o coletor regular fosse protegido, o que significava que eles não precisavam demiti-lo porque ele havia incorrido em uma multa mais alta por uma segunda infração; terceiro, não interferia nos negócios, pois a polícia poderia simplesmente ficar em campo se quisesse impedir que o agente aceitasse apostas. Por parte da polícia local, o entendimento foi satisfatório, pois manteve seus números de prisões em relação a um campo conhecido; não os colocava em conflito com a comunidade e, para aqueles que aceitavam subornos, aumentava sua renda. Finalmente, o "boneco" ou "marionete" ficava feliz porque havia recebido uma soma significativa de duas ou três libras por seus serviços, e, se estivesse desempregado, como a maioria, então aquela renda extra lhe era bem-vinda.

CASAS DE APOSTA ILEGAIS

As apostas e seu gerenciamento não eram atividades específicas de um gênero. Muitas mulheres faziam pequenas apostas, enquanto outras se tornaram administradoras – e estas, em alguns aspectos, se assemelhavam à tia Polly, a figura matriarcal da série *Peaky Blinders*. Ela assume um papel de liderança nos negócios da fictícia família Shelby. Forte, inteligente, independente e assertiva, ela é uma personalidade forte que é importante tanto para a família quanto para sua comunidade. O mesmo aconteceu com Rose Pickering, uma gerenciadora de apostas popular em Darwin Street, Highgate. Sua filha, Olga Packer, explicou que a mãe tinha um restaurante de peixe e fritas com um quartinho nos fundos onde ela costumava receber as apostas:

> Bem, era em um quintal e havia quatro de nós no quintal. Tinha o açougue de porcos, nós do restaurante de peixe, ao lado ficava o Elliot, o barbeiro e, ao lado dele, o açougue de Ingram e estávamos todos neste quintal, e como açougueiro ele tinha uma geladeira lá fora. Então ele mandou colocarem duas grandes portas no quintal para que fosse tudo privado e havia uma portinha cortada na porta grande, e é claro que eles costumavam apostar por ali, e é claro que ficava um homem na porta por causa da polícia, porque não era legalizado na época e era assim que eles costumavam dar as apostas ao homem atrás da porta e ele as colocava em uma bolsa e costumávamos trazê-las para casa, e minha mãe e meu pai costumavam registrá-las dentro de casa mesmo.

O portão duplo costumava ser fechado do meio-dia às 14h30 para a realização de apostas, e Pickering também pagava um olheiro na esquina próxima para vigiar a polícia. Se ele visse um policial à paisana, ele pularia na calçada e iria embora. Esse era o sinal para trancar a portinha do portão até que tudo estivesse liberado.[337]

Com outro campo de apostas operado por seu filho, Richard, na Bristol Street, Pickering calculava as apostas vencedoras e também era uma figura popular em sua comunidade. À semelhança de outros corretores de apostas clandestinas de rua, as apostas só eram feitas na hora do almoço dos operários da fábrica. Isso variava entre 12h e 14h, de acordo com o local de trabalho, embora geralmente as apostas fossem feitas até às 14h30, para permitir que atrasados participassem. Assim, não havia apostas corrida a corrida, como visto na série *Peaky Blinders*. Os resultados das corridas eram tirados de edições anteriores do *Birmingham Mail* ou *Evening Depatch* e não de uma máquina de bilhetes. Assim como outros gerenciadores de apostas clandestinas do início da década de 1950, e incentivada por seu filho, Pickering finalmente instalou tal dispositivo na casa atrás do restaurante. Isso atraiu grupos de apostadores para o pátio atrás do portão duplo, permitindo que ela registrasse apostas ao longo do dia.

Em meados dos anos 1950, o açougue da esquina fechou e, como a cozinha deles dava para o quintal, os Pickering assumiram o controle. Demoliram a cozinha e ergueram um galpão de madeira com bancos ao redor. À medida que os resultados apareciam na máquina, eles eram colocados em um pedaço de papel em um quadro.[338] Os Pickering haviam se mudado da rua e estavam administrando uma casa de apostas ilegal semelhante à mostrada na série *Peaky Blinders* – porém, mais de trinta anos depois. Minha família estava entre os outros corretores de apostas de rua que fizeram essa mudança. Foi um movimento supervisionado por meu pai, Alfred "Buck" Chinn, mas foi uma mudança lenta e reativa, em vez de proativa, como ele explicou.

Aos sábados, havia literalmente dezenas de pessoas ao redor do campo de apostas:

> Então, costumávamos ter um empregado para ter cerca de vinte, trinta libras trocadas por dia, e ele costumava ficar em uma avenida com cerca de três metros de largura, que se estreitava para uns dois metros, mas era o comprimento da loja onde os clientes podiam subir e fazer as apostas [...] e a essa altura estávamos colocando uma caixa na porta e na janela colocamos a hora real das corridas [...] estávamos então

> dando os resultados porque até então tínhamos a fita e estávamos tentando prestar o serviço ao cliente, então costumávamos fazer um pouco de esforço na janela e nela teríamos "a próxima corrida é" e então acertávamos o relógio para as 14h, 14h15 e 14h30, para que pudéssemos tirar essa caixa e depois carimbar cada uma das apostas nessa caixa para a corrida de 14h30.

No entanto, tantos apostadores se aglomeravam ao redor do campo que essa posição se tornou insatisfatória. Assim, no início de 1958, e com a crença de que a legalização das apostas em dinheiro fora das pistas de corrida era iminente, papai comprou um outdoor próximo (sem licença) na esquina da Alfred Street com a Queen Street. Ele a transformou em uma casa de apostas adequada com papéis de corrida em exibição, uma máquina de bilhetes e apostas corrida por corrida. Esse desenvolvimento aumentou o volume dos negócios de maneira espetacular, para 2 mil libras por semana.

Alguns meses depois que a loja começou a receber apostas, foi invadida pela polícia. Havia dois inspetores, um sargento e quatro policiais. Eles acusaram meu pai e seu irmão, Wal, de usar um escritório no número 48 da Alfred Street, em Sparkbrook, "com o propósito de apostar com pessoas contrárias às Seções 1 e 3 da Lei de Apostas de 1853". Cada um foi multado em 75 libras. Meu tio-avô Bill também trabalhava na loja, mas não foi condenado a pagar por causa da idade.[339]

FORAS DA LEI INCORRIGÍVEIS: A FAMÍLIA SHELDON

Os Shelby estão ganhando muito dinheiro como corretores de apostas ilegais na primeira temporada de *Peaky Blinders*, e Steven Knight explicou que os tios maternos de seu pai eram de "uma família chamada Sheldon, que na ficção se tornou os Shelby. Eles eram gerenciadores de apostas e eram conhecidos por ele, e todos os outros na área, como Peaky Blinders"[340]. Uma história familiar em especial sobre os Sheldon se destacava. O pai de Knight foi enviado para levar uma mensagem a seus tios em um pedaço de papel. Quando entrou na casa deles, cerca de oito homens estavam sentados ao redor de uma mesa. Estavam "vestidos de maneira impecável, usando boinas e com armas nos bolsos. A mesa estava cheia de dinheiro – numa época em que ninguém tinha um centavo – e todos bebiam cerveja em potes de geleia porque esses homens não gastavam dinheiro em copos de vidro ou canecas". Aquela imagem evocativa de "fumaça, bebida e aqueles homens vestidos de maneira impecável naquela região precária de Birmingham" atingiu Knight com o seguinte pensamento: "essa é a mitologia, essa é a história, e essa foi a primeira imagem com a qual comecei a trabalhar".[341]

Três desses irmãos Sheldon eram criminosos notórios na Birmingham da era eduardiana e estiveram envolvidos em tumultos, tiroteios, ataques brutais e na pior guerra de gangues da história da cidade até a briga mais recente entre os infames Burger Boys e a Johnson Crew.[342]

Os Sheldon pertenciam a uma grande família criada por Samuel e Rosehanna. Ambos eram de Dudley e, em 1871, viviam em uma parte pobre da cidade com seus dois filhos mais velhos, John, de quatro anos, e Samuel, de dois.[343] Outro menino, Thomas, nasceu em Dudley, assim como a filha mais velha, Mary, mas o filho seguinte, Joseph, nasceu em Birmingham, em 1879.[344] A mudança da família foi impulsionada por uma severa desaceleração no comércio no Black Country. Atingidos pelo desemprego, baixos salários e um futuro incerto, muitas pessoas deixaram o distrito em busca de trabalho em Birmingham, a cidade dos mil ofícios.[345]

Os Sheldon alugaram uma casa geminada na Glover Street, Deritend, e depois continuaram vivendo na mesma vizinhança. Em 1891, eles haviam se mudado pela curta distância entre a Watery Lane e a Garrison Street, em Bordesley. Sua casa dava para a Witton Street, na outra extremidade da qual ficava a verdadeira Garrison Tavern. A família, a essa altura, aumentara em quatro integrantes, com os nascimentos de Lizzie, Anna, Edith e Arthur.[346] O pai das crianças morreu em 1910 e, um ano depois, sua esposa de 68 anos era registrada no censo como chefe de família na casa 6, Pátio 2, Allcock Street, Deritend – virando a esquina de onde havia ocorrido o primeiro ataque identificado como da autoria de um Peaky Blinder. Com ela, moravam duas sobrinhas e suas filhas solteiras.[347]

Dos cinco irmãos, Thomas tornou-se um polidor de fogão a gás e mais tarde um agente, e em 1911 ele estava morando com sua esposa, Mary Ann, quatro filhos e uma sobrinha no número 686 da Bordesley Green.[348] Não há evidências para sugerir nada além de que ele e seu irmão mais novo, Arthur, eram honestos. As vidas de John, Samuel e Joseph Sheldon, no entanto, eram de um nítido contraste.

Em 1881, com quinze anos e tendo sido previamente acusado de crime, John, o irmão mais velho, foi preso e condenado a um mês de trabalhos forçados por roubar uma pequena quantidade de lenha. Ele se entregou como um moldador de latão, mas foi uma das muitas ocupações em que ele dizia estar envolvido. Um ano depois, ele foi preso por três meses como ladrão de reputação conhecida, a mesma pena que recebeu em 1883 por roubar uma cesta, uma faca e alguns outros itens. Entre esses dois crimes, ele recebeu condenações sumárias por vadiagem e obstrução da paz.[349] Então, em 1884, ele foi descrito como um dos três maus elementos multados em dez xelins mais custas por viajar em um trem sem pagar suas passagens.[350]

John Sheldon não era apenas um contraventor, mas também um homem cruel e vingativo. Isso ficou claro em novembro de 1895, quando ele e William Green fizeram um ataque não provocado a Thomas O'Neill quando ele estava saindo do pub Great Western, na Allcock Street. Sheldon gritou: "Eu estava procurando por você!" e atingiu sua vítima com um golpe na cabeça. O'Neill tentou revidar e se aproximou de seu agressor, mas foi atingido na cabeça por Green com um cinto pesado. Este alegou ter sido acidente. Margaret O'Neill, a filha da vítima, queixou-se ao ver o cinto apontado para o pai e implorou aos agressores que não batessem nele. Green então a puxou para o chão pelos cabelos, e enquanto ela estava deitada lá, Sheldon a chutou a ponto de ela ficar muito machucada. Ambos os homens foram considerados culpados de agressão e foram condenados a seis semanas de prisão com trabalhos forçados. Com 29 anos e morador da Palmer Street, Sheldon foi reprovado no tribunal como um vagabundo – um preguiçoso, inútil. No ano seguinte, ele foi condenado por nove meses por emitir – conscientemente oferecer – moedas falsas.[351] Ele o fizera em vários bares de Warwick, na companhia de quatro homens de sua vizinhança.[352]

Dois anos mais novo, Samuel Sheldon era farinha do mesmo saco. De cabelos castanhos e de físico robusto, tinha olhos verdes ou azuis, segundo diferentes descrições policiais. Bastante pequeno, com apenas 1,50 metro, apesar de tudo, ele rapidamente ganhou uma reputação de violência.[353] Em junho de 1886, aos dezessete anos, ele e Michael Carroll atiraram pedras em um ciclista e o derrubaram na área de Digbeth. Carroll depois jogou pedras em dois policiais e foi preso. Sheldon fez a mesma coisa. No tribunal, ambos os jovens foram descritos como "um perfeito incômodo nas ruas". Foram condenados a três meses de prisão devido a já terem uma condenação prévia por crimes semelhantes.[354]

Implacável, dentro de um ano, Sheldon reincidiu. Certa noite de maio de 1888, ele estava entre um grupo de jovens que perambulavam pela Glover Street. Quando um policial pediu que eles seguissem em frente, eles se recusaram e atiraram pedras nele. Um atingiu o policial na bochecha direita e o outro no peito. Por cometer uma agressão muito grave, Sheldon e outro jovem foram enviados para a cadeia por três meses com trabalhos forçados.[355]

É claro que o arremesso de pedras estava associado às gangues de Sloggers, algumas das quais originárias de Deritend, onde Sheldon morava. É evidente, a partir do registro de seus crimes, que ele era um Slogger e é altamente provável que ele tenha se tornado um dos primeiros Peaky Blinders, uma vez que ele sempre usava um chapéu-coco como acessório de cabeça e que ele era um homem violento que odiava a polícia.

Ele provou isso em 1888, quando foi acusado de agredir dois policiais. Na noite de 4 de novembro, em Heath Mill Lane, eles estavam "em um combate feroz com uma gangue de brigões", o que foi reforçado por Sheldon e outros. Os policiais conseguiram prender alguns dos líderes do bando, mas foram então "atacados mais violentamente do que nunca". Sheldon atirou pedras na polícia, mas ao perceber que tinha sido reconhecido, fugiu. Um ou dois dias depois, ele foi caçado e preso por um policial. Nesse meio-tempo, ele se juntou a outro ataque à polícia e apedrejou um policial, "comportando-se com uma violência sem limites".

Embora jovem, Sheldon já havia sido condenado uma dúzia de vezes por agressão e então foi sentenciado a quatro meses de prisão com trabalhos forçados. O *Birmingham Daily Post* ficou satisfeito com o fato de que tal violência tivesse sido severamente punida, mas o fato não agiu como um impedimento.[356] Em agosto de 1889, ele foi condenado a dois meses de prisão como membro de uma gangue que havia cometido um ataque violento.[357]

Semanas após ter sido solto, Sheldon e oito ou nove outros brutamontes foram à casa de uma mulher da vizinhança. Eles quebraram as janelas e depois a seguiram escada acima, onde "cometeram um ataque nojento". A infeliz menina de dezesseis anos soou o alarme, e um policial correu para o local e prendeu Sheldon e outros dois. Ele foi então enviado para a prisão por seis meses por agressão agravada.[358]

É evidente que a violência percorria Sheldon e, em julho de 1890, ele foi condenado por violação da paz depois de agredir um homem na Curzon Street.[359] Cinco anos depois, ele foi condenado a seis meses por lesão corporal leve, que seria executado consecutivamente com doze meses por arrombamento de loja. Sua esposa, Ellen, estava envolvida no último crime.[360] Eles se casaram em setembro de 1890 na St. Laurence's, a igreja paroquial de um dos bairros mais pobres de Birmingham e onde o serviço memorial do policial Gunter viria a ser realizado em 1901. Ellen assinou o nome, mas Sheldon deixou apenas sua rubrica, o que indicava que ele não sabia escrever.[361]

Um ano depois de seu casamento, Sheldon estava de volta ao seu bairro natal, e ele e sua esposa administravam um mercado na Little Barr Street.[362] Em fevereiro de 1900, Ellen Sheldon e duas outras mulheres foram acusadas de atacar Charlotte Nolan, uma vizinha, após ela ter dado provas contra Samuel Sheldon. Assim que saiu do tribunal, Nolan foi abusada, e foi deixada de roxos e desfigurada depois de ter sido chutada no chão. O advogado de acusação proclamou que as três mulheres vinham da "parte mais sem lei de Birmingham". Ellen Sheldon foi multada em cinco xelins.[363]

Um ano depois, Samuel Sheldon estava morando na Glover Street com sua filha de nove anos, também chamada Ellen, uma pensionista e uma governanta chamada Ella Maria Small, de 27 anos. Sua esposa não estava com ele.[364] É evidente que eles se tinham se separado quando ela passou a viver em outro lugar.[365] Em 1917, Sheldon, agora viúvo, casou-se com Small. Desta vez ele conseguiu assinar seu nome e era dono de um mercado na Montague Street.[366]

Ao longo dos trinta anos anteriores, Samuel Sheldon dera sua ocupação com variações entre operário, fabricante de arame, fabricante de tubos e moldador de pregos, mas é claro que na realidade ele era um criminoso.[367]

De fato, na virada do século XX, também era provável que ele fosse um dos notórios rufiões de corridas de cavalo de Birmingham que viajavam pelo país batendo carteiras, como em janeiro de 1902, e sob o pseudônimo de Samuel Small, ele havia sido condenado em Manchester a três meses como suspeito.[368] Tal ofensa se enquadrava na Seção 4 da Lei de Vagabundagem de 1824, que permitia à polícia prender todos os suspeitos ou supostos ladrões que frequentassem ruas, rodovias e lugares adjacentes a eles e que tivessem a intenção de cometer um crime passível de cadeia.[369] Esta seção era aplicada regularmente em relação aos batedores de carteira.

A informação de que Sheldon era um batedor de carteiras das pistas de corrida de cavalos é confirmada por sua prisão no final de maio de 1905, após uma reunião das Hall Green Races, que foram realizadas perto do pub Horse Shoes na Stratford Road. Ele foi um dos vários homens acusados de terem frequentado a área com a intenção de cometer crimes. Ao fim da corrida, uma multidão de mil pessoas se reuniu no grande espaço em frente ao pub, onde o proprietário havia erguido um bar temporário. O único oficial presente era o sargento Hall, que estava à paisana e, como conhecia Sheldon, observava seus movimentos e os de seus três companheiros. Eles estavam "entrando e saindo da parte mais densa da multidão, jogando seus braços para lá e para cá" e o advogado de acusação disse ao tribunal que, sem a menor hesitação, seu objetivo era roubar bolsos.

O superintendente Sherriff, de Sparkhill, chegou e logo depois prendeu Sheldon. Ele era muito violento, tanto que Sherriff e Hall foram jogados de um lado para o outro na estrada por alguns minutos. A multidão ao redor deles era hostil, consistindo na "maior quantidade de brigões vistos juntos havia muito tempo", forçando os policiais a levarem Sheldon para o pub até que um veículo chegasse para buscá-los na delegacia de Sparkhill. Como era necessário provar que Sheldon era uma pessoa suspeita, foi revelado no tribunal que ele tinha até trinta condenações em seu nome por roubo, vadiagem e arrombamento de lojas, além de outras infrações, como uso de linguagem obscena, obstrução e embriaguez. Nessa ocasião, ele foi condenado a três meses por vadiagem.[370]

Dois anos depois, descrevendo-se como um vendedor ambulante da Great Barr Street, Sheldon foi enviado à cadeia de Wakefield por cinco anos por circulação de moeda falsificada. Ao dar detalhes sobre a carreira de Sheldon, o inspetor Meson disse que "ele era um personagem notório" associado constantemente a ladrões, e ele "não gostaria de dizer quantos ladrões ele havia criado. Ele havia sido condenado 35 vezes e não houve um crime cometido em Birmingham em que Sheldon não estivesse metido".[371]

A essa altura, ele estava marcado pelas muitas brigas de que havia participado. Ele tinha duas grandes cicatrizes na cabeça e outras na parte de trás da cabeça e das mãos, assim como na barriga, no peito, em vários dedos, em uma canela, no pulso e em um cotovelo. Sheldon também tinha tatuagens: dois pontos na parte de trás de um antebraço, duas marcas no pulso e três marcas na parte de trás de um braço.[372]

Ele e John Sheldon foram seguidos para uma vida de crime por seu irmão mais novo, Joseph. Tendo nascido em 1880, aos dezenove anos, ele recebeu oito condenações sumárias por agressão e obstrução e foi preso cinco vezes por pequenos furtos, como roubar um par de botas, dois quilos de doces e dois lenços de seda. Em 1899, porém, ele cometeu uma ofensa mais grave quando invadiu uma loja e roubou onze libras, duas caixas registradoras, onze garrafas, dezesseis litros de rum e outros artigos. Ele foi condenado a quatro anos e meio de prisão, cumpridos em Dartmoor[373]. Com 1,60 metro de altura, o Sheldon mais novo tinha o rosto jovem, cabelos castanho-claros e olhos azuis. Em seu antebraço direito havia tatuagens de bandeiras cruzadas e as palavras "Cab", "Box", "Lizzie" e "Nellie"; nas costas de sua mão direita estava "Love": e em seu antebraço esquerdo havia uma âncora e um coração e as palavras "Ivil" e "Mizpá".[374]

Não muito tempo depois de sua libertação, ele foi preso por 12 meses de trabalho forçado por circular moeda falsificada – um traço de família.[375] Mais uma vez, ele não ficou livre por muito tempo; pois, em maio de 1905, ele e dois outros homens invadiram uma casa em Handsworth e roubaram cinquenta joias e uma quantidade de charutos. Desta vez, Sheldon recebeu a sentença de cinco anos.[376]

Enquanto ele e Samuel estavam na prisão, seu irmão John tornou-se uma figura de liderança no que ficou conhecido como a Vingança da Garrison Lane. Uma briga de gangues sangrenta e amarga, que também foi chamada de a Vingança da Dartmouth Street, a Vingança da Garrison Street e a Vingança da Watery Lane. Os Sheldon eram indivíduos violentos que anteriormente agiam de forma independente, mas a Vingança reuniria os três irmãos como líderes de uma gangue cruel preparada para usar qualquer arma contra seus inimigos.

A VINGANÇA DA GARRISON LANE

No início do século XX, John Sheldon estava morando com sua esposa, Ada, em uma casa geminada na Glover Street. Eles não tinham filhos. De acordo com o censo de 1901, ele era um amolador de portinhola de lareiras, mas é evidente que, como Samuel, ele era um criminoso em tempo integral e um bandido das corridas de cavalos, pois em poucos anos ele estava se chamando de agente de comissão.[377] Esse era o termo abrangente favorito usado pelos batedores de carteira, bandidos e fraudadores para disfarçar suas atividades criminosas e dar-lhes uma aparência de legitimidade, sugerindo que eles eram corretores de apostas legais. Na realidade, porém, homens como Sheldon caçavam corretores e coletores legítimos em pistas de corrida.

Sua verdadeira vocação ficou clara em setembro de 1919, quando ele foi um dos três homens de Birmingham presos na pista de corrida de Derby por depenar pessoas ao fazer uso de um jogo de azar fraudulento. Ele foi multado em quarenta xelins, e o *Nottingham Evening Post* informou que "ele era particularmente bem conhecido pela polícia, pois havia dezessete condenações anteriores contra ele".[378]

Com 1,69 metro de altura, cabelos ralos e olhos azuis, John Sheldon tinha uma tatuagem de mulher no antebraço esquerdo, um marinheiro no antebraço direito e um ponto no pulso. Com cicatrizes no centro da testa, sob o olho esquerdo e na sobrancelha esquerda, ele era um homem para quem a violência era um estilo de vida e que estava preparado para fazer o que fosse necessário para vencer uma luta.[379] No início de 1906, ele foi acusado de tentar atirar no policial Thomas Mooney. Mooney afirmou que na noite de 26 de dezembro, Sheldon obviamente estava bebendo e usando linguagem obscena na Glover Street. Depois que foi informado de que ele seria denunciado para uma intimação a comparecer na delegacia, alegou-se que Sheldon colocou a mão no bolso do sobretudo e Mooney então sentiu o cano de um revólver contra o lado de sua testa. "Tome isso, então", disse Sheldon, e o gatilho do revólver estalou.

Felizmente a câmara do tambor não estava carregada e então o policial partiu para um combate corporal com Sheldon, mas este colocou as mãos em volta de Mooney, que novamente ouviu "o estalo sinistro do gatilho – mais uma vez uma câmara vazia – desta vez na parte de trás de sua cabeça". Uma briga decorreu dessa cena, o revólver caiu no chão e Mooney conseguiu derrubar Sheldon. Pegando a pesada arma de cinco câmaras, o policial levou seu prisioneiro até a delegacia da Moseley Street e lá "descobriu que na câmara do tambor ao lado havia uma bala, a única no revólver". Em sua defesa, Sheldon explicou que estava bêbado, que não sabia que o revólver estava carregado e que, na verdade, havia oferecido a arma ao policial. Suas provas foram apoiadas por dois companheiros e o caso foi arquivado.[380]

Logo, Sheldon estaria descarregando um revólver a sério em uma briga com Billy Beach. Nascido em 1879, Billy era o mais velho de quatro filhos que tinham crescido juntos na Palmer Street, no mesmo bairro dos Sheldon.[381] A pesquisa da história da família, feita por sua descendente Janice Jackson, revelou que, em 1898, Beach era casado, trabalhava em uma fábrica de tubos e era um soldado de meio período com um batalhão de milícias (6º) do Regimento Real de Warwickshire. De acordo com seus documentos de atestado, ele pesava 54 quilos e tinha uma medida de peito de 80 centímetros. De pele clara, tinha cabelos castanhos e olhos azuis, e media pouco mais de 1,70 metro – embora registros militares posteriores indiquem que sua altura era de 1,77 metro.[382]

A mãe de Margaret Beale era sobrinha de Beach. Foi-lhe dito que seu tio-avô sempre usava um lenço de seda branca no pescoço, à moda dos Peaky Blinders, e que enquanto seu avô tinha:

> [...] mais de 1,82 metro de altura e magro, seu irmão Billy era mais baixo e muito mais forte. Ele poderia remover o colarinho da camisa (como faziam naqueles dias) sem abri-lo, pois seu pescoço era tão largo quanto a cabeça. Ele sempre fora muito gentil com mamãe e seus irmãos e irmãs quando eram crianças. Meu avô era

> um caixeiro-viajante, então não ficava muito em casa e não estava envolvido [no conflito]. Uma história que toda a família sabe é que Arthur, meu avô, estava bebendo em um pub com seu amigo Sam quando bateu em um homem atrás dele e derramou um pouco de cerveja. O homem estava prestes a começar uma briga e confrontar Arthur, mas Sam disse a ele: "Você sabe quem ele é?". O homem respondeu que não se importava, ia cuidar dele, mas quando Sam disse: "É o irmão mais novo de Billy Beach", o homem se desculpou e pagou cerveja para eles a noite toda.[383]

O sr. Beasley realmente conhecia Billy Beach. Ele tinhas nascido em 1914 e vivido em Palmer Street quando jovem, a rua que foi a casa de Beach durante os anos entreguerras. A mãe de Beasley havia se mudado para o bairro ainda adolescente, enquanto seu pai havia crescido em Ivy Lane, na Great Barr Street, e ambos conheciam Beach bem. Ele era lembrado como "um homem muito educado. Você o via cumprimentar respeitosamente qualquer dama, qualquer mulher comum". No entanto, embora ele fosse considerado "aceitável quando não tomava cerveja, se bebesse, ele era um pouco desagradável". Ele poderia então ser "um homem cruel, um incômodo". Um solitário na maioria das vezes, se os inimigos de Beach quisessem matá-lo "eles esperariam até que ele tomasse alguns jarros de cerveja, entende? E então eles entrariam em jogo". Mas alguém sempre o informava de quem o havia matado e, como o sr. Beesley expressou, ele andava pelos pubs e "costumava esperar até que houvesse um homem sozinho ou dois, ele não se importava com dois" e dava um jeito neles.[384]

De acordo com o neto de Beach, Ray Lewis, a briga com os Sheldon começou por algo relacionado às pistas de corrida, enquanto seu bisneto Terry Lines foi informado de que a briga começara por causa de uma dívida de jogo.[385] Essa crença é apoiada por uma declaração no *Birmingham Gazette* de 1912, explicando que a vingança se originou em uma transação de apostas.[386] O próprio Beach admitiu mais tarde que os dois estiveram envolvidos em uma discussão no início de 1908, e foi dito que ele havia lutado e derrotado John Sheldon. Com uma reputação assustadora, Sheldon não estava preparado para deixar o assunto de lado.[387] Na tarde de 21 de junho, tiros foram disparados em Watery Lane, e Beach fora tratado no Hospital Geral por um ferimento de bala no pescoço. Ele se recusou a denunciar seu agressor à polícia, mas acrescentou que havia lhe dado uma boa surra "e aparentemente estava bem satisfeito em fazer justiça com as próprias mãos". Foi relatado que Beach e o homem desconhecido eram líderes de duas gangues rivais que estavam em guerra havia várias semanas.[388]

Em um relato manuscrito incomum de julho de 1908, um superintendente interino da Polícia da Cidade de Birmingham detalhou o que aconteceu a seguir. No final da noite de 28 de junho de 1908, Charles "Coaly" Jones – conhecido como Craley, James Thorne e Joseph Gannon usaram armas de fogo contra Beach na Montague Street. Este uso de armas era mais incomum em brigas de gangues em Birmingham. Quando a polícia se aproximou dos homens, todos, exceto Beach, fugiram. Ele foi preso por estar bêbado e agir de maneira desordeira. Os outros três foram presos logo depois e acusados de se reunirem ilegalmente na Montague Street com outras pessoas com o objetivo de violar a paz. Beach e Jones foram posteriormente acusados de intenção de matar um ao outro com o tiroteio anterior em 21 de junho. Com condenações por embriaguez, agressão, roubo e furto, Jones era outro homem violento de má reputação.[389] Apesar da gravidade dos acontecimentos, em 9 de julho todos os envolvidos foram obrigados a manter a paz por seis meses.[390]

Eles fizeram isso até as 2h da madrugada de 1º de janeiro de 1909, quando a violência novamente estourou. Beach chegara à sua casa na Lower Dartmouth Street, pouco depois da meia-noite. Ele jantou e foi até a porta tirar as folhas de chá do bule, quando viu vários homens no quintal. Eram os Sheldon e sua gangue. Um deles disse "é ele; lá está o … nos degraus". Um tiro foi disparado em Beach, que jogou uma lamparina de parafina no grupo. Ele foi então atingido na parte de trás da orelha com uma bala, enquanto outro tiro atravessou uma janela superior em sua casa e pegou de raspão a cabeça de sua filha de dez anos. Apesar da lesão e de estar em desvantagem numérica, Beach enfrentou os homens. Ele era admirado localmente por lutar sozinho, ao contrário dos Sheldon, e Beasley lembrou que seus inimigos "usavam os três ou quatro tempos quando queriam atacar ele porque precisavam de dois ou três caras".[391] Nesta ocasião, John Sheldon estava com a mão na massa. Mesmo assim, Beach os liderou e quando lhe perguntaram no tribunal se era uma luta livre, ele respondeu: "Só se você considerar que dez contra um é uma luta livre".

Enquanto lutava com os agressores, sua esposa correu para chamar a polícia, e eles fugiram. O pátio estava caótico. Havia sangue por toda parte, e na neve os oficiais encontraram "um revólver de seis câmaras, contendo seis cartuchos usados, uma picareta, um martelo de carvão coberto de sangue, outro martelo e várias garrafas quebradas". Um dos agressores, Charles Loone, também foi encontrado inconsciente no chão, pois fora nocauteado na luta. Quando revistaram Sheldon mais tarde, um revólver vazio de seis câmaras foi encontrado em um bolso, e uma soqueira, em outro. Depois de ser acusado, ele disse à polícia: "Gostaria que vocês nos deixassem resolver nossos próprios assuntos, e logo vamos fazer isso".[392]

Junto com Sheldon e Loone, "Coaly" Jones foi preso pelo ataque em Beach. Os três foram considerados culpados de se reunir ilegal e violentamente para perturbar a paz pública e causar "um grande tumulto e distúrbio para o terror e alarme dos súditos de Sua Majestade". Sheldon e Jones foram condenados a doze meses de prisão com trabalhos forçados. Loone só tinha condenações por embriaguez contra ele e, portanto, foi condenado a oito meses. No tribunal, o inspetor Moxon declarou que as duas facções eram uma tão ruim quanto a outra e que estavam envolvidas em rixas particulares que haviam começado doze meses antes. Eles tinham um código de honra de não se incriminarem entre si. Era por isso que Beach não dizia tudo o que sabia.[393] Mas mesmo que ele não cedesse à polícia, ele não demorou a vingar o ataque contra ele.

No final da noite de 5 de janeiro de 1909, cinco dias depois de ter sido atacado e antes do julgamento de seus inimigos, Arthur Morris, Thomas Lane e nove ou dez outros se juntaram a ele no pub Lodge na Coventry Road. Eles então marcharam pela Watery Lane até a casa de Edward Pankhurst, um amigo de Sheldon e um contraventor suspeito de bater carteiras.[394] Pankhurst e sua esposa, Sarah, moravam no pátio 35, Deritend, e ao chegarem lá, Beach e sua gangue golpearam a porta. Eles correram para dentro, dando a Sarah Pankhurst e sua inquilina, Kate Coley, um susto terrível. Brandindo revólveres, eles exigiram saber onde Pankhurst estava, mas embora ele estivesse dentro da casa, sua esposa blefou dizendo que ele estava fora. Com isso, um dos homens comentou: "Quando pegarmos o ..., vamos matá-lo". Depois de quebrar os móveis, a gangue foi embora e, quando a polícia chegou, Sarah Pankhurst estava apavorada. Dali, Beach e seus homens foram para a Glover Street, onde Sheldon e Jones moravam em lados opostos. A turba bateu violentamente na porta da casa de Sheldon; mas, sem obter resposta, foi até a casa de Jones. Sua esposa disse ao tribunal que ela estava:

> [...] na cama com meu marido quando ouvi uma batida na porta. Parei para escutar, e ouvi a porta ser aberta. Alguns homens invadiram a casa e começaram a quebrar os móveis, enquanto tiros eram disparados escada acima. Eu levantei a janela do quarto e gritei "assassinato!". Um homem na estrada gritou para outro "Atire nessa ...", e o homem para quem aquilo havia sido dito disparou um tiro de revólver. A bala quebrou uma vidraça na janela, mas não me atingiu. Os apitos da polícia soaram, e todos os homens fugiram.

A sra. Jones não soube dizer quem tinha feito os disparos, porque as feições do sujeito estavam ocultas pelo boné. No entanto, a sra. Sheldon estava observando os acontecimentos através da janela de seu quarto e ela tinha certeza de que tinha sido "Nugget" Morris quem disparara.

Morris e Lane rapidamente deixaram Birmingham, mas Beach foi preso cerca de uma hora após os ataques. A caminho da estação, ele disse ao inspetor Bennet:

> Eu gostaria que Sheldon lutasse comigo e resolvesse essa palhaçada. Está me matando continuar assim. A briga é entre mim e ele, e eu gostaria de lutar com ele, mesmo se eu levar uma surra. Sheldon sempre quer vencer. Ele não apoia perdedores e vencerá a qualquer preço. Mandei um amigo para resolver toda a disputa, mas Sheldon só queria que eu pedisse desculpas, o que eu não faria.[395]

Beach foi acusado dos mesmos crimes que Sheldon, Jones e Loone. Enquanto todos aguardavam julgamento, Jones e Beach se encontraram na casa pública Crown na Newton Street, do outro lado da rua dos Tribunais de Direito de Birmingham. De acordo com o relato do superintendente interino, "durante uma briga, Beach foi seriamente agredido. Um mandado foi emitido contra Jones por infligir danos corporais graves, mas quando ele foi sentenciado por reunião desordeira, o Juiz ordenou que o mandado não fosse executado". Logo depois, Beach foi esfaqueado na Steelhouse Lane "sem dúvida alguma por Joseph Sheldon", que já estava fora da cadeia. Mais uma vez, Beach se recusou a dar informações à polícia.[396]

Seus apoiadores, Morris e Lane, foram presos mais tarde sob as mesmas acusações de tumulto. Lane foi considerado inocente, mas Morris foi condenado a doze meses de prisão. Ele tinha 36 anos e supostamente era um pedreiro, mas na verdade era outro criminoso durão. Quando tinha treze anos, foi mandado para a escola industrial por cinco anos porque era associado de ladrões e foi condenado muitas vezes por agressão, roubo, ferimento e outros crimes.[397] Beach, por sua vez, ficou preso por oito meses.[398] Foi revelado que, embora ele tivesse cinco condenações sumárias, não tinha nenhuma por roubo ou vadiagem – ao contrário dos Sheldon. Além disso, ele ainda trabalhava com tubos, como trabalhara por toda a sua vida, enquanto os Sheldon eram criminosos de carreira.[399]

Pouco depois de John Sheldon e Beach saírem da prisão, houve um distúrbio na Fox Street por volta das 22h de 18 de setembro de 1910. Curiosamente, uma das poucas histórias contadas ao neto de Beach, Ray Lewis, foi que a gangue de seu avô havia incendiado uma das casas dos Sheldon e, durante esse distúrbio, Beach e três outros homens haviam invadido a casa de uma mulher e subido correndo com uma lamparina de parafina.[400] Foi relatado que um dos homens disse: "Vá em frente, Bill, taque fogo na casa". A mulher ficou perturbada quando percebeu que alguns itens do porão estavam em chamas, e depois disso os homens fugiram. O fogo foi apagado por vizinhos.

É aparente que este evento teve algo a ver com a vingança, pois uma hora depois, Beach estava caminhando com seu primo pela Lawley Street quando foram atacados por uma multidão de homens e jovens na ponte ferroviária. Ouviram-se tiros de revólver "seguidos de gritos de pânico e de socorro, e alguns também afirmam que facas foram utilizadas". Beach foi levado às pressas para o hospital – estava com uma fratura no crânio, ferimentos graves no couro cabeludo e um ferimento no ombro. Ele precisou ser operado.[401]

John Sheldon, seu irmão Joseph, "Coaly" Jones e Edward Collins foram presos pelo ataque. No tribunal, Beach disse que eles e outro homem o cercaram e apontaram revólveres para ele. Jones atirou em Beach, que disparou no meio da multidão. Ao fazê-lo, Sheldon o acertou com um facão, mas errou. Em Portman Terrace, Beach viu um homem na porta e correu em sua direção, mas a porta foi fechada na sua cara. Encurralado, ele se virou para brigar e recebeu um corte de faca no rosto, infligido por Sheldon, e um golpe de martelo na cabeça, por Collins, e um tiro de Jones. Questionado se tinha muitos inimigos, Beach respondeu que tinha muitos amigos, mas nenhum inimigo além da "trupe da cadeia".[402]

Considerado culpado de ferir Beach de forma criminosa e ilegal com a intenção de matá-lo, John Sheldon esperava clemência do juiz "porque todos esses problemas surgiram de Beach". No entanto, o juiz Bucknill observou que ele era o capitão da gangue e que "a arma assassina", uma velha baioneta de espada, havia sido encontrada em sua posse. Embora Beach fosse tão ruim quanto, Sheldon era um homem perigoso. Seu irmão, Joseph, tornou-se um membro proeminente da gangue, enquanto Jones também era perigoso e "se gabava abertamente de que não trabalharia para viver". Cada um deles foi condenado a cumprir cinco anos de prisão com trabalhos forçados. Collins, por outro lado, era um novo membro da gangue, "mas considerado um homem muito violento". Ele disse ao juiz que tinha uma mãe idosa dependente dele, ao que se respondeu que esse era "uma alegação constante de homens que vêm aqui, criminosos da pior espécie, mas por que não pensaram nisso antes? Foram as mães, esposas e filhos que sofreram". Collins foi mandado para a cadeia por três anos.[403]

Os Sheldon agora estavam severamente enfraquecidos pela prisão de tantos membros de sua gangue; mas, em março de 1911, Billy Beach foi mandado de volta à prisão. As recordações de Beasley de que Beach era desagradável quando bebia eram bem fundamentadas. Ele havia entrado no pub Mogul na New Bartholomew Street, onde brigou com três mulheres bêbadas e feriu as três com um canivete.[404] No tribunal, ele insistiu que não o tinha feito aquilo e que não tinha faca nenhuma, enquanto as mulheres estavam bêbadas e caindo "por todos os cantos do estabelecimento". Ele havia sido empurrado e uma briga generalizada se seguiu. O inspetor Moxon informou ao juiz que conhecia Beach havia muitos anos e que a polícia nunca o tinha visto usar uma arma antes, mas, apesar disso, ele foi considerado culpado de ferimento ilegal e malicioso sob provocação e condenado a quatorze meses de trabalhos forçados.[405] O juiz Hamilton aceitou que Beach lutara contra a gangue dos Sheldon com os punhos enquanto eles usavam armas, mas agora ele fora encontrado usando armas e atentando contra mulheres.

Beach e Samuel Sheldon saíram da prisão no início de 1912, e a Vingança de Garrison Lane explodiu mais uma vez quando Beach prestou queixas contra Sheldon e Thomas Ingram da Heath Mill Lane, e contra Edward Tompkins, da Floodgate Street, por agressão. Eles devolveram a acusação. Beach alegou que estava bebendo na Lawley Street, no Village Inn, na noite de 12 de março. Quando saiu, os três homens estavam esperando por ele e ele foi atacado por Sheldon com um machado de mão. Beach se abaixou, mas levou um corte na bochecha. Ele se atracou com Sheldon e eles lutaram no chão. Os outros dois homens tentaram ajudar Sheldon, e Ingram pisou no olho de Beach enquanto este estava no chão. Como o promotor apontou, nenhum policial estava por perto, e também não havia ninguém para fornecer provas independentes e imparciais. Além disso, "foi uma coisa notável que, apesar da rixa que existia entre essas duas gangues, eles resolveram suas diferenças antes do tribunal, e foi impossível chegar à verdade das coisas".

No entanto, acreditava-se que Beach estava indo para o Canadá e, se fosse o caso, era provável que a luta entre as gangues chegasse ao fim.[406] Ele de fato foi para o Canadá. Como Beasley relembrou, a história era de que a polícia local "apareceu e o levou embora. Eles foram maravilhosos com ele. Uma hora, todos se juntaram porque podiam ver que ele estava saindo um pouco dos limites".[407] Aparentemente, a polícia arrecadou o dinheiro para pagar a emigração de Beach porque o respeitavam por travar tantas batalhas sozinho com os punhos, enquanto os Sheldon sempre lutavam em grupo e com armas. O suporte para esta história é encontrado na opinião do inspetor Moxon sobre Beach em 1911.

Infelizmente, a mudança de Beach não acabou com a vingança, mas foi parar nas notícias do país após outro tiroteio. Em 15 de outubro de 1912, o

Manchester Guardian relatou um renascimento na disputa em Birmingham entre gangues rivais de brutamontes, resultando em vários casos graves de ferimentos. A polícia declarou que a população local vivia em estado de terror e que "era quase impossível convencê-los a depor contra os infratores devido ao seu medo".[408] Foi relatado que, embora Beach tivesse emigrado, ele havia deixado subordinados para trás, e na noite de 5 de outubro eles se envolveram em uma briga com Samuel Sheldon e Ingram no pub King's Arms na Great Barr Street, o principal ponto de encontro da gangue dos Sheldon.[409] Mais ou menos um dia depois, um dos tenentes de Beach, Charlie Franklin, confrontou Sheldon com um revólver, dizendo: "Ouvi dizer que você e Tommy Ingram vão me atacar. Tenho um atirador aqui e pensei em estourar a … dos seus miolos". Sheldon conseguiu tirar a arma de Franklin, cujo rosto foi posteriormente cortado em uma briga com Ingram.[410] Por vingança, Franklin foi para o King's Arms na sexta-feira, 11 de outubro, com um revólver e atirou em Ingram.[411]

Na noite seguinte, por volta das 21h30, Franklin, seu cunhado Albert "Buck" Broome, Charlie Connor e Sammy Morris confrontaram Samuel Sheldon no King's Arms.[412] Ele estava sozinho, pois seu aliado Ingram acabara de sair. Conforme relatado no *News of the World*, Connor disse a um conhecido: "É melhor você sair; vai começar". Depois, ele se virou para Sheldon e disse: "Olá, Baggy, agora nós pegamos você". Sheldon respondeu: "Você não veio aqui para uma briga, não é mesmo?". Então, Connor o atacou na cabeça com um cassetete de metal. Morris e Franklin tinham revólveres nas mãos e, quando Sheldon caiu para a frente, Franklin colocou o seu por cima do ombro de Morris e disparou dois tiros em Sheldon. Uma bala lhe atravessou o chapéu-coco e atingiu a parede atrás dele, enquanto a outra o atingiu na lateral da cabeça, mas não o matou. Os quatro agressores saíram correndo.[413] Sheldon caiu no chão em uma poça de sangue e foi levado às pressas para o General Hospital.[414]

Seus agressores foram rapidamente presos e, em 30 de outubro, levados à presença dos magistrados. Sheldon apareceu com a cabeça enfaixada. Mostraram a ele um chapéu-coco manchado de sangue com duas balas na coroa e o disseram que ele o estava usando na noite do tiroteio.[415] No julgamento por intenção de assassinato, em Birmingham Assizes no início de dezembro, o detetive Collins falou sobre os surtos periódicos de tiroteio entre as gangues e explicou que, por mais graves que fossem os ferimentos, nenhum lado procurara a ajuda da polícia. Ele também acrescentou que os réus, todos morando perto dos Sheldon, "tinham a melhor das condutas em relação ao seu trabalho": Morris tinha 28 anos e trabalhava com lataria; Broome, 31 anos, e era operário; Franklin, 33 anos, e era borracheiro; enquanto Connor tinha 35 anos e trabalhava fazendo tiras de lata.[416]

Ao determinar a sentença, o juiz Scrutton explicou que, em 1910, o juiz Bucknill tinha ministrado penas de prisão longas aos Sheldon para dar "aos habitantes do bairro um aviso de que, a menos que parassem com suas atitudes, determinaria sentenças mais pesadas até que fossem induzidos a tornarem-se súditos cumpridores da lei". Esse aviso não foi atendido, e então Franklin, que havia cumprido quatorze dias por roubo em 1899, foi preso por dez anos. Morris recebeu quatro anos. Broome, que teve apenas uma condenação por linguagem obscena, recebeu uma sentença de três anos. E Connor, que não tinha condenações anteriores, recebeu a sentença de cinco anos, embora na apelação tenha sido reduzida para três anos por lesão corporal leve.[417] Anteriormente, no entanto, ele havia sido considerado inocente da intenção de causar danos corporais graves depois de atirar em outro homem em 1905. Embora descrito pela polícia como "um jovem estável, sóbrio e respeitável", Connor havia sido baleado no pescoço dois anos antes e estivera envolvido em várias lutas desde então.[418]

E assim terminou a notória Vingança da Garrison Lane – também foi considerada por alguns como o fim das gangues dos Peaky Blinders.[419] Depois disso, John Sheldon continuou a viver como "uma praga de corridas".[420] Em contraste, em 1914, com a eclosão da Primeira Guerra Mundial, Beach se juntou ao 13º Batalhão dos Royal Highlanders do Canadá.[421] Seus documentos de atestado indicavam que ele estava em Montreal trabalhando como construtor de pontes enquanto sua esposa morava na Lawley Street, Birmingham. De rosto corado, ele tinha uma longa cicatriz no lábio superior e inferior e outra sob o lado direito do maxilar.

Durante a Segunda Batalha de Ypres, em um contra-ataque voraz dos alemães à posição de seu batalhão em 24 de abril de 1915, Beach foi baleado no antebraço direito. Ele então passou algum tempo no 1º Southern General

Hospital da Universidade de Birmingham e no 1º Birmingham War Hospital Rubery. No início de 1918, e após várias operações, ele foi dispensado como clinicamente inapto para outros serviços por conta de uma fratura exposta no braço e anquilose – o enrijecimento anormal e a imobilidade de uma articulação devido à fusão dos ossos. Essa última condição dificultou sua habilidade de andar.[422] Beach voltou a Birmingham em 1920 para morar com sua esposa nos Homes Buildings na Palmer Street. Ele levou uma vida mais tranquila e morreu dezesseis anos depois, com 56 anos.

No entanto, um dos aliados de Beach, Charlie Franklin, se tornaria um lutador da gangue de Billy Kimber em Birmingham na guerra de corridas de cavalos de 1921, contra as gangues londrinas de Alfie Solomon e Darby Sabini.[423] Os Sheldon, no entanto, não se tornaram parte da gangue de Birmingham. Aos 53 anos quando o conflito eclodiu, Samuel Sheldon mudou-se para a Charles Henry Street, em Highgate, em meados da década de 1920, e tornou-se um vendedor ambulante.[424] Morreu em 1943, aos 75 anos.[425] Seu irmão mais velho, John, continuou a viver em Glover Street com sua esposa, Ada, e em 1939 ele se entregou como polidor de armas aposentado[426]. Morreu dois anos depois.[427]

CAPÍTULO 5

OS VERDADEIROS LÍDERES DAS GANGUES DOS ANOS 1920

O VERDADEIRO BILLY KIMBER

A trama de Tommy Shelby para fraudar uma corrida para que limpasse as apostas feitas em sua agência de apostas ilegais enfurece o poderoso gângster Billy Kimber no segundo episódio da primeira temporada de *Peaky Blinders*. Enriquecendo através de seu controle dos locais de apostas legais e ilegais em pistas de corrida em todo o país, ele confronta os Shelby na sede deles, o The Garrison Pub. Ladeado por dois vigilantes armados, Kimber caminha com propósito pelo bar. Os beberrões são silenciados por sua presença intimidadora e então ele chama por um homem de nome Tommy Shelby. Ele atira seu revólver para o alto. Seguindo-se a isso, Shelby leva seus irmãos para fora de um recanto. Dizendo aos clientes para irem para casa, ele se senta em uma mesa de frente para Kimber. Um londrino, a contar pelo seu sotaque, Kimber é de baixa estatura e bem-vestido. Ele grita que é o chefe, que os Shelby fraudaram uma corrida sem sua permissão e que é ele quem comanda as corridas. Ao ir embora, Kimber ameaça Tommy Shelby, que então oferece um acordo que vale a pena ser ouvido. Ele diz a Kimber que o admira porque começou do nada e construiu um negócio legítimo – algo que Shelby deseja.[428]

O verdadeiro Billy Kimber era de fato um gângster que ganhou dinheiro nas pistas de corrida por meio de esquemas de proteção e práticas de batedores de carteira. De fato, ele se tornou um empresário legítimo. Mas ele não era londrino e nem era baixo. Ele era um Brummie corpulento de Summer Lane. Poderoso, forte e carismático, ele não temia nenhum homem, mas muitos o temiam. Um lutador durão, ele era o líder de um grupo de bandidos cruéis e assustadores chamado "a gangue de Birmingham". Como tal, ele foi uma das primeiras grandes figuras de gangues na Inglaterra.

Kimber nasceu em 1882, no pátio 55 da Summer Lane, embora a família mais tarde tenha se mudado para perto, em uma casa geminada na Hospital Street.[429] Sua mãe era filha de pais irlandeses e lavadeira, enquanto seu pai era um fundidor de bronze de Birmingham.[430] Em 1894, aos doze anos, ele recebeu quatro golpes de bétula por roubar um cortador de vidro. Isso consistia em um feixe de galhos de bétula robustos amarrados em uma extremidade com arame. Os golpes foram dados sobre as nádegas nuas do infrator, que foi forçado a se deitar de bruços na posição de um "cavalo", com pernas e braços amarrados. Como punição, essa prática geralmente era atribuída a meninos com menos de dezesseis anos condenados por pequenos furtos e era feita para desencorajar novos delitos. Foi ineficaz em Kimber e, nos três anos seguintes, ele recebeu condenações sumárias por agressão, jogo e vadiagem.[431]

Àquela altura, o distrito de Summer Lane era, claro, conhecido por seus Peaky Blinders, e, embora Kimber não seja especificamente nomeado como tal, é provável que ele fosse um por causa de sua violência. Da mesma forma como acontecia com tantos Peakies, ele também era um contraventor e, em outubro de 1900, foi condenado a seis meses de reclusão, que ele cumpriu na prisão de Birmingham, em Winson Green, por tentar invadir um restaurante pelo telhado.[432] Embora tivesse apenas dezoito anos, passou a ser considerado um criminoso habitual. Ele era descrito como tendo pele clara, cabelos castanhos e olhos azuis. Ele tinha "W. Kimber" e "S. Birch" tatuado no antebraço esquerdo e uma cruz e "Love" na parte de cima da mão. Sua altura era dada como pouco mais de 1,72 metro, mas dada a discrepância de cinco centímetros em relação à altura de Billy Beach nos registros oficiais, Kimber pode ter sido dois centímetros e meio ou cinco a mais, pois ele era lembrado como um homem mais alto.[433]

Sua ocupação foi dada como moldador de latão, mas não foi um trabalho a que ele tenha dado continuidade, pois em agosto de 1901, ele foi preso novamente por agredir um policial – outra razão para pensar que ele era um Peaky Blinder.[434] Kimber era pai nessa época – sua filha mais velha, Maud, nascera em julho de 1901 e, um ano depois, ele se casara com a mãe dela, Maud Beatrice Harbidge, que morava nas proximidades da Howard Street. Aos vinte anos, ela trabalhava com enfeites de cama e sabia assinar seu nome. Kimber, por sua vez, só conseguia fazer uma rubrica.[435] Não se sabe como ela e Kimber se conheceram, mas sua bisneta, Juliet Banyard, foi informada de que "Maud tinha uma linda voz para cantar e ganhava dinheiro cantando nos pubs de Brum". A avó de Juliet era a segunda filha de Kimber, Annie, que nasceu em dezembro de 1903. Juliet explicou que sua mãe, Sheila, a única filha de Annie, disse que "Annie era a favorita de Billy. Ele não se incomodava muito com Maudie e ela também não se importava com ele. Maudie costumava dizer: 'Você devia dinheiro ao nosso pai e pagou com sua vida'".[436]

Em 1908, Kimber recebeu outra condenação sumária por agressão a um policial e duas outras por embriaguez, enquanto ele foi considerado inocente do roubo de uma casa.[437] Agora era óbvio que ele também estava viajando pelo país como um criminoso. Em janeiro de 1906, ele era um dentre quatro jovens parrudos, cada um multado em um guinéu (21 xelins) com a alternativa de um mês de prisão por viajar de Londres a Birmingham em um trem sem pagar a passagem e por alterar a data da passagem. Todos eles tinham má reputação e é sugestivo que um deles tivesse afirmado que era escriturário de um corretor de apostas – o que significa, então, que trabalhava nas pistas de corrida.[438]

A crença de que Kimber era agora uma "praga" das pistas de corrida, como batedores de carteira e outros rufiões eram frequentemente chamados, é fundamentada por sua prisão no Hall Green Races, em maio de 1907. De acordo com a Lei de Prevenção de Crimes, ele foi acusado de vadiagem com a intenção de cometer delito, passível de punição com condenação sumária. Ele se entregou como traficante, uma descrição que abrangia uma ampla gama de atividades, assim como seu irmão mais velho, que foi processado como pessoa suspeita encontrada vadiando na corrida com intenção de cometer delito. Como evidência disso, o sargento detetive Wright, da Força da Cidade de Birmingham, afirmou que viu os irmãos agindo de maneira suspeita e entrando em várias multidões. William Kimber tentou pegar um bilhete premiado da mão de um apostador que o estava guardando para um corretor, com o objetivo de receber o pagamento de uma aposta. Kimber saiu correndo da multidão quando viu Wright.

Quando foi preso, Kimber ficou violento e tentou fugir. Harry Kimber estava "dando cobertura" para seu irmão e correu em uma direção diferente, mas foi preso por outro detetive. No tribunal, o policial que o prendeu disse que conhecia William Kimber há dez anos e que ele era "um associado de perigosos ladrões de pistas de corrida de cavalos e, sem dúvida, ganhava a vida acompanhando corridas". Ele foi condenado a seis meses de prisão com trabalhos forçados.[439]

Em algum momento nos três anos seguintes, Kimber abandonou sua esposa e seus dois filhos e, em 1911, ele foi registrado no censo como um homem solteiro habitando uma casa em Salford.[440] Seu bisneto, Justin Jones, acreditava que Kimber "fora morar com uma mulher chamada Florence Brooks, que eu acho que era parente de Ellen Brooks, que morava com outro membro de gangue, George 'Brummie' Sage". Quanto à esposa, "Maud voltou a morar com os pais em King Alfred's Place com seus dois filhos, minha amada tia Maud, que me dava doces toda semana, e a avó, Annie, que eu nunca cheguei a conhecer, infelizmente".[441]

As coisas devem ter sido difíceis para Maud, com duas filhas pequenas para cuidar e com pais idosos. Em 1920, ela estava morando em um pátio de casas geminadas na Charlotte Street, quase na divisa do Jewellery Quarter. Era um quintal grande com treze casas, e ela permaneceu lá até morrer, com apenas 43 anos, em 1926.[442] Sua neta, Sheila, uma vez tentou encontrar a sepultura, mas os registros mostravam que Maud tivera um funeral de indigente e por isso não havia sepultura – algo que irritou Sheila, pois ela sabia que Billy Kimber tinha dinheiro nessa época.[443]

Kimber tinha dinheiro na época em que Maud morreu, mas antes de abandoná-la, ele tinha muito em comum com os Sheldon: um contraventor, homem violento e praga de corridas. E em 1911, ele se descreveu como um agente de comissão – assim como John Sheldon.[444] Mas, ao contrário dos Sheldon, que permaneceram nas ruas periféricas de Birmingham, Kimber tornou-se um líder de gangues com perfil nacional. Ele alcançou essa posição por causa de sua liderança da gangue de Birmingham. Este não era um grupo de criminosos firmemente organizado como o de uma família mafiosa, com um chefe, capitães e soldados; era um agrupamento solto de combatentes que ocasionalmente podiam se reunir em uma força formidável.

A gangue de Birmingham surgiu dos Brummagem Boys – o nome coletivo para os pequenos bandos de garotos rufiões e batedores de carteira da cidade. Eles aterrorizavam os frequentadores de corridas nas Midlands e no norte da Inglaterra desde meados do século XIX, quando se aproveitaram do desenvolvimento do sistema ferroviário. Havia bandidos semelhantes de outros lugares, mas os Brummagem Boys eram os mais notórios. Isso foi enfatizado em 1898 pelo *Daily Telegraph*, que anunciou que o maior número de brigões e ladrões de pistas de corrida "vem de Birmingham, e alguns deles são do tipo mais baixo possível. Os 'Brums', como o resto de sua fraternidade, trabalham em gangues de seis, sete e oito integrantes – e nunca se separam". Ficou difícil de lidar com esse rufianismo organizado. Os criminosos cercavam e tropeçavam em suas vítimas para roubá-las – ou roubavam bolsas, relógios e correntes; enquanto, no caminho de ida e volta de trem para a pista de corrida, eles faziam o truque das três cartas com outros passageiros crédulos.[445]

Kimber pertencia a uma dessas gangues. Em janeiro de 1913, o *Derby Evening Telegraph* informou que, em uma partida de futebol recente, a polícia local havia colocado policiais na estação ferroviária para vigiar os infratores da lei que chegavam de trem. Entre um grupo de oito homens, eles reconheceram William Kimber, seu irmão mais novo, Joseph, e George White, que eram "exímios batedores de carteira viajantes e ladrões de hotel". A polícia os seguiu, mas eles foram vistos pelos homens que fugiram. Perseguidos pela polícia por várias ruas, os dois Kimber jogaram algo de seus bolsos na neve e escaparam, entrando em diferentes casas.[446]

Joseph Kimber era um ladrão de longa data e, em 1912, foi preso por furtar carteiras em corridas de Doncaster. Ele foi então condenado a três meses em agosto de 1913, depois de ter sido preso como suspeito nas Maze Races de Belfast.[447] Na década de 1920, ele se descrevia como um agente de comissão.[448] White, por sua vez, era um pseudônimo, e seu nome verdadeiro era Thomas MacDonald. Ele também era conhecido como Thomas McDonagh e se tornaria um dos mais notórios lutadores e valentões da gangue de Birmingham.[449] Foi com o apoio de homens como ele que Billy Kimber, por si só um homem durão, assumiu algum tipo de controle sobre as gangues de batedores de carteira e os brutos das pistas de corrida de Birmingham.

No entanto, seu poder também surgiu de sua amizade com temidos combatentes de Londres. Eles incluíam George "Brummy" Sage, que se tornou líder da gangue de Camden Town, no norte de Londres, mas cujo apelido surgiu de sua proximidade com Kimber. Outro ladrão, Sage era considerado "um lutador de punho de igual para igual" por Wal McDonald, da gangue dos Elephant Boys, e outro amigo londrino de Kimber, que também se divertia com sua reputação de homem importante. Brian McDonald é seu sobrinho e explicou que o irmão de Wal, chamado Wag (Charles), era um grande líder de gangue do sul de Londres, que mais tarde teve uma presença significativa no West End, onde foi um dos primeiros seguranças de clubes noturnos. Em 1909, seus quatro irmãos mais novos se juntaram a ele e estavam controlando vários campos ilegais de apostas de rua. Além disso, Wag se contratou como "guarda-costas" de casas de apostas de corridas para protegê-las de gangues que extorquiam dinheiro e obtinha "favores" de outras casas de apostas.[450]

Através dessas últimas atividades, ele conheceu Kimber, que estava viajando pelo país com sua gangue de batedores de carteira. Os dois homens tornaram-se grandes parceiros. O tio de Brian McDonald, Jim, descreveu Kimber como "um sujeito grande, jovial e benquisto, respeitado como um solucionador de desacordos e disputas. Ele sabia lutar e era um líder nato".[451] Por causa de sua amizade com o McDonald – embora ainda mantendo seus fortes vínculos com Birmingham –, parece que Kimber se mudou para Londres. Brian McDonald observa: "Kimber morou por um curto período com minha família no número 116 da York Road, em Lambeth, antes de se mudar para a Warren Street (agora Grant Street), em Islington".[452] E no verão de 1910, Kimber se juntou aos McDonald na luta contra uma gangue rival.[453]

Três anos depois, Sage e Kimber foram presos após uma briga em um pub em Whitechapel, no East End. Quando um policial chegou ao local, Kimber e Sage estavam arremessando cadeiras em outro homem. Quando solicitados a parar, eles correram para a rua, onde outro policial prendeu Kimber. O homem que eles atacaram veio e disse: "Eu acuso Kimber e Sage de fazer isso" – e apontou para seu rosto, que estava sangrando profusamente por ter sido esfaqueado. A caminho da delegacia, Kimber deixou cair uma fivela de latão. Quando acusado de cortar e ferir, ele afirmou que era um vendedor de guarda-roupas, enquanto Sage se entregou como corretor de apostas.[454] Mais tarde, eles foram liberados quando a filha do dono do pub afirmou que poderia provar que o esfaqueamento havia sido feito por outro homem conhecido como "Kidderminster Kid".[455]

Parece mais provável que Kimber e Sage fossem os culpados e que a família do licenciado estivesse com medo deles – o que é justificável, já que o homem agredido estava no London Hospital em estado grave devido a facadas no rosto e no pescoço. Esse caso apareceu pela primeira vez no *Illustrated Police News*, em 20 de fevereiro de 1913 e, em outra parte dessa edição, "Brummy" e Kimber foram reportados como "bem conhecidos nas pistas de corrida de cavalos e no ringue de boxe".[456]

Em 1914, Kimber havia se estabelecido como um homem das corridas e um lutador feroz em Londres, onde também forjou uma aliança com os Garnham do Chapel Street Market, em Islington. Um artigo intrigante publicado em abril daquele ano destacou essa conexão. Foi relatado que um conflito ocorrera em Dunstable, entre a polícia e um grupo de londrinos em um carro, voltando da corrida de Towcester. Os réus incluíam Anna Kimber, de 43 anos, do New Cut, Lambeth, no sul de Londres, acusada de embriaguez e desordem na estrada, e seu marido, William, um vendedor de porcelana de 32 anos, que havia agredido dois policiais no exercício de seus turnos. A identidade de Anna permanece um mistério, e ela não poderia ter sido sua esposa, pois Kimber ainda era casado com Maud. Os outros dois réus eram Thomas Garnham, um vendedor de porcelana de Londres, e sua esposa, Eliza, ambos acusados de obstruir um dos oficiais em seu dever. A família

Garnham desempenharia um papel de destaque no resto da vida de Kimber. Todos os réus se declararam culpados e o advogado de Kimber disse que aquela era sua primeira aparição em um tribunal desse tipo – uma mentira descarada. Os réus foram multados em um total de oito libras e seis xelins.[457]

Meses depois, as atividades de ladrões de pistas de corrida como Kimber foram reduzidas, pois, após a eclosão da Primeira Guerra Mundial, as corridas de cavalos receberam restrições severas no Reino Unido.[458] Kimber serviu no exército, mas, como lembra o corretor de apostas de Birmingham Denny Green, ele desertou e foi para Dublin, onde as corridas continuaram até o final de 1917. Green afirmou que Kimber foi atacado em uma ponte sobre o rio Liffey por quatro homens, de quem ele se livrou. O gângster de Birmingham era lembrado como "perspicaz, um lutador destemido que lutava de forma justa com as mãos e não usava facas" – embora, é claro, ele o tivesse feito.[459]

Em maio de 1917, Kimber e James Cope, outro membro proeminente da gangue de Birmingham, foram presos em Dublin. Eles foram acusados como pessoas suspeitas encontradas frequentando a Estação Ferroviária de Kingsbridge (agora Heuston) com o objetivo de praticar furtos no dia das corridas de Limerick, e também por terem frequentado a Estação Ferroviária Harcourt Street nas proximidades no dia da corrida de Leopardstown. Kimber se descreveu como um negociante que morava na New Cut, o reduto dos McDonald no sul de Londres. Quanto a Cope, ele também era um notório batedor de carteiras.[460]

É interessante que o funcionário chefe de uma grande casa de apostas de corridas chamada Thomas Henry Dey compareceu ao tribunal, explicando que Kimber fora contratado para cobrar grandes somas de dinheiro devidas ao corretor. Ao fazê-lo, ele sempre agia com honra e "com as corridas em baixa na Inglaterra, algumas das pessoas em dívida com o sr. Dey vieram para a Irlanda, e Kimber foi de Liverpool para conhecer essas pessoas". O funcionário de Dey acrescentou que ele tinha "pleno conhecimento da carreira passada de Kimber, que havia sido um homem honesto nos últimos sete anos", e que Dey estava disposto a mantê-lo empregado e dar uma quantia substancial de fiança por seu bom comportamento. Esta foi fixada em cinquenta libras.

Kimber não ficou livre por muito tempo, no entanto. Ele foi acusado de ter sido desertor de seu papel como motorista no Corpo de Serviço do Exército desde 11 de junho de 1915[461] e, em outubro de 1917, foi julgado e condenado a seis meses de detenção.[462]

O relacionamento de Kimber com Dey é intrigante. Dey foi um dos mais notáveis e afluentes corretores de apostas do Reino Unido, ganhando a impressionante quantia de 84 mil libras em apenas um ano e, como tal, recebeu grandes apostas em dinheiro nas pistas de corrida e a crédito em seu escritório na New Bond Street, em Londres. Entre seus apostadores a crédito, havia aqueles que não pagavam quando perdiam e havia outros que recorriam a dissuasões ardilosas para tentar enganá-lo.[463] Parece provável que, como um homem firme, Kimber não apenas coletava dívidas para Dey, mas também atuava como seu vigia nas pistas de corrida.

Com o fim da Primeira Guerra Mundial, as corridas foram retomadas e, como em outros esportes, o público disparou no curto avanço do pós-guerra. Elas atingiram o ápice em 1919 e 1920, mas depois permaneceram muito mais altas do que antes de 1914, até cair significativamente a partir de 1925, momento em que a economia britânica passava por dificuldades.[464] O aumento de espectadores foi acompanhado por gastos muito maiores em apostas. De acordo com Tom Divall, um ex-inspetor-chefe da Scotland Yard, empregado para manter a ordem em várias pistas de corrida, as pessoas afluíam a elas com os bolsos cheios de dinheiro[465]. Isso é enfatizado pela história de Bud Flanagan, que mais tarde se tornou um apostador. Em 1919, suas apostas em quatro corridas em Ayr "usaram todo o montante recebido ao longo de três anos e meio de serviço militar".[466]

Tais gastos significavam furtos abundantes. Os bandos enganadores, como eram chamados, depenavam a todos com o truque das três cartas; especialistas em jogos de cartas ludibriavam viajantes distraídos a caminho de reuniões em trens; enquanto bandos de batedores de carteira e ladrões atacavam os espectadores, espancando qualquer um que retaliasse. Os corretores também eram vítimas. Uma esquiva favorita das gangues, ou "meninos" como eram chamados, era sair por aí com uma assinatura falsa para o "pobre e velho Bill" e o "querido Charlie", que estava passando por tempos difíceis – ou para uma família sem pai prestes a passar fome. Outro golpe era gritar uma aposta para um apostador. Se o cavalo ganhasse, a gangue esperaria ser paga, mas se perdesse, eles não abriam não de seu dinheiro.

Os corretores de apostas que enfrentavam as gangues pagavam um preço alto. Em junho de 1919, o *The Times* relatou como três homens exigiram dinheiro de casas de apostas em Windsor. Vários pagaram sem objeção, mas quando um se recusou a entregar uma libra, ele foi derrubado de sua caixa, da qual chamou os apostadores, e sua bolsa cheia de dinheiro foi roubada por outro bandido.[467]

Sob a liderança de Kimber, a gangue de Birmingham governou sem oposição nas Midlands, no West Country e no Norte até Newcastle. Ele próprio não era mais um batedor de carteiras, porque agora supervisionava os esquemas de proteção de pistas de corrida de forma mais organizada. Nas reuniões maiores, ele controlava os cinco ou seis campos mais proeminentes, os lugares que recebiam mais dinheiro em apostas e que eram, portanto, os mais lucrativos. O corretor de apostas de corridas de Londres, Sam Dell, lembrou que Kimber colocava seus próprios homens nesses campos ou permitia que os corretores os administrassem por um retorno de 50% do lucro. Quanto aos outros corretores, para receberem seus campos de apostas, eles tinham que chegar a uma reunião "de manhã cedo para fazer uma reivindicação e estarem preparados para serem chantageados ou dispostos a lutar [...]".[468]

A maioria dos corretores não lutava – eles pagavam pelo direito de montar suas casas em locais específicos. Controlar a alocação de campos era lucrativo, mas não era o fim dos golpes para ganhar dinheiro. Outro membro importante da gangue de Birmingham foi Andrew Towie, e ele teve ou desenvolveu a ideia de vender cartões de pontos e traços para cada corrida. Essa era uma operação simples em que um cartão representando cada cavalo era cravado com símbolos para alertar os corretores sobre sua forma física e chances na corrida. Na verdade, esse suposto "serviço" não dizia nada além do que ele já sabia e era apenas um meio de extorquir dinheiro.[469] Depois havia a chamada dos números dos cavalos em cada corrida, uma vez que essa informação se tornava conhecida pouco antes da "saída", enquanto os corretores de apostas eram "encorajados" a pagar pelas "ferramentas do ramo" – isto é, os lenços, as listas de corredores para cada corrida; pedaços de giz para marcar os preços dos cavalos em seus quadros; água e esponjas para esfregá-los; a chamada dos nomes dos jóqueis; e banquinhos em que podiam ficar de pé.[470]

Dell lembrou que, na década de 1920, "era a máfia de Birmingham que costumava cuidar dos banquinhos de Cheltenham e lugares assim. E eles costumavam carregar os bancos de pista em pista e tinham uma carroça grande para fazer isso. E, então, quando chegavam lá, eram banquinhos dobráveis, costumavam fechar as pernas, e então tinham que arrumar todos os banquinhos".[471] Preços exorbitantes poderiam ser cobrados pelo uso de um banquinho – era como se, caso um corretor não tivesse um, ele já estivesse em desvantagem em relação aos outros, pois não ficaria acima da multidão.

Os apostadores geralmente pagavam dois xelins e seis pence por cada um dos "serviços" prestados pelas gangues. Isso era entregue a cada corrida e mais de seis corridas somavam muito dinheiro. Em uma grande reunião como Doncaster, poderia haver mais de cem corretores de apostas, o que significa que algo como trezentas a quatrocentas libras ou mais poderia ser pago às gangues – embora, obviamente, a soma fosse muito mais baixa em reuniões menores. A essas quantias poderia ser adicionado o mais bruto dinheiro de proteção extorquido dos corretores por terem permissão para montar sua casa – o local onde operavam.[472]

Um exemplo do poder de Kimber, física e pessoalmente, foi dado pelo ex-inspetor-chefe Divall. Em 1919, ele foi responsável por um dos grupos de espectadores em Doncaster – uma pista de corridas muito popular e importante. Havia uma grande multidão, e uma situação perigosa surgiu por causa de uma aposta disputada. Os funcionários do curso e a polícia perderam o controle quando "palavras altas e ameaças feias foram trocadas entre alguns mineiros e corretores de apostas". Divall temeu uma luta terrível e então "veio Billy Kimber, um anfitrião em si mesmo entre seus companheiros, e logo resolveu o distúrbio". O que teria acontecido sem sua ajuda oportuna não poderia ter sido imaginado, pois havia milhares de homens por aí, a maioria dos quais eram da classe mais baixa. Divall não tinha dúvidas de que Kimber era "um dos melhores".[473]

No sul mais próspero da Inglaterra, com seu grande número de pistas de corrida, houve um cenário mais anárquico nos anos imediatamente posteriores à Primeira Guerra Mundial. Uma variedade de gangues estava ativa, muitas vezes na mesma pista de corrida e no mesmo dia. Em particular, os bandidos de Dodger Mullins de Bethnal Green e de Alf White de Hoxton e King's Cross atormentavam os frequentadores – antes, durante e depois de uma reunião.[474] Eles logo chamaram a atenção nacional e em 18 de outubro de 1919, o *Daily Mail* publicou uma reportagem sobre "as gangues das pistas de corrida", afirmando que "os roubos com violência estavam aumentando".[475] No verão do ano seguinte, o *The Times* pediu ação imediata contra os bandidos da pista de corrida de cavalos.[476]

No caso, foi Kimber quem tomou essa ação, pois viu uma oportunidade de estender as operações da gangue de Birmingham para as pistas de corrida mais lucrativas do Sul, fugindo das outras gangues. Brian McDonald acreditava que o envolvimento de Kimber era facilitado pelas autoridades da pista de corrida, que perceberam que não poderiam lidar com o problema das gangues apenas com seus próprios agentes de comissão e com a polícia. É importante ressaltar que Kimber teve grandes apoios de Londres: os McDonald e os Elephant Boys; George "Brummie" Sage e a gangue de Camden Town; e Freddie Gilbert, ex-membro da gangue do Titanic, de Hoxton – agora líder dos Finsbury Boys.

Kimber e seus aliados tiveram sucesso. As gangues de Bethnal Green e King's Cross se desentenderam e foram expulsas.[477] W. Bebbington, mais tarde apontado como Supervisor Sênior da Equipe de Detetives do Hipódromo do Jockey Club, afirmou que no início do período pós-1918, as gangues de Birmingham "controlavam todo o país e governavam com mão de ferro".[478] Essa "lei da máfia" parece ter sido aceita pelas casas de apostas de Londres, porque trouxe alguma aparência de ordem. Ali Harris, um corretor de apostas de Londres, elogiou Kimber como um "cara muito respeitado", assim como Dell.[479]

No entanto, havia outro esquema no qual Kimber estava envolvido, conforme explicado por Tommy Garnham, neto de Thomas Garnham, o vendedor de porcelana que havia sido preso com Kimber em 1914, em Dunstable. No início da década de 1920, o filho de Garnham, John, administrava uma barraca de louças no Chapel Street Market, em Islington, mas também era o líder de uma pequena equipe que trabalhava para Kimber nas pistas de corrida do sul da Inglaterra. Garnham e seus homens estavam atentos a gangues de batedores de carteiras que não haviam sido autorizadas por Kimber e que não haviam prestado "homenagem" para trabalhar na pista. Seu filho, Tommy, contou: "Meu pai costumava dizer que você procura o chefe, o homem que está à frente de tudo e dá uma boa surra nele na frente dos outros. "Este é o seu chefe, veja o que eu fiz com ele", e todos os outros iriam embora. Isso se papai pudesse lidar com a situação, senão eles chamavam Billy e não se atreveriam a contestá-lo".

John Garnham contou muitas histórias das proezas de luta de Kimber. Em uma ocasião, ele e seu amigo conhecido apenas como "o Mago" estavam em um trem indo para uma corrida. Eles começaram a jogar no compartimento com um par de homens durões e, como Tommy Garnham foi informado:

> Eles jogaram cartas, e papai e o Mago levaram todo o dinheiro. Eles subiram durante a noite e os caras disseram: "Queremos nosso dinheiro de volta". O Mago disse que não receberiam o dinheiro de volta, então eles disseram: "Nos vemos na pista". É para lá que todos eles estavam indo e, quando chegaram lá, meu pai e o Mago foram direto para Bill. "Olha aqueles dois ali. Tiramos dinheiro deles ontem à noite e eles querem de volta". "Tudo bem", disse Bill Kimber. Fácil, fácil. E ambos foram executados, ambos. Bill Kimber cuidou disso pessoalmente.[480]

Mas o controle de Kimber e seus aliados nos esquemas das pistas de corrida do Sul da Inglaterra logo foi desafiado depois que alguns dos Elephant Boys e da gangue de Birmingham começaram a aterrorizar os corretores judeus do East End e a chantageá-los por dinheiro, além do que eles já estavam pagando a Kimber por proteção. Como disse Divall, se eles "não desembolsassem o dinheiro, eram cruelmente agredidos e gravemente feridos".[481] Um desses que levou uma surra foi o verdadeiro Alfie Solomon.

O VERDADEIRO ALFIE SOLOMON

Chamado de Alfie Solomons na série *Peaky Blinders*, ele é retratado vestindo-se como os judeus hassídicos: o chapéu preto de abas largas usado nos dias de semana, um longo sobretudo preto, calças pretas e uma camisa branca. Os membros da gangue liderada por Solomons são descritos como judeus ortodoxos, vestindo quipás e tzitzit – as franjas ou borlas usadas em roupas tradicionais ou cerimoniais por homens judeus. Em contraste, o verdadeiro Alfie Solomon era um judeu secular cuja família havia se estabelecido na Inglaterra havia décadas e não eram imigrantes recentes fugindo dos *pogroms* no Império Russo.

Nascido em 1892, Solomon era o terceiro mais velho dos dez filhos de Elisha e Elizabeth Solomon. Seu pai nascera em Strand, na City de Westminster, enquanto sua mãe nascera em uma parte pobre do East End. Elisha Solomon era um comerciante de frutas que empregava pessoas e, em 1901, ele e sua família moravam com um criado em Long Acre, em Covent Garden. Uma década depois, eles se mudaram para a New Street. A essa altura, dois de seus seis filhos eram escriturários de corretores de apostas, trabalhando nas pistas de corrida, e cada um era vendedor de frutas, escriturário e fabricante de chapéus. Embora ele tivesse dezenove anos, nenhuma ocupação foi atribuída a Alfie Solomon e foi registrado que ele era "do lar".[482]

Em janeiro de 1915, no entanto, ele registrou que era condutor de cavalos quando se ofereceu para se juntar à Artilharia de Campanha Real e tornou-se condutor. Ele tinha 1,67 metro de altura com uma cintura de 89 centímetros. Pesando 57 quilos, seu desenvolvimento físico era bom. De pele clara, seus olhos eram azuis e seu cabelo, castanho. Solomon foi servir por mais de três anos na França, a partir de junho de 1915, ganhando a Estrela de 1914/15 e recebendo a Medalha de Guerra Britânica e a Medalha da Vitória.[483]

Ao contrário de Kimber, Solomon não era um batedor de carteiras e serviu seu país lealmente. É óbvio, porém, que ele estava interessado em apostas. Em agosto de 1907, ele foi um dos quatro jovens multados por frequentar instalações usadas para apostas em corridas de cavalos e, em abril de 1916, enquanto estava no Exército, foi condenado a sete dias de detenção por apostas com dados.[484] Sua única outra contravenção foi uma acusação de insubordinação a um suboficial.[485] Então, depois que ele deixou o Exército, em janeiro de 1919, Solomon foi obrigado a apostar. É importante ressaltar, porém, que não há evidências de violência dele até as guerras das pistas de corrida.

Com a chegada da paz, Solomon tornou-se um corretor de apostas, assim como seu irmão mais novo, Simeon "Simmy" Solomon, que fazia apostas com o nome Sydney Lewis. Em 1987, ele indicou que o antissemitismo tinha sido a razão para fazer isso, contando a mim: "Se eu colocasse Simmy Solomon como apostador, eu não veria um centavo". Para ele, a guerra das pistas de corrida começou porque "os bandos de Birmingham começaram a vir para cá. Nós não estávamos no Norte – eles que vieram para cá. Se eles tivessem ficado no Norte, não haveria problemas. Eles não o fizeram e se tornou nós contra eles, eles contra o Sul".

No Encontro Militar de Sandown Park, em 12 de março de 1921, a gangue de Birmingham apareceu em grande número e um deles agrediu brutalmente Alfie Solomon, como seu irmão lembrou.[486] Edward Greeno, um ex-superintendente-chefe de detetives da Polícia Metropolitana, afirmou em suas memórias que Solomon (a quem ele chamava de "Bernie") foi derrubado e chutado nos dentes.[487] O árbitro de boxe Moss Deyong de fato viu o ataque, embora se referisse a Solomon como Lewis, o nome de aposta de seu irmão mais novo. Um dos gângsteres gritou uma aposta, mas Solomon se recusou a aceitar, sabendo que não seria pago se o cavalo perdesse. Ele ganhou e o mafioso veio para pegar seu dinheiro, insistindo que Solomon havia aceitado a aposta. Ele enfrentou as ameaças e recusou o pagamento. Deyong descreveu graficamente o que aconteceu em seguida:

> De repente, o mafioso jogou seus óculos de corrida, pesados e sólidos, no rosto do corretor. E então Lewis caiu, e o agressor imediatamente pisou em seu rosto desprotegido enquanto estava deitado no chão; logo depois, sumiu no meio da multidão. Lewis foi pego, seu rosto então uma massa sangrenta com vários dentes faltando. A partir desse momento, as guerras de gangues entre o Norte e o Sul começaram pra valer.[488]

Tragicamente, outro apostador judeu morreu dos ferimentos causados quando também foi atingido na cabeça por um par de binóculos. Seu agressor era Thomas Armstrong, um homem de liderança na gangue de Birmingham que era quase certamente quem havia espancado Solomon. Armstrong mais tarde foi considerado inocente de homicídio culposo.[489]

Brian McDonald enfatizou que Alfie Solomon tinha uma gangue antes de ser atacado e que Kimber tinha ódio por ele "como uma das escórias que ameaçavam os apostadores de corridas no fio da navalha". Dado o longo histórico de violência de Kimber, não parece verdadeiro para ele assumir uma posição de moralidade elevada.[490] No entanto, o irmão de Solomon afirmou: "O envolvimento do meu irmão mais velho com Darby Sabini veio depois que ele foi espancado pela multidão de Brummies".[491] Quer Solomon tivesse ou não seus próprios homens antes de ser atacado, posteriormente ele foi descrito em um relatório policial como "nada melhor do que um membro de uma gangue de ladrões que chantageiam corretores de apostas como ganha pão".[492] Mas se ele de fato liderava uma gangue, no início de 1921 isso não era forte o bastante para enfrentar Kimber e seus aliados, então Solomon buscou o apoio de um homem poderoso chamado Edward Emanuel.

Nascido em 1880, ele era um dos oito filhos e sua família também estava bem estabelecida na Inglaterra – ao contrário das famílias de imigrantes de língua iídiche recém-chegadas da Europa Oriental.[493] Seu pai, Alfred, nascera em Aldgate, e sua mãe, Adelaide, em Spitalfields, mas desde o final da década de 1870 eles viviam ao sul do rio Tâmisa, em Bermondsey, administrando uma mercearia.[494] Em 1901, eles haviam cruzado o rio para se estabelecer na divisa com o East End. Edward Emanuel era agora um carregador de frutas.[495] No ano seguinte, ele e outro homem foram dispensados por ferir maliciosamente um tal de Cornelius Haggerty e agredir um policial metropolitano.[496] Então, em 1904, ele ameaçou atirar em um vendedor ambulante de Islington e foi acusado de porte de revólver carregado. O magistrado declarou que Emanuel era "um sujeito perigoso" e impôs uma alta fiança de 250 libras ou doze meses de prisão.[497]

Ele era realmente um homem muito perigoso, como John McCarthy descobriu. Em 1908, ele foi considerado culpado de desrespeitar a lei ao ferir Emanuel – intencionalmente, mas sem malícia. Ambos os homens estavam bebendo no Lord Nelson na noite de 15 de julho de 1908. Emanuel tinha ido lá para brigar com McCarthy por causa de uma disputa com alguns de seus amigos. McCarthy explicou que Emanuel havia comprado várias bebidas para ele antes de chamá-lo de "privada suja" e desafiá-lo a lutar. McCarthy recusou porque Emanuel era grande demais para ele, mas enfim aceitou a provocação. Emanuel agarrou sua garganta, jogou-o em um carrinho de mão e quase o estrangulou. De alguma forma, McCarthy escapou e sacou um revólver que havia trazido consigo para assustar Emanuel. Mas o homem maior continuou correndo com um abridor de latas afiado. McCarthy então puxou o gatilho e fugiu porque estava com medo de morrer. Apesar de sofrer um ferimento de bala no peito, que atravessou seu corpo, Emanuel correu atrás do assustado McCarthy. O cirurgião que operou Emanuel explicou que a ferida tinha cerca de quinze centímetros de comprimento e que ele era um homem muito forte.[498]

Apesar de ser um terror, Emanuel era inteligente e ambicioso e, em 1911, já não era mais carregador, tendo se tornado um vendedor de frutas no varejo. Casado com Elizabeth (Prudon era seu nome de solteira), eles tiveram dois filhos e moravam em uma casa de cinco cômodos na Thrudon Road, em Bethnal Green.[499] Mas a principal fonte de renda de Emanuel era como proprietário de clubes de jogo clandestinos.[500] Em janeiro de 1912, ele e dois outros homens foram acusados de administrar um desses clubes em Whitechapel. Quando o estabelecimento foi invadido, 57 outros homens foram presos, a maioria dos quais descritos como estrangeiros. Cartas de baralho estavam espalhadas pela sala e havia caixas cheias de moedas de um penny. Emanuel foi multado em quarenta libras, mais doze libras e doze xelins de custas.[501]

Ele incorreu na multa muito mais pesada de trezentos libras e dez guinéus de custas em setembro de 1917, após um ataque a outro clube que ele dirigia em Whitechapel, no qual mais de cem homens foram presos. Ocorrendo durante a Primeira Guerra Mundial, esse ataque ganhou ampla publicidade como um "Escândalo de Recrutamento". O clube era "patrocinado principalmente por judeus", muitos dos quais estavam em idade militar e eram considerados "párias".[502] A inferência era que, como tinham idade para o recrutamento militar, eles o estavam evitando ativamente para o esforço de guerra. Esse claro preconceito antijudaico na cobertura do jornal seria ainda mais proclamado na guerra das pistas de corrida que estava prestes a explodir.

Além de dono de casa de apostas, Emanuel foi apontado como corretor, pois além de 84 baralhos de cartas encontrados no "antro de apostas" havia um grande número de bilhetes e cartões de corrida.[503] No entanto, Emanuel tinha ambições de se tornar um empresário legítimo, como lembra Lou Prince, um apostador de corridas do East End, filho de pai judeu. Ele viu a equipe de Birmingham "tomar liberdades" quando desceu para as pistas de corrida do Sul e me disse que, como resultado, os corretores judeus pediram ajuda a Emanuel porque ele era "uma potência financeira". Prince explicou que Emanuel fundou então a gráfica Portsea Press, e foi através da prestação de um melhor serviço às casas de apostas para as listas de corredores de cada corrida e outros materiais impressos que pretendia afastar-se da criminalidade.[504] Mas com Kimber controlando os esquemas das pistas de corrida, ele não foi capaz de fazê-lo – isto é, até que o ataque brutal a Alfie Solomon lhe deu a oportunidade de agir.

De acordo com Arthur Harding, um notório terrorista e batedor de carteiras do East End, Emanuel "governava todo o submundo judaico do East End. Ele era o Al Capone judeu, todos os ventos sopravam a seu favor".[505] Por meio dessa posição poderosa, ele poderia forjar uma aliança entre as gangues de Londres para forçar a gangue de Birmingham a sair das pistas de corrida do Sul da Inglaterra. Estando eles fora da jogada, os apostadores não teriam outra opção a não ser comprar material impresso com ele e ele poderia cessar suas atividades ilegais.

Emanuel "tinha um grupo de terrores judeus" que ele poderia enviar para ajudar Alfie Solomon e, como Prince enfatizou, "a equipe judaica encontrava seu poder na força e na garra. Eles não seriam obrigados a fazer isso". Ainda assim, eles não tinham gente o bastante para enfrentar a gangue de Birmingham e seus aliados de Londres. Então, já que "Emanuel era amigo dos italianos" – a gangue de Sabini – ele os chamou para mais reforços.[506] É importante ressaltar que havia outra figura influente e poderosa nos bastidores que auxiliava essa aliança. Quando seu clube foi invadido em 1917, foi revelado que por trás de Emanuel estava um homem de posses – mas não foi possível para a polícia prestar queixas contra ele.[507]

Esse homem era Walter Beresford. Em 1891, ele era um taquígrafo que morava com sua mãe viúva, uma próspera dona de pub em Hackney Marsh.[508] Uma década depois, ele se casou, tinha uma casa em Leyton e era um agente de comissão – alguém que aceitava apostas e as colocava em uma base de comissão. Ele também empregava outras pessoas.[509] Mas ele também era dono de uma casa de apostas e, em maio de 1902, ele e outros foram acusados de usar o New Savoy Club no Strand para fins de jogos e apostas ilegais. Ele foi multado em grandes somas de duzentas libras e cinquenta libras, respectivamente.[510] Isso era mais de quatro anos de salário para um trabalhador não qualificado.

Em 1921, quando Solomon foi selvagemente atacado em Sandown, Beresford tinha um escritório na Bond Street e era um corretor de apostas proeminente e respeitado, conhecido como a primeira pessoa a começar a apostar em uma reunião e de quem os outros apostadores extraíam seus preços.[511] Dessa forma, ele estaria disposto a acabar com os esquemas de proteção da gangue de Birmingham e, através de Emanuel, ele tinha influência sobre os Sabini. Isso foi confirmado pelo escritor e vigarista Netley Lucas. Em 1926, ele escreveu que essa gangue era "apoiada e sustentada por um dos corretores de apostas mais conhecidos e poderosos do mercado. Membro de todos os clubes de corrida, um homem que paga milhares depois de cada grande corrida e retém o dobro, ele tem um apartamento elegante no West End, vários carros caros e uma esposa ainda mais cara".[512] Esse homem era Walter Beresford, e a gangue que ele apoiava e sustentava era liderada pelo formidável Darby Sabini.

O VERDADEIRO DARBY SABINI

O fictício Darby Sabini da série *Peaky Blinders* é retratado como um "chefe do crime italiano violento e volátil" que controla o jogo "nas pistas de corrida do Sul, bem como em várias bases ao redor de Londres". E ele tinha a polícia em seus cadernos de propinas, o que lhe dava a liberdade de fazer o que quisesse.[513] Impecavelmente vestido, sua aparência destacava sua identidade italiana, aderindo à noção estética de *bella figura* – mostrando elegância e cuidado com a aparência.

O conceito chamado de *bella figura* aparece em filmes sobre a máfia, como a franquia *O poderoso chefão*. Aplicar esse visual a Sabini em *Peaky Blinders* dá a entender para o espectador que ele é um chefe no estilo da máfia – na mitologia do crime, ele era, e essa mitologia foi aceita como fato histórico.

Em 1963, o escritor policial Norman Lucas escreveu que Sabini "supostamente era um membro da notória máfia", enquanto em 2005, o *Telegraph* descreveu Charles "Darby" Sabini como o "líder de uma gangue siciliana de 'lâminas'".[514] Em seu livro sobre o submundo londrino, Catharine Arnold foi mais longe ao afirmar que Sabini havia importado mais de trezentos capangas da Sicília para atuar como executores e que ele havia assumido o papel de poderoso chefão da máfia em seu bairro. Como tal, ele fez justiça, resolveu conflitos internos e protegeu a honra das mulheres jovens.[515]

Essa caracterização de Sabini ganhou força a partir da biografia de Edward T. Hart publicada em 1993 e intitulada *Britain's Godfather* (O Poderoso Chefão do Reino Unido). Hart era um correspondente criminal na Fleet Street nas décadas de 1950 e 1960, e suas informações eram coletadas de pessoas no mundo de Sabini, "donos de clubes e seguranças, boxeadores e jóqueis, casas de apostas e seus brigões, ladrões e bandidos". Infelizmente, não há evidências de gravações ou transcrições das entrevistas de Hart, enquanto o livro em si é escrito em estilo romanceado. O volume inclui longas conversas literais e reflexões ponderadas de Sabini, que estava morto havia muitos anos, bem como descrições vívidas "em primeira mão" de batalhas sangrentas entre gangues.

Ao longo do livro de Hart, a identidade italiana de Sabini é acentuada. Sua voz era "uma estranha mistura de italiano do Sul e Bow", e ele havia formado sua gangue sobre a máfia da Sicília. Depois de ele supostamente ter nocauteado um lutador líder dos Elephant Boys, que insultara uma mulher italiana, os homens da Little Italy de Londres em Saffron Hill, Clerkenwell, foram até a casa de Sabini para oferecer lealdade ao novo líder como se ele fosse um chefe. E quando ele e Billy Kimber se encontraram na casa de Sabini para tentar acabar com a guerra entre suas gangues, eles se sentaram em uma mesa posta na tradição italiana com um pão recém-assado, grandes pedaços de queijo e uma jarra de anisete.

De acordo com Hart, a esposa de Darby Sabini se chamava Maria, e as descrições dela se baseavam nos tropos da mídia de esposas emigrantes italianas.[516] Na verdade, ela era uma mulher local, Annie Emma Potter, nascida em Clerkenwell.[517] Ela se casara com Sabini em 1913, não na igreja católica de St. Peter, que estava profundamente associada aos italianos de

Saffron Hill, mas na igreja anglicana de St. Philip, em Clerkenwell. Sua filha mais velha viria a ser batizada na Igreja Anglicana.[518]

O próprio Sabini mais tarde enfatizaria sua qualidade inglesa, declarando que "a Inglaterra é o único país para mim", enquanto seu único filho, Ottavio Harry, foi morto lutando pelo Reino Unido em agosto de 1943.[519] De maneira crucial, não encontrei ligação alguma entre Sabini e a Sicília; então, os relatos de que ele importou esfaqueadores sicilianos se mostra improvável. Embora ele tenha origem no distrito italiano de Saffron Hill, em Londres, de 1876 a 1915, a maioria dos que se estabeleceram lá era originária da Lombardia e da Emília-Romanha, no Norte da Itália, ou da Toscana ou Campânia – a região entre Nápoles e Roma. Destas, a principal área de emigração era a região dos Apeninos ao sul de Parma, onde se acredita ser a origem dos Sabini.[520]

Nos primeiros anos da comunidade italiana, a maioria dos recém-chegados era de homens jovens que tendiam a se casar com mulheres da região.[521] A partir de 1875, apesar de um número crescente de esposas serem mulheres italianas ou filhas de primeira geração de casais italianos, nascidas em Londres, os casamentos mistos continuaram. Eles incluíam o pai de Sabini, Ottavio, que se casou com Eliza Elizabeth Handley em 1898, na igreja anglicana de St. Paul em Clerkenwell. É evidente, no entanto, que eles estavam em um relacionamento de longo prazo, pois quatorze anos antes, Ottavio Sabini estivera envolvido em uma briga séria com outros italianos em um pub, e Eliza Handley disse que ele era seu jovem.[522] Quatro anos mais tarde, em julho de 1888, nasceu seu filho Ottavio, embora seu nascimento tenha sido registrado sob o sobrenome de sua mãe, Handley.[523]

Mais conhecido como Darby, acredita-se que esse apelido tenha surgido de um termo para se referir a um boxeador canhoto. Ele tinha dois irmãos mais velhos, Frederick e Charles. Seus nascimentos também foram registrados com o sobrenome Handley e eles receberam o nome de dois irmãos de sua mãe.[524] Notícias contemporâneas muitas vezes se referiam a Darby Sabini como Charles, o que induziu historiadores a confusões sobre sua verdadeira identidade, inclusive eu mesmo. Sabini mais tarde reconheceu que também se chamava Frederick Handley, em homenagem ao nome de solteira de sua mãe, mas pronunciou claramente que "meu nome não é Charles Sabini" e que "meu nome verdadeiro é Ottavio Sabini".[525]

Em 1891, seus pais moravam em Mount Pleasant, Clerkenwell, com quatro filhos.[526] Darby Sabini não estava com eles, mas no ano anterior ele fora registrado como frequentador da Drury Lane Industrial Day School.[527] Criada em 1895 para crianças cuja frequência escolar era irregular, ela era como uma casa de passagem antes de um jovem com tendências criminosas ser enviado para uma escola industrial residencial.[528] Ainda assim, nenhuma evidência foi descoberta indicando que Sabini era um criminoso habitual como Kimber e outros ladrões dos hipódromos, e como Heather Shore observou, ele parece "ter ficado notavelmente fora do caminho das autoridades".[529]

Em seu casamento, em 1913, Sabini registrou que era maquinista e, três anos depois, no batizado da filha, disse que trabalhava como carregador de estações de trem.[530] Ele de fato era, mas não nas ferrovias – na verdade, trabalhava como porteiro e carregador em um clube noturno em Drury Lane, como admitiu em 1926. É provável que, como tal, ele fosse algum tipo de protetor.

Após a eclosão da Primeira Guerra Mundial, o clube fechou. Sabini disse que foi rejeitado para o serviço militar e depois se tornou um corretor de apostas e um coletor. É provável que tenha sido o último, pois afirmou que costumava recolher bilhetes de apostas. Então, em 1918, ele foi novamente contratado como carregador, no White Horse Club em Stepney Green, ganhando três libras por semana. Dois anos depois, em maio de 1920, ele foi obrigado a não mais frequentar casas de jogatina – então parece que foi através de seu trabalho em clubes e antros de jogo que Sabini conheceu Emanuel.[531]

Àquela altura, Sabini havia se tornado o líder de uma grande gangue. Shore sugeriu que, como as outras gangues de Londres da década de 1920, esta poderia ter raízes não apenas nas gangues territoriais de luta de rua que há muito eram uma característica em áreas como Clerkenwell, mas também em formas de defesa contra incursões de outros jovens locais.[532] Há evidência para sustentar tal sugestão, pois em 1898 houve "outro caso de disparo de revólver pela gangue de guerra de Clerkenwell", no qual Alfred Smith atirou em um certo Augustus Sabini.[533]

Isso sugere que a gangue de Sabini também podia ter raízes na violência de parentes mais velhos. O pai de Darby Sabini tinha um irmão, Giuseppe, e primos em Clerkenwell.[534] Dois membros da família foram acusados de causar ferimentos com facas em 1883 e 1888, enquanto o pai de Sabini foi multado por agressão em 1895, tendo sido esfaqueado no ano anterior. Todas essas lutas ocorreram entre italianos.[535] Os Sabini mais jovens também eram violentos e, em junho de 1909, o irmão mais velho de Darby, Charles, foi acusado de agredir dois homens com um martelo.[536]

Seis meses depois, Vincent Sabini e George Cortesi foram acusados de ferir maliciosamente. Sabini foi considerado inocente, mas Cortesi foi condenado a dois meses de trabalhos forçados. Cortesi ainda tinha outras condenações por assalto e roubo, e ele e um de seus irmãos viriam a se tornar figuras-chave da gangue de Sabini.[537] Nascidos na França, eles agora moravam em Clerkenwell.[538] Assim também fez Angelo Gianicoli.[539] Mais tarde, chamando a si mesmo de George Langham, aos quatorze anos ele foi dispensado por ferimento malicioso e, uma década depois, em 1913, recebeu seis meses de trabalho duro por ferimento ilegal[540]. Ele viria a se tornar o principal executor de Darby Sabini.[541]

Unidos por um passado compartilhado e lealdade de vizinhança, os laços da gangue de Sabini eram fortalecidos não apenas por relacionamentos pessoais, mas também pelo sangue, pois como Shore discerniu, "a 'estrutura' mais duradoura de conexão com a gangue de Sabini era família e parentesco".[542] Assim era, e a gangue também incluía os dois irmãos mais novos de Darby, Joseph e Harry, ou "Harry Boy", como ele era conhecido. No entanto, foi Darby quem se tornou o líder. Despretensioso em sua vestimenta, ao contrário da *bella figura* do fictício Sabini, ele usava uma boina com aba, um terno com colete e geralmente uma camisa sem colarinho. Por tudo isso, ele tinha uma presença dominante. O corretor de apostas Prince lembrou: "Ele era o cavalheiro da máfia, mas não temia ninguém". Foi o destemido Sabini que lideraria a luta contra a gangue de Kimber de Birmingham e seus aliados.[543]

A GUERRA DA PISTA DE CORRIDA DE CAVALOS DE 1921

A gangue de Sabini havia se reunido em 1919, quando foi tirada uma foto de um grupo de homens bem-vestidos prestes a fazer uma viagem de *charabanc* – provavelmente para as corridas. Isso foi antes da guerra da pista de corrida e, entre outros gângsteres, a fotografia mostra Darby, Joe e Harry "Boy" Sabini e dois dos irmãos Cortesi, junto com Billy Kimber, o líder da gangue de Birmingham, e Wag e Wal McDonald dos Elephant Boys. É perceptível que Alfie Solomon não está entre eles, mesmo tendo sido dispensado do Exército naquela época. Isso pode ser porque ele ainda não estava envolvido com práticas de gângsteres, mas também é revelador que nenhum homem judeu esteja na fotografia. Pode haver pouca dúvida de que o antissemitismo infectara a gangue de Birmingham e seus aliados em Londres.

As relações cordiais entre a aliança de Kimber e os Sabini se romperam, no entanto, na primavera de 1921, devido à chance de ganhar muito dinheiro. Por sua forte ligação com Emanuel e Beresford e atraídos pelas grandes somas a serem feitas com os "serviços" prestados aos corretores de apostas, "os Sabini pegaram os porretes", como Divall expressou, em defesa dos corretores do East End.[544] Eles receberam o apoio dos terrores judaicos de Alfie Solomon e Emanuel, bem como pela gangue de King's Cross de Alf White.[545]

Mas Kimber não estava preparado para recuar diante da nova aliança e, em 21 de março, Darby Sabini foi cercado por uma multidão na pista Greenford Trotting. Gritos de "Atire nesse ..." e "Vou matá-lo" foram ouvidos antes de Sabini sacar um revólver e disparar tiros. Ele foi resgatado pela polícia. A arma estava carregada com cartuchos vazios, embora Sabini tenha sido encontrado com uma navalha na garganta.[546] Essa era a arma favorita das gangues de corridas e infligia feridas terríveis. Greeno uma vez interrompeu uma briga em que um corretor tinha sido atacado por alguns membros da máfia Bethnal Green, mas o rosto da vítima estava "entrecruzado como uma cortina de renda".[547]

Quando Sabini foi detido pelo incidente de tiro, ele recebeu direito a fiança e foi capaz de pagar a grande quantia de duzentos libras, enquanto dois outros homens pagaram fianças de cem libras cada.[548] A acusação de atirar contra ele foi retirada, mas ele fora multado em dez libras por porte de arma sem habilitação.[549] Brian McDonald suspeitava de que "dinheiro mudara de mãos", devido ao relatório policial favorável que levou à absolvição de Sabini pelo crime principal. Sua crença parece ser corroborada por Arthur Harding, que lembrou que Emanuel tinha "a polícia no bolso" e poderia tirar os criminosos de problemas.[550]

Fosse ou não o caso, era evidente que ambos os lados estavam empatados e, assim, Kimber concordou em fazer uma reunião na casa de Sabini, na Collier Street, King's Cross, na noite de 27 de março para discutir a divisão dos esquemas de hipódromos do país entre as gangues. Kimber foi acompanhado por George Sage e Wag McDonald, enquanto Sabini convidou outros rapazes de corridas, mas não Solomon. Pode ser que tenham alcançado um acordo; mas, depois de beber e cantar, Kimber e seus amigos foram embora. De acordo com a única testemunha, quando se encaminharam para o corredor, eles avistaram Solomon, e "um dos homens se virou e disse: 'O que você quer, seu judeu?'".[551]

Tiros foram disparados e Kimber mais tarde foi encontrado inconsciente na calçada. Ele havia sofrido um ferimento na lateral do corpo e foi levado às pressas para o hospital.[552] Solomon então foi à polícia e disse que havia atirado em Kimber por acidente depois que o chefe da "gangue de terrores de Birmingham" gritara: "O que você está fazendo aqui, seu judeu? Saia ou eu atiro em você!". Solomon então tirou um revólver da mão de Kimber e, na luta que se seguiu, a arma disparou. Assustado, Solomon fugiu. No tribunal, quando foi levado a julgamento, Kimber afirmou que não sabia quem havia atirado nele, declarando que se Solomon "disse que atirou em mim, então ele é um covarde. Só covardes carregam revólveres. Prefiro estourar meus miolos a usar um revólver em alguém".[553] Embora Solomon tenha sido acusado de ferir ilegalmente, Kimber se recusou a dizer qualquer coisa depois disso, e no julgamento no Old Bailey, o juiz ordenou ao júri que devolvesse um veredicto de inocente.[554]

Seguiram-se seis meses de violência nas pistas de corrida do Sul da Inglaterra e em Londres. Em 4 de abril, em Alexandra Park, houve luta entre a gangue de Sabini e seus aliados judeus e a gangue de Birmingham, sendo que um de seus membros foi posteriormente absolvido de tentativa de homicídio. Então, em 2 de junho de 1921, ocorreu o que o *The Times* declarou ser "A Batalha da Epsom Road".[555] Originalmente considerado um motim do Sinn Féin, na verdade foi um ataque cruel após uma corrida, provocado por um grande número homens da gangue de Birmingham a corretores de apostas de Leeds. Principalmente compostos por judeus, acreditava-se que os corretores mudariam sua lealdade a Kimber e, portanto, foram atacados.

Vinte e dois homens foram considerados culpados de causar lesão corporal grave – eles incluíam criminosos que haviam sido condenados por homicídio culposo, roubo com violência, ferimento ilegal e malicioso, além de tentativa de homicídio.

Em um caso separado, dois outros membros da gangue de Birmingham foram presos por exigir dinheiro de corretores de apostas com ameaças na Reunião de Epsom. Eles ganharam muito dinheiro, recebendo uma libra, cada um, de cinquenta corretores de apostas. Um deles foi Charles Franklin, da infame Vingança de Garrison Lane, condenado a três meses de prisão.[556]

Kimber estava obviamente enfraquecido pela perda de tantos de seus homens, mas em agosto de 1921, ele liderou um ataque aos corretores de apostas de Londres e seus trabalhadores nas corridas de Bath. Entre eles estava Alfie Solomon. Enquanto ele e seu funcionário, Charles Bild, caminhavam para o campo, uma multidão de brutamontes cercou Bild e "lançou golpes nele com martelos, paus, barras de ferro e, por fim, um saco de areia". Coberto de sangue e quase inconsciente, ele conseguiu escapar e chegou ao Pump Rooms de Bath, onde uma camareira rasgou um lençol para enfaixar seus ferimentos, e de onde ele foi levado para o hospital. Solomon, por sua vez, foi nocauteado por um martelo. Quatro ferimentos foram infligidos em sua cabeça e, como ele estava sangrando, foi violentamente chutado e agredido. Seus agressores então fugiram e ele também foi levado para o hospital.[557]

O irmão de Solomon, Harry, foi outra vítima. Durante a reunião, ele foi perseguido por uma gangue de homens. Assustado, ele sacou um revólver e apontou-o à queima-roupa a seus perseguidores. Um deles arrancou a arma de sua mão e outro golpeou Solomon. Prostrado no chão, ele ainda foi atingido na cabeça com um martelo. Salvo pela polícia, Solomon foi acusado de portar revólver e munição sem licença e com intenção de pôr em risco a vida. Ele apareceu no tribunal com um curativo na cabeça e foi condenado a um mês de prisão.[558]

Kimber foi um dos dois homens acusados de ferir ilegalmente Charles Bild, que não compareceu ao tribunal, e o caso ruiu. No entanto, foi anunciado "que não haveria mais problemas desse tipo", pois a disputa entre certas seções da fraternidade de corrida havia sido resolvida amistosamente.[559] Isso ocorreu porque Kimber tinha sido enganado. Em agosto de 1921, Beresford e Emanuel formaram a Bookmakers and Backers Racecourse Protection Association (Associação de Proteção em Hipódromos a Corretores de Apostas e Apoiadores, BPA na sigla em inglês), tornando-se presidente e vice-presidente, respectivamente.[560] Dentro de um mês, eles nomearam oito administradores, com o alto salário de seis libras por semana, para proteger os corretores do Sul da gangue de Birmingham e seus aliados. Entre esses gerenciadores estavam Darby Sabini – e alguns de seus homens – e Philip Emanuel, um parente de Edward Emanuel.[561] Apesar dessa conexão com os gângsteres, a nova associação foi bem recebida pelo Jockey Club, que administrava muitas dos principais hipódromos da Inglaterra.[562] Emanuel e os Sabini se beneficiavam dessa legitimidade, o que dificultava serem desafiados por Kimber e seus homens.

Com os dois lados em um impasse e com a imprensa exigindo ação da polícia contra a desordem e o rufianismo durante as corridas, uma reunião foi realizada na casa de Beresford. Com efeito, o acordo consistia em dividir a Inglaterra em esferas de controle para os esquemas de proteção das pistas de corrida. As do Norte, Midlands e West Country seriam dirigidas pela gangue de Birmingham, que tinha novos líderes; as no Sul e East Anglia, pelos Sabini e seus aliados. A maior parte da gangue de Birmingham ainda morava na cidade e estava satisfeita. A trégua com eles foi mantida, mas Kimber e seus amigos de Londres ficaram irritados, de modo que uma nova guerra nas pistas de corrida eclodiu entre eles e a gangue de Sabini e seus aliados.[563]

AS CONSEQUÊNCIAS

Esfaqueamentos, golpes de lâminas, tiros e até um ataque com facão estamparam os jornais.[564] Em um cenário fluido e em rápida mudança, houve também disputas entre aliados, até que, em setembro de 1922, o BPA dispensou os serviços de seus administradores. Essa ação seguiu-se a reclamações que incluíam uma alegação de que eles exigiram taxas de 1 xelim em cada conjunto de listas que vendiam aos corretores de apostas.[565]

Então, em 20 de novembro de 1922, houve um confronto violento na própria Little Italy, quando Harry "Boy" e Darby Sabini foram baleados por dois dos irmãos Cortesi no Fratalanza Club.[566] Eles também foram administradores da BPA e aparentemente se desentenderam com os Sabini sobre a venda das listas de corridas para os corretores. Ao prestar depoimento, Darby Sabini divulgou as grandes somas de dinheiro que poderiam ser obtidas. Cada lista era vendida por cinco xelins e podiam ser feitas de dez a duzentos libras por dia, dando uma renda anual de 3 mil a 4 mil libras. Ele acrescentou que as listas já haviam sido vendidas pela Associação, mas não era o caso.[567] Impressas por Emanuel, que estava a caminho da legitimidade, elas haviam sido vendidas pela gangue de Sabini.

Dave Langham era filho de um de seus executores, George Langham (Angelo Gianicoli) e enfatizou a quantidade de dinheiro que poderia ser ganha com essas vendas. No início da década de 1930, sua família havia se mudado de Saffron Hill para uma casa com banheiro interno, e seu pai voltava das corridas com bolsas de dinheiro cheias de prata. Havia tantas moedas que tinham de ser despejadas na banheira, de onde poderiam ser divididas com seus associados.[568]

Não tendo mais apoio dos irmãos Cortesi, em 1922 Darby Sabini também perdeu seu irmão, Joe, que foi condenado a três anos de prisão por atirar com intenção de matar.[569] Alguns meses depois, outro grande aliado, Alf White, líder da gangue de King's Cross, foi preso.[570] Então, em 1924, Alfie Solomon foi mandado para a cadeia por três anos.[571] Ele estava jogando cartas no Eden Club, representado de maneira fictícia na segunda temporada de *Peaky Blinders* como o opulento clube de jazz de propriedade de Darby Sabini. Na realidade, Brian McDonald descreveu-o como "nada mais do que um antro de jogatina que ocupava dois andares acima de uma garagem, com um bar, mesas de cartas e uma roleta".[572]

Solomon estava na companhia de sua "eminência parda", Emanuel, contra quem outro cliente chamado Barney Blitz tinha rancor. Ex-boxeador e brigão, ele discutira com Emanuel, que jogara uma bebida em cima dele. Blitz então bateu em Emanuel "tão forte com um copo que ele perdeu toda a razão". Os dois homens foram apartados, mas Solomon pegou uma faca de uma mesa e a enfiou na cabeça de Blitz, causando um ferimento fatal. Outro homem que tentou arrancar a faca foi ferido. Para defendê-lo, Solomon afirmou que tudo o que conseguia se lembrar "era ver Emanuel sangrando como um porco pela cabeça. Achei que Blitz iria atrás dele de novo".[573]

Embora o júri do legista tivesse proferido um veredicto de homicídio doloso, a equipe de defesa enfatizou o caráter violento de Blitz, garantiu receber testemunhos de bom caráter da comunidade judaica e apresentou as medalhas de Solomon e os papéis de dispensa do Exército no tribunal.[574] Como resultado, ele teve sorte de ter sido considerado sentenciado por homicídio culposo.[575] Quando acusado pela primeira vez, ele fora descrito como "um jovem de aparência judaica que estava elegantemente vestido com um longo sobretudo azul, chapéu cinza e sapatos marrons".[576] Nos Registros da Polícia Metropolitana, ele foi documentado como tendo 1,67 metro de altura, pele clara, olhos azuis e cabelos castanhos. Cicatrizes no pulso direito, no polegar esquerdo, na nuca e no lábio superior eram evidências de ataques de Kimber e de outros. Solomon também tinha tatuagens. Seu braço esquerdo tinha uma concha, um leão e uma japonesa com um leque, e no braço direito havia outra japonesa.[577]

Apesar das prisões de Solomon e de outros, a gangue de Sabini continuou a intimidar os corretores de apostas. Darby Sabini, no entanto, continuou a escapar da condenação e, em 1923, na única ocasião em que foi acusado de atacar um corretor com um soco-inglês, o caso foi arquivado.[578]

No entanto, logo o próprio Sabini estava em apuros. Embora ele fosse hábil em evitar a prisão, cometeu um erro de julgamento quando processou o *Topical Times* por suposta difamação por indicá-lo como líder de uma gangue de chantagistas que aterrorizava corretores de apostas e carregava revólveres. Jornal semanal de alto conteúdo esportivo, a publicação era de propriedade de D. C. Thomson. Em março de 1924, com a manchete "Como enganamos uma gangue rival", revelou as atividades criminosas de Sabini em uma matéria em primeira pessoa de um membro de gangue.[579]

Percebendo que a publicação tinha provas demais para mostrar que ele era um gângster, Sabini procurou encerrar a ação. Em dezembro de 1925, ele não compareceu à audiência. Por sua vez, os réus disseram que Sabini estava associado a uma gangue de pragas de corridas e suas palavras eram verdadeiras em substância e fato, embora tivessem particularidades volumosas para fornecer suporte a elas. Proferiu-se, então uma sentença com custas para eles.[580] Sabini agora devia a D. C. Thomson mais de setecentos libras, mas ele não compareceu a uma primeira reunião de seus credores em 10 de junho de 1926. Seu endereço era desconhecido, embora ele ainda fosse visto em pistas de corrida, e foi sugerido que ele ainda ganhava grandes quantias vendendo cartões de corrida.[581] Uma resolução de falência foi aprovada.

Ameaçado com um mandado de prisão, Sabini compareceu ao Tribunal de Falências de Londres em 29 de junho. Descrito como um homem atarracado, ele agora morava em um apartamento na Russell Street, Brighton, com sua esposa e três filhos, e enfatizou que muito mal havia sido causado a ele pela matéria no *Topical Times*. Ele negou que fosse o rei da gangue de Sabini e que estivesse envolvido em ameaças a corretores de apostas que se recusassem a pagar por determinados lances ou a comprar as listas de corridas que ele vendia. Sabini revelou que estas eram vendidas por cinco xelins cada, dos quais ele e outro homem ganhavam cinco pence, enquanto o impressor da Portsea Press ganhava um xelim. Claro, essa era a gráfica de Emanuel. Sabini disse que os corretores de apostas compravam estes cartões porque eles próprios eram membros da BPA. Nenhuma ameaça era feita a eles caso não quisessem comprá-los.

Refutando a sugestão de que ganhava de 20 mil a 30 mil libras por ano como chefe da gangue de Sabini, ele riu e disse: "Não". De seus ganhos de oito libras por semana, ele tinha que pagar uma libra e cinco xelins por dia em despesas de transporte e mais cinco xelins por dia por comida e bebida – e ele ia para as corridas na maioria dos dias. Por fim, admitiu não ter prosseguido sua ação contra os editores do jornal por não ter encontrado as 75 libras que o advogado queria para custas, acrescentando que não tinha bens.[582]

Àquela altura, uma forte ação havia sido tomada contra as gangues das pistas pelo Flying Squad, a seção especializada em crimes e operações do Serviço de Polícia Metropolitana. O Jockey Club também havia criado um departamento para supervisionar os ringues (recintos) nas pistas. Manchado pelo emprego de membros da gangue de Sabini, o BPA se dissociou dos Sabini e formou Comitês de Campos para proteger e resguardar os direitos dos corretores de apostas. Em 1929, essa abordagem foi apoiada pelo Jockey Club e, a partir de então, os campos de apostas eram alocados não pelas gangues, mas pelo pessoal das pistas em contato com o BPA local.

Era provável que nessa época a gangue de Sabini fosse liderada pelo irmão mais novo de Darby, Harry "Boy", que estava fornecendo "cuidados" e outros serviços para os clubes de bebidas e apostas do West End. Quanto a Darby Sabini, ele permaneceu em Brighton e foi nomeado como corretor de apostas em 1929, quando foi multado em cinco libras por agredir outro corretor no estádio de corrida de galgos de Hove.[583] Seu antigo aliado, Alfie Solomon, havia retomado as apostas após sua libertação da prisão e, de acordo com os registros da polícia, mais uma vez reuniu uma gangue para atuar nas corridas. Em fevereiro de 1930, ele foi com seus homens ao estádio de corridas de galgos de Clacton e exigiu dinheiro de corretores de apostas. Solomon e seus homens foram expulsos do estádio. No entanto, ele mais tarde afirmou que ele tinha sido ameaçado naquela noite por homens da gangue de Bethnal Green de Dodger Mullins.[584]

Um terror notório que odiava os Sabini e seus associados, no início de 1936, Mullins foi severamente cortado em seu rosto e costas com navalhas pelos homens de Solomon.[585] Para se vingar, Mullins se uniu ao Hoxton Mob e Wal McDonald dos Elephant Boys nas Lewes Races em junho. Eles chegaram com machadinhas, soqueiras e outras armas perigosas. Solomon foi atingido por vários golpes e ferido na cabeça, mas conseguiu fugir – embora seu funcionário não tenha tido tanta sorte e tenha sido violentamente espancado.[586]

Essa "Batalha de Lewes" despertou manchetes sensacionalistas e imprecisas sobre uma nova guerra nas pistas de corrida e o envolvimento de mafiosos norte-americanos.[587] Não era nada do tipo, já que os gângsteres das pistas de corrida estavam em declínio desde meados da década de 1920, mas o ataque inspirou o romance *Brighton Rock* (1938), de Graham Greene.[588] Seus personagens criminosos foram bem desenhados e não foram exemplos de fantasia da mídia, embora tenha se assumido amplamente que o rico gângster Colleone é baseado em Sabini.[589] Greene me escreveu em 1988, explicando que:

> É verdade que meu romance *Brighton Rock* trata um pouco de algo semelhante à gangue de Sabini, mas esqueci agora o que eu poderia saber quando o escrevi. Naquela época, eu costumava ir com frequência a Brighton e, certa vez, passei uma noite com um membro de uma gangue que me apresentou uma certa quantidade de gírias em uso e me levou a um dos pontos de encontro de seus colegas gângsteres.[590]

Dois anos após a publicação do livro, em abril de 1940, Sabini foi preso na pista de cães de Hove e posteriormente internado sob o Regulamento de Defesa 18B. Ele foi detido porque a Polícia Metropolitana e o Serviço de Segurança (MI5) acreditavam que ele era um "gângster perigoso e criminoso da pior espécie" com simpatias fascistas, "suscetível de liderar insurreições internas contra este país" a mando de uma potência. Essa era uma crença muito estranha da qual o chefe de polícia local e outras pessoas duvidavam.[591]

Sabini acabou sendo libertado e, em junho de 1943, ele e outro homem foram condenados a dois anos de trabalho forçado por receber mercadorias roubadas no valor de 383 libras.[592] Posteriormente descrito como traficante, ele morreu em 1950.[593] Surgiu a lenda de que ele morava em um apartamento de cobertura em Brighton, mas que quando morreu tinha pouco dinheiro.[594] Na verdade, ele morava no número 16 da Old Shoreham Road.[595] Sua esposa morreu na residência, em 1978, e deixou 16.730 libras.[596]

Em meados dos anos 1920, Kimber também estava envolvido em casas noturnas do West End e continuou a operar esquemas em pistas de corrida no sudoeste da Inglaterra.[597] Em 19 de julho de 1926, casou-se com Elizabeth Garnham, irmã de seu amigo e aliado, John Garnham, da gangue do Chapel Street Market.[598] Kimber afirmou que ele era viúvo. E era mesmo – tinha acabado de ficar, já que Maud havia morrido muito recentemente.[599] Mas ele e os McDonald ainda tinham negócios com os Sabini e, por volta de 1927, ele e Bert McDonald atiraram pelas janelas do Griffin, um pub em Clerkenwell preferido pela gangue de Sabini.

Os dois homens fugiram para a América, onde Brian McDonald acredita que Kimber pode ter matado um homem que não lhe pagou o dinheiro devido por um favor. Do Arizona, Kimber e Bert McDonald foram para Los Angeles, onde Wag McDonald morava. Ele fugira para lá para evitar a prisão após a Batalha de Epsom, em 1921, e agora era guarda-costas de Jack Dragna, o chefe da máfia da cidade. Kimber mudou-se para Chicago, onde viria a ser escondido por Murray Humphreys.[600] Nascido de pais galeses, ele era uma figura importante na notória gangue de Al Capone.[601]

Em seu livro *Elephant Boys*, Brian McDonald conta a emocionante história de seu tio Wag nos Estados Unidos, grande amigo do ator Victor McGlagen e que apareceu em cenas de multidão em filmes.[602] Não há evidências para sugerir que Kimber tivesse feito isso ou que ele se envolvera ativamente na gangue de Al Capone, e também não há evidências para apoiar a sugestão de que havia uma forte conexão entre a gangue de Kimber, em Birmingham, e mafiosos norte-americanos, além da vida rebelde de Jimmy Spenser.[603]

Spenser, ou "o Atirador de Birmingham", como foi chamado no *Birmingham Daily Gazette*, em março de 1933, mudou-se para Londres e se juntou a Kimber no início dos anos 1920.[604] De acordo com Brian McDonald, seu nome verdadeiro era Francis Harold Guest e ele se tornou amigo dos Elephant Boys.[605] Conforme relatado em seu livro *Limey*, por volta de 1925, Spenser saltou do navio nos Estados Unidos, onde se tornou um atirador de Jack Brussi, um gângster e sequestrador na cidade de Long Island. Mudando-se para a Califórnia, ele se juntou ao bandido Niley Payne, depois se juntou a Wag e Bert McDonald e enfim acabou na prisão de San Quentin. Após sua libertação, ele foi deportado para o Reino Unido em 1932.[606]

Kimber havia retornado à Inglaterra três anos antes e se tornado um corretor de apostas. Ele se anunciava, no final da década de 1930, como "Bill Kimber, um homem confiável" e se tornou presidente da Associação de Proteção das Casas de Apostas de Devon e da Cornualha.[607] Havia uma certa ironia nisso, pois foi a fundação da BPA, em 1921, por seu arqui-inimigo Emanuel, que soara a sentença de morte para os esquemas de proteção de Kimber nas pistas de corrida da Inglaterra.

Kimber morreu em 1945. Seu obituário no jornal local afirmava: "Seu grande interesse na vida, tanto pessoal quanto profissional, eram as corridas e ele era bem conhecido e respeitado em todas as pistas da Inglaterra". Ele deixou sua viúva, Elizabeth, sua casa no número 10 da Park Hill Road, em Torquay, e 3.665 libras.[608] Eles tiveram duas filhas, uma das quais era casada com um líder de esquadrão da Força Aérea Real e detentor da Distinta Cruz de Voo. Tendo sido enviadas para a escola de aperfeiçoamento na Suíça, elas levaram vidas muito diferentes das crianças que Kimber abandonara em Birmingham.[609]

O inimigo de Kimber, Emanuel, ganhou ainda mais dinheiro. Em 1930, sua gráfica Portsea Printing Works estava em Hackney e ele e sua esposa, Elizabeth, moravam em uma grande casa no número 965 da Finchley Road, em Golders Green – um distrito que estava atraindo famílias judias de classe média.[610] Ele morreu em 1943.[611] Sua esposa morreu sete anos depois e deixou 22.656 libras no testamento, que eram administradas por suas duas filhas.[612]

Alfie Solomon, por sua vez, morreu em 1947. Seu último endereço conhecido em 1924 era a Gerrard Street, no Soho, perto de onde ele crescera, em Covent Garden.[613] Um testamento ainda não foi encontrado. Embora suas vidas sejam representadas na ficção da série *Peaky Blinders*, Billy Kimber, Alfie Solomon e Darby Sabini foram pessoas reais. Luca Changretta, o mafioso da quarta temporada, não.

POSFÁCIO

Em uma luta brutal no episódio dois da terceira temporada de *Peaky Blinders*, John Shelby ataca sozinho Angel Changretta e seu guarda. Filho do gângster italiano de Birmingham, Vicente Changretta, ele foi pego de surpresa depois de descer as escadas para uma área semelhante a um porão em uma lavanderia chinesa. Direcionado a um cabide cheio de ternos limpos, ele os separa para encontrar o que está marcado com seu nome – mas fica surpreso ao ver John Shelby sorrindo perigosamente pela abertura. Sem demora, o Peaky Blinder soca Changretta no chão e, em seguida, com um cassetete pesado, bate em seu agente até que ele cai inconsciente. Seu chefe está lutando para se levantar, mas Shelby se vira, o chuta de novo e o arrasta. Changretta cai de costas e Shelby tira a boina e corta a bochecha direita de seu inimigo. Com uma dor terrível, Changretta cobre o rosto enquanto o sangue escorre entre os dedos.[614] Nas guerras que se seguiram entre as duas gangues, Angel Changretta é morto e seu pai é assassinado. Suas mortes enfurecem outro filho, Luca Changretta. Um mafioso de Nova York, ele jura vingança e se torna o principal antagonista de Tommy Shelby na quarta temporada.

A gangue de Changretta não existia, mas desde o final do século XIX havia uma verdadeira família Changretta em Birmingham. Seus integrantes eram a antítese dos gângsteres italianos fictícios da série, e o uso de seu nome incomum destaca a tensão entre ficção e realidades históricas.

A família verdadeira chegou a Birmingham com Martino Ciangretta, que passou a ser escrito como "Changretta" na Inglaterra. Trabalhador e pacífico, ele era dedicado à família e causou um impacto positivo e duradouro em Birmingham. Pertencia a uma pequena comunidade italiana cumpridora da lei que não tinha conexões com a Sicília, com a máfia ou com gângsteres. Essa comunidade se desenvolveu a partir do final da década de 1870, quando um número crescente de italianos sulistas emigrou por causa da pobreza extrema.

Os primeiros elos de uma impressionante cadeia migratória foram formados por jovens das comunas de Picinisco, Atina e Gallinaro e da aldeia de Carnello no Comino Valley. Agora na província de Frosinone, ficam perto da cidade de Sora.[615] Os imigrantes se estabeleceram na Bartholomew Street e em Duddeston Row, perto do moderno Millennium Point, por causa da disponibilidade de pátios de casas geminadas, que eram moradias baratas para aluguel; da proximidade com o Bull Ring, que dava a oportunidade de ganhar dinheiro tocando realejo para os compradores da região; e a proximidade da igreja católica romana de St. Michael, na Moor Street – que passou a ser considerada a igreja dos italianos.[616]

As certidões de batismo e casamento apontam para a importância de um tal Giuseppe Delicata no início da cadeia, no início da década de 1880. Ele e sua família eram a base para os recém-chegados ligados a eles por lealdades comunais e de parentesco.[617] Mas ele também era um *padrone*, um homem estabelecido na Inglaterra que retornava regularmente à Itália para encontrar jovens que pudesse trazer na volta a Birmingham. Ele pagava por suas passagens e alimentação, mas eles tinham que reembolsá-lo trabalhando para ele por um tempo determinado. Sua tarefa era andar pelas ruas tocando realejo.[618] Um deles foi Martino Changretta.

Nascido em 1868, ele afirmou que era de Sora, assim como todos os italianos de Birmingham do Comino Valley.[619] Ele chegou em 1887, no final da adolescência.[620] Seis anos mais tarde, em fevereiro de 1893, Ciangetto Martino, como foi chamado em uma reportagem de jornal, e outro "arranhador de piano" foram agredidos. Falando por meio de um intérprete, ele disse ao tribunal que eles estavam jogando na Hagley Road quando foram instruídos a sair por dois outros italianos, pois seu *padrone* trabalhava na estrada havia treze anos. Se não o fizessem, seriam mortos. A ameaça foi ignorada, mas logo depois, um dos homens atingiu Changretta no lábio e na cabeça com uma pequena faca e o espancou com uma barra de ferro. O agressor foi multado em apenas dois xelins.[621]

A essa altura, Martino Changretta tinha 25 anos e conhecera sua esposa, Ann Kitchen. Sua neta, Victoria Hooper, escreveu que, embora sua avó tivesse nascido em Chipping Norton, em Cotswolds, em 1873, a família se mudou para a Bartholomew Street em meados da década de 1880: "Vovó conheceu Martino Ciangretta, um italiano robusto de olhos escuros e cabelos encaracolados. Ele tinha bem mais de 1,80 metro, enquanto vovó era uma mulher muito pequena de 1,47 metro, com longos cabelos loiros que chegavam à cintura. A carroça foi colocada na frente dos bois, por assim dizer, e eles se casaram na St. Michael em outubro de 1893; minha tia Chris nasceu um mês depois".[622]

Os Changretta tiveram quatorze filhos. Outra neta, Pam Ovethrow, explicou que a mais velha nascera em 1893 e a mais nova, em 1917. Quatro deles morreram na infância. Foi-lhe dito que seu avô tinha ido para os Estados Unidos, "para ver se seria uma vida melhor para sua família. Não deu certo e ele voltou para Annie e as crianças".[623]

Um tempo depois de seu casamento, Changretta deixou o serviço de Delicata e virou pedreiro. Em 1922, ele era o capataz encarregado do trabalho para limpar o local da Broad Street para o Salão da Memória de Birmingham, que homenagearia os homens da cidade mortos na Primeira Guerra Mundial. Entre alguns, esse papel despertou raiva, e cartas foram escritas para os jornais locais perguntando por que tinham contratado estrangeiros em vez daqueles que haviam lutado e ajudado a pagar o velório. Os empreiteiros responderam que dos dezesseis homens empregados, o único estrangeiro era um italiano, especialista em trabalhos de demolição, enquanto seu capataz era um inglês naturalizado.

O próprio Changretta também respondia às críticas sob o nome de T(homas) Martin, o nome inglês que adotara. Ele enfatizou que estava em Birmingham havia 35 anos, que era casado com uma inglesa e que havia servido na Guerra dos Bôeres. Além disso, seu filho mais velho havia feito o sacrifício supremo, tendo sido morto em ação durante a Primeira Guerra Mundial. Os outros "estrangeiros" eram seus genros, "nascidos de mãe inglesa nesta cidade". Cada um deles serviu "no final da guerra e passaram pelos momentos mais difíceis dela". Expressando sua mágoa pessoal com as críticas, Changretta afirmou que estava "encarregado de um trabalho que será um memorial aos mortos, entre os quais, se os nomes estiverem inscritos, será o de meu filho".[624] Assim foi. O atirador K. G. Changretta da Artilharia Real de Garrison é lembrado no Rol de Honra de Birmingham no Salão da Memória.

Changretta começou seu próprio negócio de demolição em Lawley Street, fazendo alguns grandes trabalhos para o Conselho de Birmingham e também limpando todas as paredes internas do Curzon Hall, para que pudesse ser convertido no West End Cinema.[625]

No entanto, os idosos Martino e Annie Changretta viriam a sofrer ainda mais tristezas na Segunda Guerra Mundial. A casa deles em Belmont Row foi bombardeada em 1942 e, como lembra Hooper, "vovó e meus primos, Alfie e Ray, tiveram que ser desenterrados das ruínas com gasolina derramando na rua da garagem ao lado. Graças a Deus eles estavam todos bem, embora vovó tenha ficado surda depois. Mais tristeza se seguiria com a morte do tio Vic na Itália em setembro de 1943. Seu nome continua vivo na família, pois ele era muito amado por todos os sobrinhos e sobrinhas".[626]

Victor Changretta era o filho mais novo, tendo nascido em 1917. Serviu como soldado do 1/6º Batalhão, o Regimento Real da Rainha (West Surrey). Um homem casado de 25 anos, ele foi morto em ação em 30 de setembro de 1943. Morreu nos desembarques aliados em Salerno, Itália – o país de seu pai. Um ano depois, sua família se lembrou dele com dez avisos na coluna "*In Memoriam*" do *Birmingham Mail*. Sua esposa, Florrie, escreveu que ele havia marchado bravamente para lutar pelo Reino Unido.[627] Trabalhadores, cumpridores da lei, honrosos e honestos, os verdadeiros Changretta contribuíram com seu país e sua cidade, ao contrário dos verdadeiros gângsteres da Inglaterra na década de 1920.

No entanto, não são as verdadeiras famílias – respeitáveis e respeitadas – como os Changretta que têm um apelo sedutor ao drama, são os gângsteres fictícios glamourizados. Assim como os mafiosos, eles são considerados cuidadores de suas famílias e defensores de suas comunidades. Homens de honra, eles infligem violência apenas a gângsteres adversários ou a pessoas que violaram um código de conduta considerado "moral". Os que não lidam com tais mafiosos não têm nada a temer; esposas e mães são respeitadas, os idosos são honrados e as crianças são protegidas. Leais, honestos, destemidos, confiáveis e com princípios, eles são admirados como figuras contra o sistema que criaram uma sociedade "alternativa". Apesar de serem forasteiros e criminosos, são bem-sucedidos, endinheirados, bem-vestidos e respeitados. Psicologicamente distante dos espectadores, o gângster torna-se assim uma figura romantizada – como Tommy Shelby.[628]

Na realidade, não havia nada romântico ou glamoroso nos gângsteres das pistas de corrida de cavalos da Inglaterra dos anos 1920, que foram trazidos à tona na série *Peaky Blinders*. Billy Kimber era um batedor de carteiras e extorsionário que prosperou através da força bruta e do medo da violência. Infiel à primeira mulher e aos filhos, abandonou-os a uma vida de pobreza. Embora considerado por alguns como "o cavalheiro da gangue", Darby Sabini foi outro bandido que ganhou sua riqueza por meio de intimidação aberta e ataques implacáveis contra aqueles que cruzaram seu caminho. Embora não tão poderoso quanto Sabini ou Kimber, assim como eles, Alfie Solomon era violento – e depois de matar um homem seguido no Eden Club, teve a sorte de ser considerado passível de uma condenação por homicídio culposo e não assassinato, pelo qual teria sido enforcado.

Nenhum deles, nem outros como Edward Emanuel e Harry "Boy" Sabini, eram homens para serem admirados como honrados, íntegros ou morais. E nem eram os verdadeiros Peaky Blinders e Sloggers das ruas pobres de Birmingham. Jovens e homens cruéis que se divertiam em infligir dor e ferimentos sangrentos em seus inimigos, muitos eram semelhantes a John Sheldon, que evitava a luta justa e, em vez disso, lutava com as mãos das gangues e com armas.

Outros eram iguais ao meu bisavô, Edward Derrick, um contraventor que abusava fisicamente da esposa, agredira um policial e ferira outra pessoa. Eles eram homens desprezíveis; aqueles que deveriam ser admirados são os que os enfrentaram. Pessoas como Edward Cook, que enfrentou os Sloggers; como o policial Lines, que foi morto por uma gangue ao salvar outro oficial; e como a corajosa Harriet Chaplin, que seguiu rufiões que haviam agredido vários homens e os identificou junto à polícia.

E devemos também admirar a grande maioria dos pobres, que não se voltaram para a criminalidade e a violência e que tiveram que suportar o reinado dos Peaky Blinders até que terminasse. Apesar de viverem em uma sociedade injusta e sobretudo indiferente, e apesar da batalha interminável contra o inimigo implacável da pobreza, eles se esforçavam diariamente para se manterem limpos, honestos e decentes. Em meio ao que espectadores mal-informados rebaixavam como "regiões precárias", mães, tias, avós e irmãs mais velhas, em particular, forjaram bairros viáveis por meio de suas relações de parentesco e vizinhança. Ao contrário dos Peaky Blinders e dos gângsteres das pistas de corrida, eram essas mulheres que eram leais, honradas, verdadeiras e de princípios e que aderiam a um código de conduta moral. São elas que devemos respeitar.

SELEÇÃO DE BIBLIOGRAFIA ESTENDIDA

As detalhadas notas de fim listam muitos livros e artigos para leitura adicional. Esta lista destaca aqueles que são mais pertinentes à leitura sobre os Peaky Blinders e gangues da década de 1920.

CHINN, Carl. *The real Peaky Blinders, Billy Kimber, the Birmingham Gang and the Racecourse Wars of the 1920s*. Plattsburgh: Studley, 2014.

DAVIES, Andrew. "Youth, Violence, and Courtship in Late-Victorian Birmingham: 'The Case of James Harper and Emily Pimm'", *History of the Family*, vol. 11, n. 2, 2006, pp. 107–20.

DAVIES, Andrew. *The Gangs of Manchester.* The Story of the Scuttlers Britain's First Youth Cult. Preston, 2008.

GOODERSON, Philip. *The Gangs of Birmingham.* From the Sloggers to the Peaky Blinders. Lancashire, 2010.

MCDONALD, Brian. *Elephant Boys Tales of London and Los Angeles Underworlds*. Edimburgo e Londres, 2000.

MCDONALD, Brian. *Gangs of London:* 100 Years of Mob Warfare. Wrea Green, 2010.

SHORE, Heather. "Criminality and Englishness in the Aftermath: The racecourse wars of the 1920s", *Twentieth Century British History*, vol. 22, n. 4, dez. 2011, pp. 474–497.

SHORE, Heather. *London's Criminal Underworlds, c.1720–c.1930:* A Social and Cultural History Basingstoke, 2015.

SHORE, Heather. "Rogues of the Racecourse. Racing men and the press in interwar Britain", *Media History*, vol. 20, n. 4, 28 ago 2014, pp. 352–367.

Acima: A verdadeira Jessie Eden, mais tarde na vida, em uma festa de família. Da esquerda para a direita estão suas irmãs Nell e May; Jessie Shrimpton, sua mãe; Walter McCulloch, segundo marido de Jessie; e a própria Jessie. Embora não seja uma figura importante no movimento trabalhista de Birmingham em meados da década de 1920, ela se tornou relevante anos depois e foi fundamental para incentivar muitas trabalhadoras a se filiarem aos sindicatos.

Abaixo, à esquerda: Meu bisavô, Edward Derrick, em 1895, aos dezessete anos, quando foi dispensado da invasão de domicílio.

Abaixo, à direita: Edward Derrick, desta vez em 1906, quando foi preso por roubar uma carruagem comercial. Nesta ocasião, sua altura foi dada como 1,63 metro.

Acima: Números 33–35 da Cheapside. Foi nesta localidade que se reuniu, em 1872, o primeiro bando de Sloggers a ser mencionado oficialmente.

Abaixo: Um pátio em Thomas Street, onde dois policiais foram atacados com uma saraivada de pedras por homens que estavam jogando lança-e-joga em 1858. Esta era uma das áreas mais pobres de Birmingham.

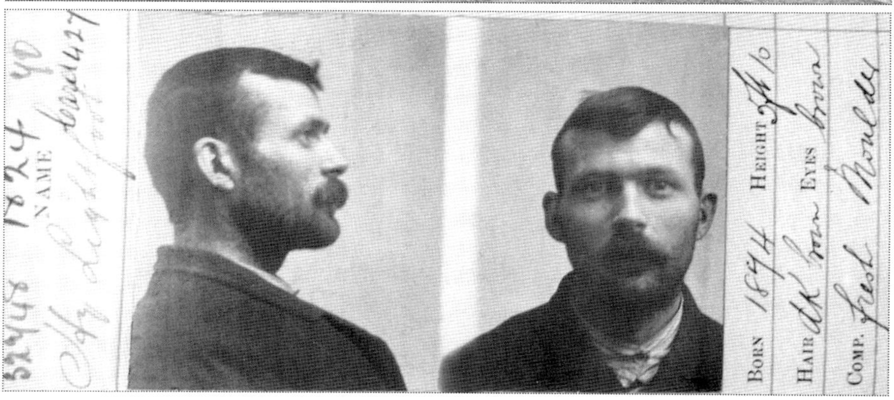

Acima: The Rainbow na esquina da High Street Bordesley e Adderley Street, na década de 1950. A poucos metros dali, o primeiro ataque atraído aos Peaky Blinders ocorreu em março de 1890.

© Arquivo BirminghamLives

Abaixo: Henry Lightfoot fotografado pela polícia da cidade de Birmingham em janeiro de 1904, quando foi preso por roubar carne de porco. Ele foi o primeiro indivíduo a ser chamado de Peaky Blinder em 1895.

© Museu da Polícia das West Midlands

Esquerda: Charles Battle, quatorze anos, fotografado pela polícia da cidade de Birmingham em outubro de 1892. À direita, ele está usando o chapéu-coco e o narciso de seda dos Peaky Blinders originais.

© Museu da Polícia das West Midlands

Direita: George George está usando um chapéu achatado largo com aba larga e lenço no pescoço, como os Peaky Blinders posteriores. No entanto, ele também ostenta uma franja de cabelo colado obliquamente na testa, ao estilo dos Peaky Blinders originais.

© Museu da Polícia das West Midlands

Esquerda: Mulheres jovens e crianças do lado de fora da Bagot Street, números 102, 103 e 105, que tinha uma gangue de Sloggers de longa data. Observe as duas jovens na porta: a da direita, com os braços cruzados, tem a longa franja associada às Peaky Blinders mulheres.

© Biblioteca de Birmingham, MS 2724

Esquerda: Charles Haughton Rafter com o uniforme de oficial da Polícia Real Irlandesa, antes de ser nomeado Chefe da Polícia de Birmingham.

©Museu da Polícia das West Midlands

Abaixo: Um recorte do *Birmingham Daily Gazette*, de 28 de agosto de 1935, mostrando as densas multidões reunidas do lado de fora da St. Martin's no Bull Ring para o serviço fúnebre de Sir Charles Haughton Rafter.

©Biblioteca de Birmingham

Birmingham Mourns Police Chief: Crowds at Funeral of Sir Charles Rafte

DENSE CROWDS assembled in the vicinity of St. Martin's Church, Birmingham, where a memorial service was conducted yesterday prior to the interment of Sir Charles Rafter at Harborne. Picture shows police keeping back the crowd

Acima: Ladywood United FC, 1913–1914, um dos muitos times de futebol locais que surgiram até essa data. Essas equipes foram um fator-chave para o fim dos Peaky Blinders, junto à popularidade do boxe e do cinema, e o trabalho dos clubes masculinos.

Abaixo: O sargento William Doughty, de pé no meio da primeira fila, era um instrutor de treinamento físico da polícia de Birmingham na delegacia de polícia de Digbeth, onde a Escola de Treinamento da Polícia ficava desde 1913. Boxe e luta livre eram ensinados para autodefesa, e habilidades em ambos eram necessárias contra os Peaky Blinders.

O vice-chefe de polícia, Michael McManus, um trabalhador de Newfield, Co. Mayo, no oeste da Irlanda, que começou sua carreira policial em Birmingham. Aposentou-se em 1918, após 45 anos de serviço, e morreu dez anos depois. Ele foi uma figura-chave na estratégia de policiamento vigoroso contra os Peaky Blinders.

Direita: Meu avô, Alf Chinn (à direita), no início dos anos 1950, do lado de fora do pub Gate, em Sparkbrook, onde ele pagava os apostadores que ganhavam. Ele está com um de seus corredores, Teddy Gustrey, que fez apostas no depósito Great Western Railway Loco, em Tyseley.

© Coleção pessoal de Carl Chinn

Abaixo: O lado externo da casa de apostas clandestina do meu avô em Sparkbrook, pouco antes da legalização. Como tantos estabelecimentos semelhantes, anunciava um número de telefone para dar a ilusão de que só aceitava apostas a crédito por telefone, o que era legalizado. A partir de maio de 1961, o local se tornou uma loja de apostas legal e, mais tarde, foi propriedade do meu tio Wal.

© Coleção pessoal de Carl Chinn

Direita: Alfie Bottrell, conhecido como Bottle, aceitando apostas como Joe White The Silver King em uma pista de corrida inglesa por volta de 1924.

© Arquivo de apostas de Carl Chinn, Biblioteca de Pesquisas Cadbury, Universidade de Birmingham

A verdadeira Garrison Tavern na década de 1950, na esquina da Garrison Lane com a Witton Street, visível à direita. Agora fechado, era um pequeno pub com o bar na esquina. Os Sheldon viveram nessa vizinhança durante a maior parte de suas vidas.

© Arquivo BirminghamLives

Abaixo: As unidades de 5 a 10 no pátio 36, Deritend. Todos os homens envolvidos na Vingança da Garrison Lane viviam em conjuntos de casas geminadas como este.

© Biblioteca de Birmingham, MS 2724

Acima: Samuel Sheldon, em 1907, quando foi sentenciado a cinco anos de prisão por circular moedas falsas. Ele está usando um chapéu-coco como o dos Peaky Blinders originais.

© Museu da Polícia das West Midlands

Abaixo: Glover Street na década de 1920. John e Samuel Sheldon viveram grande parte de suas vidas nesta rua e em suas imediações.

© Arquivo BirminghamLives

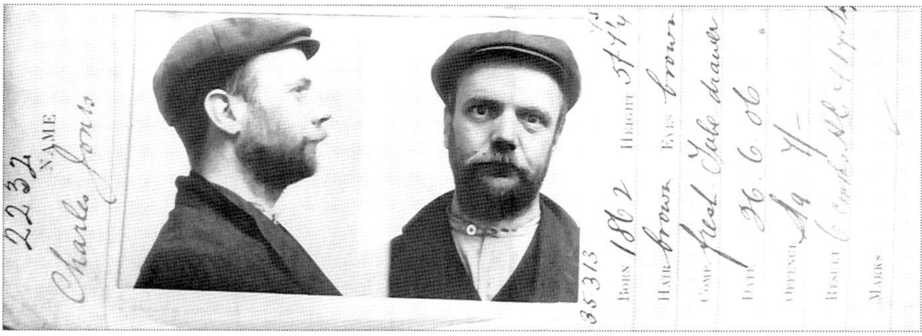

Acima: Charles "Coaly" Jones, um dos membros que liderava a gangue dos Sheldon, um homem muito perigoso.

© Museu da Polícia das West Midlands

Abaixo: Edward Tuckey foi um dos principais membros da gangue de Birmingham. Na fotografia à direita, de 1906, ele tinha 22 anos. À esquerda, ele está com a esposa Florence e com a filha Violet, por volta de 1920. A criminalidade de Tuckey pagava bem e, a seus bisnetos, Lesley e Robert Staight, contou-se que a filha dele "era muito mimada, sem dúvida! Aulas de piano, balé. Tanto ela quanto Florence tinham roupas muito bonitas. Florence tinha estolas de pele. Eles tinham um gramofone e um piano. Teddy, Florence e Violet moravam em uma casa nova na Perry Common Road, com banheiro e cozinha – algo muito bom para aquela época".

© Lesley e Robert Staight (à esquerda) e © Museu da Polícia das West Midlands (à direita)

O infame Billy Kimber, quando jovem.

Esquerda: Maud Kimber (cujo nome de solteira era Harbidge), a primeira esposa de Billy Kimber. No colo, sua filha, Maud, nascida em 1900.

Abaixo: John Garnham, de colete, em sua barraca de porcelana no Chapel Market, Islington, em 1951. John era amigo próximo de Kimber e liderava uma pequena gangue.

Acima, à esquerda: Um bilhete de aposta para Sydney Lewis, cujo nome verdadeiro era Simeon Solomon, o irmão mais novo do verdadeiro Alfie Solomon.

© Arquivo Carl Chinn de Agências de Apostas, Cadbury Research Library, Universidade de Birmingham

Acima, à direita: Alfie Solomon no hipódromo de Hurst Park, na década de 1920.

© Brian McDonald

Abaixo: Martino Changretta é o homem do meio nesta fotografia tirada na demolição de Elmdon Hall, em 1921.

© Arquivo BirminghamLives

Acima: A gangue de Sabini em 1920. O segundo da esquerda é Joe Sabini e, sentado, está Harry Cortesi. À sua direita e sem chapéu está Angelo Gianicoli e, à esquerda de Cortesi, Darby Sabini, de boina e camisa sem colarinho – muito diferente do fictício Darby Sabini, que se veste com tanta elegância. Ao lado dele está Gus Cortesi e, atrás e à direita, Harry "Boy" Sabini.

Abaixo: Um dia de atividade para as gangues em 1919, antes de começarem a brigar. Na fileira de trás, no *charabanc*: Harry "Boy" Sabini é o quarto da direita; a segunda da direita é a figura corpulenta de Billy Kimber; ao lado dele, à direita, está Bert McDonald; e Joe Sabini é o terceiro da esquerda. Na primeira fila, o segundo a partir da direita, é Darby Sabini com Wag McDonald à esquerda. Wal McDonald é o quarto da esquerda usando um chapéu-coco, enquanto Enrico "Harry" Cortesi é o último à direita dos quatro homens, de chapéu de palha. Seu irmão, George Cortesi, está usando um chapéu semelhante e é o quinto da direita.

Esses são os verdadeiros heróis de Birmingham: das mães de Deritend, uma das regiões mais pobres de Birmingham (acima © Arquivo BirminghamLives) a um grupo de homens do Stag's Head Inn, na esquina da Summer Lane com a Brearley Street, seguindo para uma viagem da qual voltariam no mesmo dia (abaixo © Arquivo BirminghamLives).
Essas pessoas enfrentavam dificuldades diariamente, mas, em sua maioria, eram honestas, trabalhadoras e cumpridoras da lei, esforçavam-se para se manter limpas e respeitáveis, e formavam fortes relacionamentos nas vizinhanças onde moravam.

AGRADECIMENTOS

Nascido em 1956, como outros Brummies da minha geração e de outras anteriores, eu tinha ouvido falar dos Peaky Blinders quando criança, mas escrevi sobre eles pela primeira vez em 1986, em minha tese de doutorado sobre o bairro de Ladypool Road, em Sparkbrook. Foi também na minha tese que discuti pela primeira vez a importância de Charles Haughton Rafter, o chefe de polícia de Birmingham, a quem se atribui o crédito por derrubar os Peaky Blinders. O que pude fazer foi graças às memórias de meu tio-avô Bill Chinn e meu tio-avô Wal Chinn, nascidos em 1892 e 1897 respectivamente, que estavam entre as primeiras pessoas que entrevistei como um jovem historiador oral.

Mais tarde, em 1987, comecei a fazer as pesquisas para meu segundo livro – uma revisão histórico-social das apostas ilegais, um tema relevante para as minhas origens. Meu avô Richard Chinn havia começado como um corretor ilegal de apostas de rua, enquanto meu pai, Alfred "Buck" Chinn, foi criado nesse meio e supervisionou a mudança para casas de aposta legais, em 1961. Trabalhei meio-período nesse comércio aos treze anos e depois administrei as casas de aposta da família em Sparkbrook entre 1978 e 1984, quando precisamos vender os negócios. Mesmo assim, meu pai continuou envolvido em apostas e se tornou o presidente da filial de Birmingham da Associação de Proteção de Corretores. Foi através dos contatos dele que consegui entrevistar uma série de apostadores de corridas idosos de Londres. Entre eles estava Simeon Solomon, que apostava sob o pseudônimo de Sydney Lewis e era o irmão mais novo do verdadeiro Alfie Solomon, levado à ficção na série *Peaky Blinders.* Ele e os outros com quem conversei foram os primeiros a me informar sobre a guerra de corridas de cavalo de 1921, cravada entre a Gangue de Birmingham e a Gangue de Sabini.

Sou extremamente grato a todas as pessoas que compartilharam suas histórias comigo durante esse período, e desde então, porque este livro enriqueceu-se de suas memórias. Da mesma forma, minha gratidão se estende aos que me permitiram incluir fotografias de suas coleções pessoais. Eles são: Brian McDonald, que também transmitiu seu conhecimento incomparável sobre as gangues de Londres com generosidade; Juliet Banyard e seu irmão, Justin Jones, os bisnetos do verdadeiro Billy Kimber, de seu primeiro casamento; Lesley e Robert Staight, os bisnetos de Edward Tuckey, membro da Gangue de Birmingham; Tommy Garnham, cujo pai era líder de uma pequena gangue de Islington que trabalhava para Billy Kimber; e Mark Hanson, o sobrinho-neto da ativista do movimento trabalhista, Jessie Eden.

Pela inclusão de fotografias de suas coleções, agradeço à Biblioteca de Birmingham, ao Centro de História Local de Islington e ao Museu de Polícia das West Midlands, cujos voluntários da delegacia de Sparkhill também investigaram seus arquivos a meu pedido. A existência desse museu deve muito aos esforços incansáveis do falecido Dave Cross, que me apresentou sua inestimável coleção de fotografias de prisioneiros. Outras fotos são do Arquivo de Vidas de Birmingham, na Biblioteca de Birmingham, desenvolvido a partir de minha coleção pessoal.

Um livro desse tipo e escala não poderia ter sido publicado sem o apoio e a experiência de uma equipe altamente talentosa – na verdade, duas equipes. De History West Midlands, agradeço: Dr. Jenni Butterworth por sua cuidadosa edição; John e Averil Maskew pelo retoque fotográfico; Peter Bounous por garantir as permissões para o uso de várias fotografias. Desejo prestar uma homenagem especial a Mike Gibbs, diretor de publicação da History West Midlands, por seu entusiasmo e compromisso com a história de Birmingham e do Black Country e por acreditar em meu trabalho. A segunda equipe é a da Bonnier Books UK e, em particular, por sua contribuição, entusiasmo e apoio, sou grato a: Kelly Ellis, diretora de publicação – não ficção adulta; Ellie Carr, editora-assistente; e Liz Marvin, editora de texto. Obrigado a todos aqueles de outros departamentos da Bonnier Books UK que contribuíram para este livro.

Por fim, agradeço à minha família extensa de Sparkbrook, Aston e Highgate por todas as histórias que me contaram e que me inspiraram a ser um historiador social, e à minha esposa dublinense, Kay, por sua compreensão de minha paixão pela história de Birmingham e pela classe operária urbana, por suas observações sobre como crescer em Finglas West, Dublin, e por seu apoio inabalável.

SOBRE O AUTOR

Carl Chinn, MBE, PhD, é um historiador social, escritor, palestrante e professor. Filho e neto de corretores de casas de apostas ilegais, ele mesmo trabalhou no ramo até 1984. Do outro lado da família, sua mãe vem de uma linhagem de operários de Aston. A escrita de Chinn é profundamente marcada pelo histórico de sua família como parte da classe operária e pela vida nos conjuntos de casas geminadas de Birmingham, o que lhe rendeu seguidores por todo o Reino Unido. Ele defende com fervor que a história deve ser democratizada porque cada pessoa deixou sua marca nela e tem algo para contar. *Peaky Blinders: a história real* é seu trigésimo terceiro livro.

NOTAS DE FIM

INTRODUÇÃO

1 Nick Cave and the Bad Seeds, Compositores: Mick Harvey, Nick Cave e Thomas Wydler, de *Let Love In*, produzido por Tony Cohen (Mute Records, 1994).

2 Temporada 1, episódio 1, *Peaky Blinders* (BBC2, 2013).

3 Lanre Bakare & Gwilym Mumford, "Peaky Blinders: Brummie Boardwalk or shopsoiled Sopranos?", *The Guardian*, 29 de setembro de 2014. Disponível em: <https://www.theguardian.com/tv-and-radio/2014/sep/29/peaky-blinders-cillian-murphy>; e Alex Fletcher, "Peaky Blinders' review: Did the British 'Boardwalk Empire' cut it?", *Digital Spy*, 12 de setembro de 2013. Disponível em: <https://www.digitalspy.com/tv/a514949/peaky-blinders-review-did-the-british-boardwalk-empire-cut-it/>. Acesso em: 19 abr. 2022.

4 Julian Ralph, "The best-governed city in the world", *Harper's Magazine* (junho de 1890); e veja, por exemplo: "Street Ruffianism in Birmingham", *Portsmouth Evening News* (21 de setembro de 1883).

5 "Black Country Memories: Black Country Irish", *Express and Star* (14, 21 e 28 de maio de 2009).

6 "The Perils of the Police", *Birmingham Mail* (*BM*, daqui em diante), 12 de junho de 1871.

7 “Balsall Heath Police Court”, *BM,* 13 de fevereiro de 1891.

8 “Penn Street Industrial School, Birmingham, Warwickshire”. Diponível em: <http://www.childrenshomes.org.uk/BirminghamPennStreetIS/>. Acesso em: 19 abr. 2022.

9 Edward Derrick, Calendário de Prisioneiros, Sessões Gerais da Paz, QS/B/20/65 (29 de outubro de 1906).

10 William Chinn, Entrevista, *BirminghamLives Archive* (daqui em diante *BLA*), 1979.

11 “For the sake of the beer”, *BM*, 30 de julho de 1906.

12 CHINN, Carl. *The real Peaky Blinders*. Studley, 2015, p. 16.

13 TNA, Divorce Court File: 4333. Apelante: Ada Derrick. Requerido: Edward Derrick. Tipo: Petição de divórcio da esposa, J 77/1744/4333, 1921.

14 “Woman’s Divorce”, *Birmingham Daily Gazette* (daqui em diante *BDG*), 25 de abril de 1923.

15 “Clean Up Black Spots”, *BDG,* 24 de agosto de 1935.

CAPÍTULO 1:
ANTES DOS PEAKY BLINDERS: AS GANGUES DE SLOGGERS

16 Michael Bradley, “Birmingham’s real Peaky Blinders”, BBC News, West Midlands. 12 de setembro de 2013. Disponível em: <https://www.bbc.com/news/uk-england-birmingham-24047750>. Acesso em: 19 abr. 2022.

17 Charles Anthony Vince, *History of the Corporation*, vol. III (Birmingham, 1903) p. 226, 228-229 e 230; e Joseph Trevor Jones, *History of the Corporation of Birmingham*, vol. V (1915-1935), parte II (Birmingham, 1940), p. 354 e 373. O salto notável na população é explicado pela extensão de Birmingham, em 1911, para trazer as autoridades locais de Aston, Erdington, Handsworth, Kings Norton e Yardley e seus vários distritos.

18 “Year’s Crime in Birmingham”, *BDG* (1 de setembro de 1920).

19 JONES, *History of the Corporation of Birmingham*, vol. V, parte II (Birmingham, 1940) p. 371; "Glasgow Disorder", *The Scotsman* (1 de fevereiro de 1919); "Riot Act read in Birkenhead", *Aberdeen Press and Journal* (4 de agosto de 1919); "Mob Law", *Leicester Daily Post* (23 de julho de 1919); e "Serious Riots", *Leeds Mercury* (2 de junho de 1919) p. 9.

20 "Mons Man Killed in Cardiff Riots", *Globe* (13 de junho de 1919); e "The Racial Riots", *Hartlepool Northern Daily Mail* (12 de junho de 1919).

21 "Hooliganism Redivivus", *BM*, (5 de novembro de 1901).

22 "Sparring", *Morning Advertiser,* (23 de julho de 1824).

23 "Riot in Birmingham by the Slogging Gang", *Birmingham Daily Post* [daqui em diante *BDP*], (8 de abril de 1872).

24 "The Slogging Gang", *BDP,* (10 de abril de 1872).

25 "The Slogging Gang", *BDP,* (11 de abril de 1872).

26 "A Caution to Juvenile Stone Throwers", *BDP,* (3 de junho de 1872).

27 Veja, por exemplo, "Burslem Stone Throwing Battle", *BDG*, (27 de abril de 1870).

28 "Infringement of the Bye-Laws", *BDG*, (10 de maio de 1872).

29 Jerry White, *The Worst Street in North London. Campbell Bunk, Islington, Between the Wars* (Londres, 1986), p. 69.

30 Dyke Wilkinson, *Rough Roads. Reminiscences of a Wasted Life* (Londres, 1912), p.12.

31 Donald Philips, *From Biggles to Biggles: A Birmingham Childhood* (*MS* não publicado, sem data; agradecimentos a David Phillips), p. 2.

32 George Wood, Entrevista, *BLA* (1985).

33 Fred Franklin, Entrevista, *BLA* (1982).

34 Buck Chinn, Entrevista, *BLA* (1989).

35 Jones, *History of the Corporation of Birmingham*, vol. V, parte 2, p. 373.

36 Sydney Hetherington, *From the Slums to Eastbourne's Belgravia* (MS não publicado, 1998), p. 16–17.

37 "Sunday Nuisances", *Birmingham Journal* [daqui em diante *BJ*] (16 de novembro de 1839).

38 Geoffrey Floy, Policing Birmingham: a study of a borough Police Force, 1839–1914 (Universidade de Birmingham, M.Phil., 1997), p. 5-56 e p. 92.

39 Ver por exemplo: "Bathing in the Canal", *BDP* (26 de agosto de 1859); "A Pigeon Flyer Caught" e "Obstructions", *BDP* (12 de abril de 1859); "The Black Your Boots Nuisance", *BDP* (26 de agosto de 1859).

40 "Church Pastoral Society", *Aris's Birmingham Gazette* [daqui em diante *ABG*] (17 de março de 1856).

41 "Crusade against Street Gambling", *BJ* (27 de setembro de 1857).

42 "Caution to Street Gamblers", *BJ* (12 de novembro de 1853).

43 "Assault on the Police", *BJ* (2 de maio de 1857).

44 "Gambling in the Streets and Assaulting the Police", *BDP* (28 de abril de 1858).

45 "Police Crusade against Pitch and Toss in the Streets", *BJ* (1 de setembro de 1860); e, por exemplo, "New Vauxhall", *BDP* (5 de abril de 1860).

46 "Sabbath Breaking and the Police", *BDP* (11 de abril de 1861).

47 Floy, *Policing Birmingham*, p. 128.

48 J. T. Bunce, *History of the Corporation of Birmingham*, vol. II (Birmingham, 1885), p. 294 e 300.

49 Barbara Weinberger, *Law Breakers and Law Enforcers in the Late Victorian City: Birmingham 1867–1877* (Tese de doutorado da Universidade de Warwick, 1981) p. 231.

50 Veja, por exemplo, "Street Ruffianism in the Ascendant", *The Era* (6 de dezembro de 1863).

51 "Street Ruffians", *ABG* (18 de junho de 1864).

52 "Correspondence", *BDP* (7 de julho de 1866).

53 "The Street Gambling Nuisance", *ABG* (23 de maio de 1868).

54 "Pitch and Toss", *BDG* (4 de abril de 1871).

55 Gooderson, *The Gangs of Birmingham*, p. 77.

56 "Barford Street", *BDG* (10 de abril de 1871).

57 "Correspondence", *BDP* (16 de março de 1868); "Capture of a Gang of Roughs", *BDP* (8 de junho de 1870).

58 "Street Ruffians", *BDG* (28 de setembro de 1870); e "News of the Day", *BDP* (8 de novembro de 1870).

59 "A Riot", *BDP* (4 de maio de 1871).

60 Bunce, *History of the Corporation of Birmingham*, vol. II, p. 294 e 300.

61 "Eleven Weeks Ruffianism in Birmingham", *BDP* (11 de abril de 1873).

62 "Rowdyism in Birmingham", *BDP* (12 de agosto de 1873).

63 "Street Ruffianism in Birmingham", *BDP* (1 de abril 1873).

64 "Eleven Weeks Ruffianism in Birmingham", *BDP* (11 de abril de 1873).

65 The Slogging Gang, *BDP* (29 de março de 1873).

66 "The Slogging Gang", *BDP* (22 de setembro de 1873); "A Terror to the Neighbourhood", *BDP* (30 de outubro de 1873).

67 Weinberger, *Law Breakers and Law Enforcers in the late Victorian City*, p. 233–38.

68 "Ruffianism in Birmingham. Dastardly Assaults", *BDP* (24 de junho de 1873).

69 "News of the Day", *BDP* (2 de julho de 1873).

70 "News of the Day", *BDP* (2 de julho de 1873) e "Warwickshire Assizes", *BDP* (9 de julho de 1874).

71 "A Caution to Rioters", *BDP* (8 de julho de 1874).

72 "The Barn Street 'Sloggers'", *BDP* (12 de setembro de 1874).

73 "Incidents of 'Slogging Gang'", *BM* (28 de setembro de 1874).

74 Censo de 1871, TNA, Classe: RG10; Peça: 3086; Fólio: 129; Página: 59; Rolo GSU: 838895.

75 Censo de 1881, TNA, Classe: RG11; Peça: 2987; Fólio: 23; Página: 39; Rolo GSU: 1341714.

76 "Incidents of 'Slogging Gang'", *BM* (28 de setembro de 1874).

77 Weinberger, *Law Breakers and Law Enforcers in the late Victorian City*, p. 174.

78 Gooderson, *The Gangs of Birmingham*, p. 35.

79 *The 'Murphy Riots'. Demolition of Park Street, Birmingham 17 and 18 June 1867* (Birmingham, 1867), p. 9.

80 Patsy Davis, "Birmingham's Irish Community and the Murphy Riots of 1867", *Midland History* v. 31 (2006), p. 50–51.

81 "Sunday Riots", *BDP* (30 de abril 1872).

82 Gooderson, *The Gangs of Birmingham*, p. 111.

83 "Violent Assault upon 'A Copper'", *BDP* (30 de maio de 1872).

84 "Our Roughs" e "A Warning to Street Rioters", *BM* (14 de julho de 1874).

85 "The Stone-Throwing Nuisance at Ashted", *BDP* (23 de março de 1875).

86 "Navigation Street Riot. Death of Police-Constable Lines", *BDP* (25 de março de 1875).

87 "The Riot in Navigation Street. The Sentences", *BDP* (13 de julho de 1875).

88 "Murder of PC Lines", *BWP* (27 de maio de 1955).

89 "The Suppression of Rowdyism in Birmingham" e "News of the Day", *BDP* (21 de maio de 1875).

90 "More Persecution of Witnesses", *BDP* (19 de julho de 1875).

91 "News of the Day", *BDP* (21 de maio de 1875) e "The Suppression of Rowdyism in Birmingham", *BDP* (21 de maio de 1875).

92 "News of the Day", *BDP* (15 de maio de 1876).

93 "Birmingham Watch Committee", *BDP* (28 de fevereiro de 1877).

94 “Street Crimes in Birmingham. -A warm dis-”. *The Times* [Londres, Inglaterra] 28 de novembro de 1877, p. 12. *The Times Digital Archive*. On-line. 28 de junho de 2018.

95 Weinberger, *Law Breakers and Law Enforcers in the late Victorian City*, p. 63–64.

96 J. T. Bunce, *History of the Corporation of Birmingham*, vol. II (Birmingham, 1885), p. 300.

97 Ver, por exemplo: “A Street Waif”, *BM* (25 de março de 1881).

98 “Sunday Gambling at Aston”, *BDP* (28 de abril de 1885).

99 “News of the Day”, BDP (8 de maio de 1883).

100 Lil Perry, “Old Days of Aston”, *BLA* (1978) e para Londres ver: White, *The Worst Street in North London*, p. 118–119.

101 “‘Slogging Gangs’ in Birmingham”, *BM* (5 de junho de 1882).

102 “Street Ruffianism”, *BM* (13 de setembro de 1882); e “Revival of the Slogging Gangs” *BM* (11 de agosto de 1882).

103 “Birmingham Watch Committee”, *BM* (10 de outubro de 1882).

104 “A Warning to Stone Throwers”, *BDP* (1 de abril de 1884).

105 “A Warning to Stone Throwers”, *BDP* (21 de julho de 1886).

106 “The Aston Slogging Gang”, *BDP* (18 de agosto de 1886).

107 “Street Rowdyism”, *BDP* (11 de agosto de 1886); “Stonethrowing”, *BDP* (13 de abril de 1886); “More Attacks on Policemen”, *BDP* (23 de novembro de 1886); e “The Aston Slogging Gang”, *BDP* (4 de outubro de 1888).

108 “Alleged Serious Wounding”, *BDP* (22 de dezembro de 1888).

109 “News of the Day”, BDP (1 de setembro de 1888).

110 “Punishment for ‘Sloggers’”, *BDP* (26 de fevereiro de 1889).

111 “A Violent Assault”, *BDP* (20 de fevereiro de 1889).

112 “Ruffianism at Aston”, *BDP* (31 de julho de 1889).

113 Malcolm Archibald, *Liverpool Gangs, Vice and Packet* Rats: 19 Century Crime and Punishment (Edinburgh, 2015), p. 171–182; Heather Shore, *London's Criminal Underworlds, c.1720–c.1930: A Social and Cultural History* (Basingstoke, 2015), p .141–166 e para informações sobre Londres, veja também: Brian McDonald, *Gangs of London: 100 Years of Mob Warfare* (Wrea Green, 2010), p. 59–73; e Andrew Davies, *The Gangs of Manchester: The Story of the Scuttlers Britain's First Youth Cult* (Preston, 2008) p. 38–141.

114 Davies, *Gangs of Manchester*, p. 17–18.

115 "Members of the 'Slogging Gang'", *BDP* (6 de abril de 1886); and "Street Rowdyism", *BDP* (11 de agosto de 1886).

116 "Deeds of Violence", *Liverpool Mercury* (4 de agosto de 1887); e "Assaulted by a Slogging Gang", *BDP* (21 de setembro de 1888).

117 "A Slogging Gang", *BDP* (24 de julho de 1889); "The Outrage by Militia Men at Small Heath", *BDP* (2 de julho de 1889); "An Ornament to the Slogging Gang", *BDP* (1 de julho de 1889); "A Slogging Gang", *BDP* (13 de junho de 1889); "A 'Slogging Gang' Broken Up", *BDP* (1 de junho de 1889); and "Tackling 'Slogging Gangs'", *BDP* (27 de fevereiro de 1889).

118 "Notes and Comments", *Sheffield Daily Telegraph* (10 de junho de 1882).

CAPÍTULO 2:
A CIDADE DOS PEAKY BLINDERS

119 Temporada 1, Episódio 2, *Peaky Blinders* (BBC2, 2013). Para ver uma discussão completa sobre o lançamento, veja Chinn, *Better Betting*, p. 85–93.

120 Louise Mellor, "Steven Knight on Peaky Blinders, Series 2", *Den Of Geek*. 11 de setembro de 2013. Disponível em: <https://www.denofgeek.com/tv/steven-knight-on-peaky-blinders-birmingham-accents-working-class-drama-sam-neill-cillian-murphy-more/>. Acesso em: 19 abr. 2022.

121 John Crace, "Peaky Blinders; The Guilty – TV review", *The Guardian*. 13 de setembro de 2013. Disponível em: <https://www.theguardian.com/tv-and-radio/2013/sep/13/peaky-blinders-tv-review>. Acesso em: 19 abr. 2022.

122 "Incidents of Full Career. Campaign Against the 'Peaky Blinders'", *Warwick and Warwickshire Advertiser* (2 de novembro de 1929).

123 R. E. Corder, "The Seamy Side", *Daily Mail* [Londres, Inglaterra], 3 de abril de 1929, p. 8. Arquivo Histórico do *Daily Mail*.

124 "Belt and Buckle Days. Saga of Birmingham's Peaky Blinders", *BM* (15 de abril de 1939).

125 "Death of Norman Tiptaft. Vigilante Extraordinary", *BDP* (14 de outubro de 1970).

126 "Mr Butler Urged to Punish or Resign", *BDP* (20 de julho de 1961).

127 Norman Tiptaft, *The Individualist* (Birmingham, 1954).

128 John Douglas, *A Walk Down Summer Lane* (1a. publicação em 1977, Londres, 1983 ed.), p. 126.

129 Pauline e Bernard Mannion, *The Summer Lane e Newtown of the Years between the Wars 1918–1938* (Birmingham, 1985), p. 1, 31 e 81.

130 "Gang Warfare and the "Peaky Blinders", Carta de George Morris, *Birmingham Weekly Post* [daqui em diante *BWP*] (6 de maio de 1955).

131 Arthur L. Matthison, *Less Paint, More Vanity* (Londres, 1937), p. 62–63.

132 "A Cowardly Rogue", *BDP* (29 de outubro de 1891); "Table Talk", *BM*, 11 de outubro de 1890); e "Local News and Jottings", *BM* (25 de junho de 1891).

133 "The "Peaky Blinders" Barber", *BM* (30 de maio de 1914).

134 "Man Found Drowned", *BDP* (19 de maio de 1891).

135 F. Atkins, *Letter*, (15 de outubro de 1936), citado em: Gooderson, *The Gangs of Birmingham*, p. 217.

136 "Letter from Norma K. Beattie", *BLA*, (19 de julho de 1987).

137 Corinne Brazier, "Potentially the oldest police custody photo… in the world? - *WM Peelers* (19 de março de 2018). Disponível em: <https://www.wmpeelers.com/single-post/2018/03/19/Potentially-the-oldest-police-custody-photo-in-the-world>. Acesso em 24 de junho de 2018).

138 V. W. Garrett, *A Man in the Street* (Londres, 1939), p. 65-6.

139 Fred Sutton, Entrevista, *BLA* (1989).

140 "Table Talk", *BM* (30 de maio de 1896); "Table Talk", *BM* (14 de maio de 1904); e "The 'Peaky Blinders' Barber" (30 de maio de 1914).

141 "The 'Peaky Blinders' Barber", *BM* (30 de maio de 1914).

142 "Local News and Jottings", *BM* (13 de agosto de 1906).

143 Geoffrey Pearson (2008) *Disturbing continuities: "peaky blinders" to "hoodies", Criminal Justice Matters*, 65:1, 6-7, <DOI: 10.1080/09627250608553010>.

144 Davies, *Gangs of Manchester*, p. 22. Ver também: Charles E. B. Russell, *Manchester Boys: Sketches of Manchester Boys at Work and Play* (Manchester 1905), p. 16, onde se afirma que um Scuttler usava "uma boina com aba sobre um olho".

145 J. R. C. "Peaky Blinders", *Central Literary Magazine* vol. XIV, n. 2, (abril de 1879) p. 71.

146 Andrew Davies, "Youth, violence, and courtship in late-Victorian Birmingham: The case of James Harper and Emily Pimm", *History of the Family*, 11 (2006), p.111.

147 Shore, *London's Criminal Underworlds*, p.165.

148 Ver, por exemplo, "Sidelights on Low Life. Birmingham 'Peaky' sent to Prison", *BM* (26 May 1900); Davies, "Youth, Violence, and Courtship in Late-Victorian Birmingham".

149 Ver Alan Mayne, *The Imagined Slum: Newspaper representation in three cities, 1870–1914* (Leicester, 1993) e Alan Mayne, "Representing the slum", *Urban History*, Volume (17 de maio de 1990), p. 66–84.

150 Davies, "Youth, Violence, and Courtship in Late-Victorian Birmingham", p. 108–09 e 118.

151 "The Peaky's Courtship", *BDM* (19 de novembro de 1898).

152 "Table Talk", *BM* (14 de maio de 1904).

153 Benny Green, "Introduction", para Clarence Rook, *The Hooligan Nights* (1a. publicação em 1899, nova edição Oxford de 1979), p. VIII.

154 2–7 "My Bloke's a Peaky" (Roud 24185) *Cecilia Costello, Old Fashioned Songs*.

155 Davies, *Gangs of Manchester*, p. 277–295.

156 J. R. C. "Peaky Blinders", p. 71.

157 "Slogging Gang", *Lakes Herald* (7 de maio de 1897).

158 "Brummagem Beauties", *Sheffield Evening Telegraph* (29 de julho de 1897).

159 *The Wellington Journal & Shrewsbury News* (26 de agosto de 1899).

160 "A Man's Skull Fractured", *BM* (24 de março de 1890).

161 "The Birmingham 'Slogging Gangs'", *St James's Gazette* (9 de abril de 1890).

162 "'Slogging Gangs' of Birmingham", *Aberdeen Evening Express* (10 de abril de 1890); "Slogging Gangs", *Chichester Observer* (16 de abril de 1890).

163 Gooderson, *The Gangs of Birmingham*, p. 219.

164 "Serious Charges of Assault", *BM* (28 de maio de 1890).

165 "A Brutal Assault", *BM* (25 de junho de 1890).

166 Censo de 1891, TNA, Classe: RG12; Peça: 2407; Fólio: 10; Página: 16.

167 "The Crusade Against Ruffianism", *BD* (16 de abril de 1890).

168 "The Highgate Street Slogging Gang", *BM* (11 de abril de 1890); "Ruffianism in Birmingham", *BM* (12 de abril de 1890).

169 "A Slogging Gang at Perry Barr", *BM* (11 de abril de 1890); "The Sparkbrook Slogging Gang", *BDP* (10 de abril de 1890).

170 "The Chief Constable and the Sloggers", *BM* (23 de abril de 1890).

171 "News of the Day", *BDP* (10 de abril de 1890).

172 "Ruffianism at Sparkbrook", *BDP* (24 de março de 1890).

173 "Heavy Sentences on Sloggers", *BDP* (16 de abril de 1890).

174 "Notes and News", *BM* (15 de abril de 1890).

175 "The Band of Friendship", *BDP* (21 de junho de 1890).

176 William Chinn, Entrevista, *BL* (1979).

177 "One of a Gang", *BDP* (24 de março 1891).

178 "Assault by a "Ganger", *BDP* (14 de abril de 1891) e "Assaulted by Roughs", *BM*, (28 de abril de 1891).

179 "A Cowardly Ruffian", *BM* (28 de outubro de 1891).

180 "The Stone-Throwing Nuisance", *BM* (8 de julho de 1891) e "Street Ruffianism in Birmingham", *BDP* (24 de junho de 1892).

181 "Cliveland Street v Weaman Street", *BDP* (2 de Agosto de 1893) e "A Nechells Slogging Gang", *BDP* (18 de outubro de 1893).

182 "A Heavy List", *BDP* (26 de junho de 1894).

183 "Birmingham Slogging Gangs", *Manchester Evening News* (27 de junho de 1895).

184 "Assault on the Police", *BDP* (29 de outubro de 1895) e "The Bromsgrove Street Disturbance", *BDP* (30 de outubro de 1895).

185 "Slogging in Kenyon Street", *BDP* (5 de novembro de 1895); "Unlawful Wounding at Aston", *BDP* (10 de novembro de 1895).

186 Archibald, *Liverpool Gangs*, p.189–191.

187 "Heavy Sentence on Slogging Gang", *BDP* (11 de dezembro 1895).

188 "A Violent Ruffian", *BDP* (3 de dezembro de 1895).

189 "Balsall Heath Police Court", *BDP* (13 de janeiro de 1877).

190 "Ruffianism at Balsall Heath", *BDP* (20 de novembro de 1879).

191 "Riotous Proceedings in Balsall Heath Road", *BM* (9 de março de 1883).

192 "Hardened Young Criminals", *BDP* (2 de novembro de 1888).

193 Henry Lightfoot, *Calendar of Prisoners 1870–1935*, Birmingham Quarter Sessions, 1839–1971 (QS/B/20/69). Biblioteca de Birmingham, (29 de abril de 1907).

194 Henry Lightfoot 3200, Novos Registros de Soldados. Atestado de Serviço Curto, [daqui em diante Atestado de Serviço Curto], TNA, War Office: Documentos de Soldados de Reivindicações de Pensão, Primeira Guerra Mundial, WO364; Peça: 2097 (1914).

195 Henry Lightfoot 201128, Atestado de Força Territorial, TNA, Escritório de Guerra: Documentos de Soldados de Reivindicações de Pensão, Primeira Guerra Mundial, WO364; Peça: 2097 (1925).

196 "'Tommy Giblin' and the Roughs generally", *BM* (8 de janeiro de 1896).

197 C. H. Lea, "The Fair – But Not the Onions", *BDG* (26 de setembro de 1935).

198 "Seventy years a Showman", *BDP* (4 de novembro de 1939).

199 Carta de Terry Proctor, *BLA* (8 de março de 1996).

200 "Peaky Blinders", *Coventry Evening Telegraph* (30 de dezembro de 1896).

201 "Topics of the Day", *Coventry Evening Telegraph* (11 de outubro de 1895).

202 "Tommy Giblin and Roughs Generally", *BM* (10 de janeiro de 1896).

203 Veja, por exemplo: "The Reign of the Rough in Birmingham", Dundee Courier (22 de julho de 1897) e "Birmingham Roughs on the Rampage", *Leeds Times* (24 de julho de 1897).

204 "Policeman Killed in Birmingham", *Manchester Evening News* (19 de julho de 1897).

205 "Assault on a Policeman", *BDP* (29 de setembro 1891); "Cowardly Assaults on the Police", *BDP* (23 de fevereiro de 1892); "Assaults on the Police", *BDP* (26 April 1892); "Assaulting Neighbours and

Policeman", *BDP* (23 de Agosto de 1892); "Assaulting Policemen", *BDP* (13 de março de 1894); "Assaults on Constables", *BDP* (9 de abril de 1895); e "Violent Assaults on Policemen", *BDP* (12 de novembro de 1895).

206 "Funeral of Snipe", *Sports Argus* (24 de julho de 1897); "The Reign of Violence in Birmingham", *Lloyd's Weekly Newspaper* (25 de julho de 1897).

207 "VIOLENCE IN BIRMINGHAM", *The Times* [Londres, Inglaterra] (14 de outubro de 1897) *The Times Digital Archive* (Acesso em 28 de junho de 2018).

CAPÍTULO 3:
O FIM DO REINADO DOS PEAKY BLINDERS

208 Temporada 1, Episódio 2, Peaky Blinders (BBC2, 2013).

209 "Chief Constable Rafter. A Character Sketch", *Weekly Irish Times* (28 de outubro de 1899); e "An Epidemic of Brutality", *Globe* (30 de julho de 1897).

210 Ver Gooderson, *The Gangs of Birmingham*, p. 263–64.

211 "The Epidemic of Ruffianism in Birmingham", *Edinburgh Evening News*, (12 de agosto de 1897).

212 Vince, *History of the Corporation*, vol. III, p.218.

213 Geoffrey Pearson, "Victorian Boys, We are Here!", em Yvonne Jewkes e Gail Letherby (orgs.), *Criminology. A Reader* (Londres, 2002), p. 8.

214 Vince, *History of the Corporation*, vol. III, p. 218, 226–229 e 232, e Bunce, *History of the Corporation*, vol. II (Birmingham, 1885), p. 300.

215 "Cheltenham Man Injured", *Cheltenham Chronicle* (30 de abril de 1898).

216 *The Moseley and Kings Heath Journal*, vol. 8 (agosto de 1899). p.1–14.

217 “Street Ruffianism”, *Globe*, sábado, 21 de janeiro de 1899.

218 “Exit Mr Farndale”, *The Birmingham Owl* (20 de junho de 1899), p. 9; ver também: “Death of Mr Joseph Farndale”, *BDG* (9 de Agosto de 1901).

219 Veja, por exemplo, “Playing Space Problem”, *Sports Argus* (29 de junho de 1901).

220 “Cleaned Up Black Spots”, *Birmingham Gazette* [daqui em diante *BG*] (24 de agosto de 1935).

221 “Thousands See the Passing of Sir Charles Rafter in Birmingham”, *BG* (28 de Agosto de 1935).

222 “Death of Sir C. Rafter”, *Police Review* (30 de agosto de 1935).

223 “Cleaned Up ‘Black Spots’”, *BG* (24 de agosto de 1935).

224 “The New Chief”, *The Birmingham Owl* (21 de julho de 1899) p. 9.

225 “Chief Constable Rafter. A Character Sketch”, *Weekly Irish Times* (28 de outubro de 1899).

226 Percy Langridge, MEPO 6 Metropolitan Police: Habitual Criminals Register 1904, peça 15.

227 “Ruffianism in Birmingham”, *BM* (29 de junho de 1900).

228 Vince, *History of the Corporation of Birmingham,* vol. IV, p. 226 e 246.

229 “Sentença de um ‘Peaky Blinder’”, *Cheltenham Chronicle* (12 de janeiro de 1901). O policial Bennett tornou-se um superintendente-chefe e foi creditado por desempenhar um papel de liderança na supressão da Vingança da Garrison Lane, levando os líderes à justiça; “B’ham Former Police Chief Dies” [Ex-chefe de polícia de Birmingham morre]. Recorte de jornal cortesia de Ruby Massa, neta de Bennett.

230 “A Ruffian Silenced for a Time”, *Ross Gazette* (10 de janeiro de 1901); “Penal Servitude for a Hooligan”, *Sheffield Daily Telegraph* (10 de janeiro de 1901).

231 “Rowdysim in Garrison Lane”, *BM* (10 de julho de 1901).

232 Walter G. Chinn, *From Victoria's Image (A Reminiscence in Reflection)* (MS não publicado, Birmingham, 1978), p. 18.

233 "Ruffianism in Birmingham the Stipendiary's Resolution", *BM* (5 de novembro de 1901).

234 J. Cuming Walters, *Scenes in Slumland: Pen Pictures of the Black Spots in Birmingham* (Birmingham, 1901), p. 5.

235 "The Gunter Case", *BM* (14 de dezembro de 1901).

236 "Verdict of Wilful Murder", *BM* (30 de outubro de 1901).

237 "Funeral of the Victim", *BM* (31 de outubro de 1901).

238 "The Gunter Murder Trial. Verdict and Sentences", *BM* (14 de dezembro de 1901).

239 T. J. Bass, *Hope in Shadowland* (Birmingham, 1903), p. 31; "The Birmingham Peaky Blinders", *BDG* (14 de dezembro de 1901).

240 Para conferir a intimidação, veja: "The Gunter case. Alleged intimidation of Witnesses", *BM* (7 de novembro de 1901).

241 "Terrible Assault in Birmingham", *Coventry Herald* (31 de janeiro de 1902).

242 "The Murderous Attack on PC Blinko", *BDG* (15 de março de 1902).

243 "Murderous Attack on a Police Constable", *London Daily News* (29 de janeiro de 1902).

244 "The Murderous Attack on PC Blinko", *BDG* (15 de março de 1902).

245 *BDG* (25 de março de 1903).

246 Vince, *History of the Corporation of Birmingham.* Vol. IV, p. 346.

247 *BDG* (13 de março de 1905).

248 "Two Murder Trials", *BDG* (16 de dezembro de 1905).

249 Vince, *History of the Corporation of Birmingham*, vol. IV, p. 346.

250 "Hooligan ultrages", *BDG* (11 de janeiro de 1907).

251 "Night Adventure", *BDG* (19 de novembro de 1912).

252 Davies, *Gangs of Manchester*, p. 334–343.

253 Gooderson, *Gangs of Birmingham*, p. 255, veja também: "Birmingham's Sporting Parson", *BDG* (11 de dezembro de 1934).

254 "The Rev. Arnold Pinchard", *Pall Mall Gazette* (4 de outubro de 1907); e para o Padre Jay, veja: Raphael Samuel, *East End Underworld.* Capítulos da vida de Arthur Harding (Londres, 1981), p. 2, 19 e 286-288 e para o Old Nicholl, Sarah Wise: *The Blackest Streets: The life and death of a Victorian slum* (Londres, 2009).

255 Sarah Wise, "Inside the Skin of a Slum", *Church Times* (2 de julho de 2008).

256 J. R. C. "Peaky Blinders", p. 72.

257 "Table Talk", *BM* (16 de abril de 1881).

258 "Sparkbrook Boxing Club", *BDG* (12 de agosto de 1908).

259 "Changed a Bad Parish", *BDG* (11 de dezembro de 1934).

260 "Women's Election Preparations", *BDG* (23 de janeiro de 1929).

261 "Birmingham Kyrle Society in the Seven Dials", *BDP* (8 de julho de 1889); "The Birmingham Kyrle Society. A Proposed 'Kyrle Hall'", *BDP* (27 de novembro de 1891).

262 "The Birmingham Kyrle Society", *BDP* (27 de setembro de 1893).

263 "Birmingham Street Boys Union", *BM* (27 de setembro de 1906).

264 Arnold Freeman, *Boy Life and Labour: The Manufacture of Inefficiency* (Londres, 1914) p. 130.

265 Davies, *Gangs of Manchester*, p. 343–44 e 353.

266 Ver, por exemplo: "Aston Board School Football Association", *BDP* (12 de maio de 1886); "Junior League", *Sports Argus* (21 de outubro de 1905).

267 Freeman, *Boy Labour*, p.110–115.

268 Davies, *Gangs of Manchester*, p. 353–54.

269 Freeman, *Boy Labour*, p. 113 e 88–89.

270 "Ruffianism in Birmingham the Stipendiary's Resolution", *BM* (5 de novembro de 1901).

271 "Hooliganism Redivivus", *BM* (5 de novembro de 1901).

272 "The Navigation Street Riot", *BDP* (25 de março de 1875).

273 T. J. Bass, *Everyday Life in Blackest Birmingham: Facts Not Fiction* (Birmingham, 1898), p. 9.

274 "Hooliganism in Birmingham", *BM* (13 de maio de 1901).

275 "Police Attacked at Key Hill. Civilians to the Rescue", *BM* (27 de março de 1905).

276 Vince, *History of the Corporation of Birmingham*. vol. IV, p. 326–7.

277 "Local News and Jottings", *BM* (14 de dezembro de 1901).

278 "Birmingham Watch Committee", *BM* (13 de novembro de 1901).

279 "Wanted", *Cheltenham Chronicle* (30 de julho de 1910).

280 "Cowardly Constable", *Worcestershire Chronicle* (19 de setembro de 1903).

281 "Memories of Peaky Blinder Gangs", *Evening Despatch* (29 de janeiro de 1930).

282 "Murder of PC Lines", *BWP* (27 de maio de 1955).

283 "News of the Day", *BDP* (2 de julho de 1900).

284 "Police Orders 17 Dec. 1901 To 8 Oct. 1903".

285 "Testing the Police Staves", *BDP* (22 de novembro de 1890).

286 "Notes and News", *BM* (9 de dezembro de 1890).

287 Walter Chinn, Entrevista, *BLA* (número 2, 1979).

288 Veja: "The History of Police Uniform in Manchester Up Until WW2", Disponível em: <https://gmpmuseum.co.uk/collection-item/the-history-of-police-uniform-in-manchester-up-until-ww2/>. Acesso em 15 de julho de 2018.

289 "Connaught Man", *Weekly Irish Times* (19 de outubro de 1907).

290 "Reservists and the Birmingham City Police", *BM* (11 de fevereiro de 1901).

291 "Table Talk", *BM* (24 de agosto de 1901).

292 "The Birmingham Police Force. Where The Recruits Come From", *BM* (26 de outubro de 1901).

293 Chefe Superintendente C. W. Lloyd, Carta, *BLA* (18 de junho de 1987).

294 "Ex-Chefe de Polícia", *BDG* (13 de fevereiro de 1928).

295 "Half-Century of Police Service", *BDG* (6 de março de 1918).

296 "Juvenile Slogging Gangs", *BM* (21 de setembro de 1918).

297 "The Resignation of Superintendent Walker", *BM* (6 de fevereiro de 1900).

298 "The Disappearance of Tramps", *BM* (4 de dezembro de 1915).

299 "Murder of PC Lines", *BWP* (27 de maio de 1955).

300 "The Ten Arches Gang", *BM* (10 de janeiro de 1883); "Aston Police Cricket Club", *BDP* (18 de janeiro de 1895).

301 "Rowdyism at Ten Arches", *BDP* (22 de maio de 1900).

302 George Hickling 145403, Atestado de Serviço Curto, TNA, Documentos dos Soldados, Documentos Queimados da Primeira Guerra Mundial (1915).

303 C. R. S., "Forward. How Birmingham is Changing", *BDG* (30 de dezembro de 1925).

304 "Less Crimes. Birmingham Returns", *BDG* (9 de maio de 1929).

305 "Bricks and Bottles Thrown by a Hostile Crowd", *BDG* (21 de junho de 1910).

306 "Street Terrorists. Six Months' Hard Labour for Young Hooligans", *BDG* (15 de junho de 1920).

307 *Dundee Evening Telegraph* (21 de março de 1927).

308 "Terrorising Gang Sent to Prison. Expert Crooks' Crimes", *BDG* (8 de maio de 1930).

309 Também não há menção a boinas com abas na década de 1920 em Deritend e Bordesley, onde eram comuns até alguns anos antes da Primeira Guerra Mundial. Veja, por exemplo: Mary Elizabeth Shott, *Brum and Candlelight: A Walk Down Memory Lanes* (1995), e também Tom Golding, *96 Years a Brummie, 1889–1896* (1986).

310 Beattie Hamill (Carson era seu nome de solteira), Entrevista, *BLA* (1987).

311 Victor J. Andrews, *Patched Parts* [originalmente serializado no *Sunday Mercury* como "I Remember Garrison Lane"] (Birmingham, 1999), p. 37–40.

CAPÍTULO 4:
CORRETORES DE APOSTAS ILEGAIS E UMA VINGANÇA

312 Temporada 1, Episódio 1, *Peaky Blinders* (BBC2, 2013).

313 "Behind the scenes on the set of BBC drama Peaky Blinders". Disponível em: <http://www.bbc.co.uk/news/av/entertainment-arts-23795850/behind-the-scenes-on-the-setof-bbc-drama-peaky-blinders>.Acesso em: 19 abr. 2022.

314 Chinn, *Better Betting*, p. 102; e Geoffrey Floy, *Policing Birmingham*, p. 226 e p. 203.

315 Veja David Dixon, "'Class Law': The Street Betting Act of 1906", *International Journal of the Sociology of Law*, vol. 8, 1980, p. 109.

316 Charles Vince, *History of the Corporation of Birmingham*, vol. IV (1900–1915) (Birmingham, 1923) p. 348–49.

317 Floy, *Policing in Birmingham*, p.228.

318 Chinn, *Better Betting*, p. 136–40.

319 "Year's Crime in Birmingham", *BDG* (01 de setembro de 1920).

320 Chinn, *Better Betting*, p. 136–40.

321 Harry Vokes, Carta, *BLA* (1988).

322 Hetty Bradbury, Carta, Carl Chinn Bookmaking Archive [daqui em diante, *BA*], Biblioteca de Pesquisa Cadbury, Universidade de Birmingham.

323 Veja: "Law on Betting", *BDG* (9 de maio de 1913).

324 Chinn, *Better Betting*, p. 109 e p. 142–4.

325 Clements, "Historia Interviews: Steven Knight".

326 Albert Judd, Entrevista, BA (1988).

327 Sr. A. T. Richardson, Carta, *BLA* (23 de março de 1988).

328 George W. Langham, Carta, *BLA* (1988).

329 Vokes, Carta, *BLA* (1988).

330 Chinn, *Better Betting*, p. 125.

331 Richardson, Carta, *BLA* (1988).

332 Carl Chinn, *The Anatomy of a Working-Class Neighbourhood: West Sparkbrook 1871-1914* (Tese de doutorado da Universidade de Birmingham, 1986), p. 151.

333 "Successful Novel Police Ruse", *BDG* (17 de novembro de 1928).

334 Chinn, *Better Betting*, p. 208.

335 William Chinn, Entrevista, *BLA* (1987).

336 Sra. V. G. Pullin (Foster era seu nome de solteira), Carta, *BLA* (2007).

337 Olga Packer (Pickering era seu nome de solteira), Entrevista (1988); e para mulheres que apostam ver Chinn, *Better Betting*, p.144–47.

338 Richard Pickering, Entrevista, *BA* (1993).

339 Chinn, *Better Betting*, p. 130-31.

340 Katherine Clements, "Historia Interviews: Steven Knight", *Historia* (2 de maio de 2016). Disponível em: <http://www.historiamag.com/historia-interviews-steven-knight/>. Acesso em: 19 abr. 2022.

341 Jonathan Wright, “Peaky Blinders: behind the scenes with creator Steven Knight”, *HistoryExtra*, (2018). Disponível em: <https://www.historyextra.com/period/20th-century/peaky-blinders-behind-the-scenes-with-creator-steven-knight/>. Acesso em: 19 abr. 2022.

342 Para mais informações sobre os Burger Boys e Johnson Crew veja Caroline Gall, “Birmingham gangs: How two rivals poisoned a city’s streets”, (23 de Agosto de 2017), Disponível em: <https://www.bbc.com/news/uk-england-birmingham-41024825>. Acesso em: 19 abr. 2022.

343 Censo de 1871, TNA, Classe: RG10; Peça: 3015; Fólio: 17; Página: 27; Rolo GSU: 838861.

344 Censo de 1881, TNA, Classe: RG11; Peça: 3013; Fólio: 108; Página: 51; Rolo GSU: 1341720.

345 Veja G. C. Allen, *The Industrial Development of Birmingham and the Black Country 1860–1927* (publicado pela primeira vez em 1929, Nova York ed.1866), p. 233–43).

346 Censo de 1891, TNA, Classe: RG12; Peça: 2413; Fólio: 76; Página: 4.

347 Censo de 1911, TNA, Classe: RG14; Peça: 18165.

348 Censo de 1901, TNA, Classe: RG13; Peça: 2855; Fólio: 44; Página: 38; e Censo 1911, Classe: RG14; Peça: 18357.

349 “Birmingham Police Court”, *BM* (23 de abril de 1881).

350 “Riding without a Ticket”, *BM* (10 de janeiro de 1884).

351 “Unprovoked Attack”, *BDP* (6 de novembro de 1895).

352 “Alleged Counterfeiters at Warwick”, *Leamington Spa Courier* (4 de julho de 1896); “Counterfeiters get their Deserts”, *Leamington Spa Courier* (11 de julho de 1896).

353 “Samuel Sheldon, 147”, *Convicts on License 9* (Birmingham City Police, 1911–1912), West Midlands Police Museum; “Samuel Sheldon 2546, Prisoners” Photographs (29 de outubro de 1907), West Midlands Police Museum.

354 “An Intolerable Nuisance”, *BDP* (29 de junho de 1886).

355 "Assaulting the Police", *BM* (14 de maio de 1887).

356 "Another Rough Severely Punished", *BDP* (15 de novembro de 1888).

357 "The Assault in Allison Street", *BDP* (3 de agosto de 1889).

358 "Disgraceful Assault on a Girl", *BDP* (5 de novembro de 1889).

359 "Street Ruffianism", *BDP* (9 de julho de 1890).

360 "Committed for Trial", *BDP* (20 de março de 1895) e Samuel Sheldon, Calendário de Presos (28 de outubro de 1907), QS/B/20/72.

361 Banns, St. Laurence, Samuel Sheldon (22 de setembro de 1890), Número de referência: EP 69/2/3/1; Rolo de arquivo: 12.

362 Censo de 1891, TNA, Classe: RG12; Peça: 2403; Fólio: 55; Página: 12.

363 "The Most Lawless Part of Birmingham", *BDP* (28 de fevereiro de 1900).

364 Censo de 1901, TNA, Classe: RG13; Peça: 2855; Fólio: 37; Página: 23.

365 Censo de 1911, TNA, Classe: RG14; Peça: 18264.

366 Banns, St. James the Less Ashted, Ella Maria Small (6 de agosto de 1917) Número de referência: DRO 10; Rolo de arquivo: 643.

367 "Daring Robbery in Leicester", *Leicester Chronicle* (28 de julho de 1900).

368 Samuel Sheldon, Calendário de Prisioneiros (28 de outubro de 1907), QS/B/20/72.

369 Veja <https://www.legislation.gov.uk/ukpga/Geo4/5/83/section/4>. Acesso em: 19 abr. 2022.

370 "The Stratford Road Riot", *BM* (5 de junho de 1905).

371 "Quarter Sessions", *BDG* (31 de outubro de 1907).

372 Samuel Sheldon, 147, Condenados com Licença 9.

373 Joseph Sheldon, Calendário de Presos (19 de novembro), QS/B/20/94.

374 John Sheldon, MEPO 6, The Metropolitan Police Criminal Record Office containing the Habitual Criminals Registers and Miscellaneous Papers (1914).

375 "Charge of Uttering Base Coin", *Worcestershire Chronicle* (27 de junho de 1903).

376 "House Ransacked", *BDG* (20 de maio de 1905).

377 Censo de 1901, TNA, Classe: RG13; Peça: 2855; Fólio: 32; Página: 13; e "John Sheldon", Calendário de Presos (17 de março de 1906), QS/B/20/112.

378 "Racecourse Pests", *Nottingham Evening Post* (3 de setembro de 1919).

379 John Sheldon, MEPO 6, The Metropolitan Police Criminal Record Office containing the Habitual Criminals Registers and Miscellaneous Papers (1903).

380 "Policeman and a Commission Agent" (21 de março de 1906).

381 Censo de 1901, TNA, Classe: RG12; Peça: 2403; Fólio: 62; Página: 25.

382 E-mail de Janice Jackson (21 de novembro de 2014); "William Beach", Atestado da Milícia (22 de setembro de 1898); "William Beach 24109," Canadá, WWI CEF Arquivos pessoais, 1914–1918, Bea – Bel Box 0530 (Beach, Oliver – Beach, William James).

383 E-mail de Margaret Beale (1 de outubro de 2014).

384 Sr. Beasley, Entrevista, *BA* (1989).

385 Ray Lewis, Entrevista, *BA* (1989); E-mail de Terry Lines (24 de fevereiro de 2014).

386 "Garrison Lane Vendetta", *Birmingham Gazette and Express* [daqui em diante *BGE*] (14 de outubro de 1912).

387 "Shooting Affray", *BDG* (9 de janeiro de 1909).

388 "Shots in a City Street", *BDG* (22 de junho de 1908).

389 "Charles Jones", Calendário dos Presos (19 de novembro de 1910), QS/B/20/112.

390 Superintendente Interino, "Re Unlawful Assemblies in Watery Lane and district" (Manuscrito MS 1909) [West Midlands Police Museum], p. 1.

391 Beasley, Entrevista, *BA* (1989).

392 "Shooting Affray", *BDG* (9 de janeiro de 1909).

393 "Birmingham Vendetta", *BM* (30 de janeiro de 1909).

394 "Theft of Cheese", *BDP* (1 de maio de 1900); "A Question of Time" *BDP* (29 de setembro de 1900); "Peace and Goodwill", *BDG* (29 de dezembro de 1903).

395 "The Dartmouth Street Vendetta", *BDG* (3 de maio de 1909); "Garrison Street Vendetta" *BGE* (20 de setembro de 1920).

396 Superintendente interino, "Re Unlawful Assemblies in Watery Lane and District", p. 1–2.

397 "Arthur Morris", Calendário de Presos (26 de fevereiro de 1913), QS/B/20/110.

398 "Dartmouth Street Vendetta", *BED* (5 de maio de 1909).

399 "William Beach", Calendário de Presos, (26 de março de 1909), QS/B/20/83.

400 Lewis, Entrevista, *BA* (1989).

401 "Garrison Street Vendetta", *BDG* (20 de setembro de 1910).

402 "Garrison Street Vendetta Case", *BDG* (29 de novembro de 1910).

403 "Garrison Street Vendetta Heavy Sentences, *BDG* (01 de dezembro de 1910).

404 "Birmingham Stabbing Case", *BM* (25 de janeiro de 1911).

405 "Birmingham Stabbing Case", *BM* (25 de janeiro de 1911).

406 "Garrison Street Vendetta", *BDG* (27 de março de 1912).

407 Beasley, Entrevista, *BA* (1989).

408 Anônimo, 15 de outubro de 1912. A BIRMINGHAM VENDETTA: MAN SHOT IN THE HEAD IN A PUBLIC HOUSE. *The Manchester Guardian* (1901-1959), p. 11.

409 "Garrison Lane Vendetta", *BGE* (30 de outubro de 1912).

410 "A Vendetta in Garrison Lane", *BDP* (7 de dezembro de 1912).

411 "Rival Gangs", *BDP* (5 de novembro de 1912).

412 "Garrison Lane Vendetta", *BGE* (30 de outubro de 1912).

413 "Birmingham Vendetta", *News of the World* (8 de dezembro de 1912).

414 "Garrison Lane Feud", *BDP* (14 de outubro de 1912).

415 "Garrison Lane Vendetta", *BGE* (30 de outubro de 1912).

416 "Reign of Terror", recorte de jornal (West Midlands Police Museum).

417 "Garrison Lane Vendetta", *BM* (7 de dezembro de 1912) e "Sentence Reduced", *BDG* (21 de janeiro de 1913).

418 "Watery Lane Shooting Affray", *BM* (20 de março de 1906).

419 "The End of the Peaky Blinders", *Sheffield Independent* (28 de junho de 1923).

420 "Racecourse Pests", *Nottingham Evening Post* (3 de setembro de 1919).

421 E-mail de Janice Jackson (21 de novembro de 2014).

422 "William Beach 24109," Canadá, WWI CEF Personnel Files, 1914-1918, Bea – Bel Box 0530 (Beach, Oliver – Beech, William James). Agradeço a Janice Jackson por me alertar sobre este material. Para a batalha em que Beach foi ferido, veja R.C. Fetherstonhaugh (editado e compilado) *13th Battalion Royal Highlanders of Canada 1914-1919* (Canadá, 1925).

423 "William Beach", Midlands, Inglaterra, Registros Eleitorais, 1832-1955, 33 Homes Buildings, Palmer Street, Deritend (1920).

424 Midlands, Inglaterra, Registros Eleitorais, 1832–1955, Deritend, 1925, Charles Henry Street; e TNA, Registo de 1939; Referência: RG 101/5538I.

425 Inglaterra e País de Gales, Índice de Morte de Registro Civil, 1916–2007, Samuel Sheldon, dezembro de 1943, Birmingham, Volume 6d, p. 638.

426 TNA, Registro de 1939; Referência: RG 101/5541B.

427 Inglaterra e País de Gales, Índice de Óbito de Registro Civil, 1916–2000, John Sheldon, dezembro de 1941, Birmingham, Volume 6d, p. 208.

CAPÍTULO 5:
OS VERDADEIROS LÍDERES DAS GANGUES DOS ANOS 1920

428 Temporada 1, Episódio 2, *Peaky Blinders* (BBC2, 2013).

429 William Kimber, W168959, cópia autenticada de um registro de nascimento, cartório de registro geral (3 de fevereiro de 2005).

430 Censo de 1891, TNA, Classe: RG12; Peça: 2387; Fólio: 125; Página: 37. Para uma discussão completa dos antecedentes de Kimber, veja Chinn, *The real Peaky Blinders*, p.44-6.

431 William Kimber, TNA, HO140, Calendário dos Presos, peça 239 (27 de outubro de 1904).

432 "Chase between the Chimney Pots", *Leominster News and North West Herefordshire & Radnorshire Advertiser* (5 de outubro de 1900); Censo 1901, Classe: RG13; Peça: 2853; Fólio: 155; p. 7.

433 William Kimber, TNA, MEPO 6, The Metropolitan Police Criminal Record Office containing the Habitual Criminals Registers and Miscellaneous Papers (1914).

434 William Kimber, Calendário de Presos, (27 de outubro de 1904).

435 William Kimber, Banns, Número de referência: DRO 9; Rolo de arquivo: 608 (1 de novembro de 1902).

436 E-mail de Juliet Banyard (7 de setembro de 2013).

437 William Kimber, Calendário de Presos (27 de outubro de 1904); "A Question of Identity", *BM* (29 de outubro de 1904).

438 "Trip Tickets", *BM* (29 de janeiro de 1906).

439 "After the Races. Sequel to the Birmingham Derby. Loiterers Sentenced", *BDG* (24 de maio de 1907).

440 Censo de 1911, TNA, Classe: RG14; Peça: 24018.

441 E-mail de Justin Jones (27 de agosto de 2013).

442 Maude Kimber, Midlands, Inglaterra, Registros Eleitorais, 1832-1955, West Birmingham, 5 Charlotte Street (1920 e 1925).

443 E-mail de Banyard (7 de setembro de 2013).

444 Censo de 1911, TNA, Classe: RG14; Peça: 17989.

445 "Roughs of the Turf", *The Daily Telegraph* (13 de agosto de 1898). Para conferir uma discussão sobre os Brummagem Boys, veja: Chinn, *The Real Peaky Blinders*, p. 20–30.

446 "Cup Tie Prosecution", *Derby Daily Telegraph* (16 de janeiro de 1913).

447 Joseph Kimber, Calendário do Preso, QS/B/20/64 (27 de julho de 1906); "Tribunal de Polícia de Doncaster. After the St Leger", *Yorkshire Post e Leeds Intelligencer* (13 de setembro de 1912); e "Scene at the Maze Races", *Northern Whig* (4 de agosto de 1913).

448 "Crowd Looks on While Constable is Attacked", *BDG* (17 de fevereiro de 1922).

449 Thomas McDonagh, 154 e 83, Condenados com Licença 9 (Polícia da Cidade de Birmingham, 1911–1912; Museu da Polícia de West Midlands); "Slashed with a razor", *BDG* (17 de junho de 1925).

450 McDonald, *Gangs of London*, p. 218 e p. 123.

451 Brian McDonald, *Elephant Boys Tales of London and Los Angeles Underworlds* (Edimburgo e Londres, 2000), p. 62.

452 E-mail de Brian McDonald (28 de agosto de 2013).

453 McDonald, *Gangs of London*, p. 125–28.

454 "A Charge of Stabbing", *Illustrated Police News* (20 de fevereiro de 1913).

455 "Alleged Wounding", *East London Observer* (15 de março de 1913).

456 *Illustrated Police News* (20 de fevereiro de 1913). Tamplin foi registrado Templar neste relato.

457 "After the Races", *Bedfordshire Advertiser and Luton Times* (17 de abril de 1914).

458 Veja Wray Vamplew, *A Social and Economic History of Horse Racing* (Londres, 1976) p. 62–75.

459 Denny Green, Entrevista, *BA* (2005).

460 Chinn, *The real Peaky Blinders*, p. 92–3.

461 "Englishmen Charged in Dublin", *Dublin Daily Express* (11 de maio de 1917). Para Cope, veja Chinn, *The real Peaky Blinders*, p. 92–3.

462 W. Kimber, ADM 194: Courts Martial Registers, WO 86: Judge Advocate General's Office: District Courts Martial Registers, Home and Abroad, Piece 078: Register of Charges: Home and Abroad (1917), p. 203 (11 de outubro de 1917).

463 "How Fortunes Have Been Lost and Won", *Hull Daily Mail* (14 de novembro de 1931); Thomas Henry Dey, *Leaves from a Bookmaker's Book* (Londres, 1931).

464 Mike Huggins, *Horseracing and the British 1919–1939* (Manchester, 2003), p. 21.

465 Tom Divall, *Scoundrels and Scallywags (And Some Honest Men)* (Londres, 1929) p. 199.

466 *Centenary Supplement of the "Sporting Chronicle"* (29 de maio de 1971).

467 "Charge of Molesting Bookmakers", *The Times* (24 de junho de 1919).

468 Sam Dell, Entrevista, BA (1987).

469 Dave Langham, Entrevista, BA (1988).

470 Dell, Entrevista e Simmy Lewis (Simeon Solomon), Entrevista (1988).

471 Dell, Entrevista.

472 Chinn, *Better Betting*, p.177–8.

473 Divall, *Scoundrels and Scallywags*, p. 207–8.

474 McDonald, *Gangs of London*, p. 140–1.

475 "Desperate Thieves". *Daily Mail* (18 de outubro de 1919), p. 05. Arquivo Histórico do *Daily Mail*. On-line. 2 de setembro de 2018.

476 "Rogues of the Racecourse", *The Times* (17 de julho de 1920), p. 13. Arquivo Histórico do *Daily Mail*. On-line. 2 de setembro de 2018.

477 McDonald, *Gangs of London*, p. 103–128.

478 W. Bebbington, *Rogues Go Racing* (Londres, c. 1947) p. 95.

479 Ali Harris, Entrevista, *BA* (1987) e Dell (1987).

480 Tommy Garnham, Entrevista, *BA* (2013).

481 Divall, *Scoundrels and Scallywags*, p. 199; e McDonald, *Gangs of London*, p. 153-4.

482 Censo 1 de 1901, Classe: RG13; Peça: 240; Fólio: 103; Página: 42 e Censo 1911, Classe: RG14; Peça: 1191.

483 "Alfred Solomon 83939, Short Service Attestation".

484 "Betting in City Road", Hackney and Kingsland Gazette (30 de agosto de 1907).

485 "Alfred Solomon, 83939, Short Service Attestation".

486 Simmy Lewis (Simeon Solomon), Entrevista, BA (1989).

487 Edward Greeno, *War on the Underworld* (Londres, 1960), p. 17.

488 Moss Deyong, *Everybody Boo* (Londres, 1951), p. 55.

489 Para conferir um relato completo do ataque de Armstrong, veja Chinn, *The real Peaky Blinders*, p. 68–9.

490 McDonald, *Gangs of London*, p. 160, 146, 155–59.

491 Garnham, Entrevista, *BA* (2013).

492 ALFRED SOLOMON acusado do assassinato intencional de BARNET BLITZ, TNA, MEPO 3/374, Imagem 3.

493 Para mais informações sobre a família de Emanuel ver Censo de 1871, TNA, Classe: RG10; Peça: 413; Fólio: 38; Página 1; Rolo GSU: 824629; Censo de 1841, TNA, Classe: HO107; Peça: 725; Livro: 5; Paróquia Civil: St. Botolph Aldersgate; Condado: Middlesex; Distrito de enumeração: 16; Fólio: 33; Página 2; Linha: 8; Rolo GSU: 438830; e Inglaterra e País de Gales, Índice de Morte de

Registro Civil, 1837–1915 para Barnet Emanuel, (1873) Q3-Jul-Ago-Set E.

494 Censo de 1871, TNA, Classe: RG10; Peça: 413; Fólio: 38; Página 1; Rolo GSU: 824629; Censo de 1881, TNA, Classe: RG11; Peça: 567; Fólio: 75; Página: 25; Rolo GSU: 1341129; e Censo de 1891, TNA, Classe: RG12; Peça: 376; Fólio: 82; Página: 17. Para a família de Emanuel ver Censo 1871, TNA, Classe: RG10; Peça: 413; Fólio: 38; Página 1; Rolo GSU: 824629; Censo de 1841, TNA, Classe: HO107; Peça: 725; Livro: 5; Paróquia Civil: St Botolph Aldersgate; Condado: Middlesex; Distrito de enumeração: 16; Fólio: 33; Página 2; Linha: 8; Rolo GSU: 438830; e Inglaterra e País de Gales, Índice de Morte de Registro Civil, 1837-1915 para Barnet Emanuel, (1873) Q3-Jul-Ago-Set E.

495 Censo de 1891, TNA, Classe: RG13; Peça: 262; Fólio: 56; Página: 22.

496 Edward Emanuel, Calendário dos Presos (25 de abril de 1902).

497 "North London", *London Evening Standard* (24 de dezembro de 1904).

498 Old Bailey Proceedings Online (www.oldbaileyonline.org, versão 8.0, 24 de agosto de 2018), setembro de 1908, julgamento de JOHN McCARTHY, (27, empreiteiro) (t19080908-48).

499 Censo de 1911, TNA, Classe: RG14; Peça: 1410.

500 Prince, Entrevista, *BA* (1987); Samuel, *East Underworld*, p. 131.

501 "A Whitechapel Case", *Sheffield Daily Telegraph* (22 de janeiro de 1912) e "The East End Gambling Raid", *East London Observer* (10 de fevereiro de 1912).

502 "Recruiting Scandal", *Lincolnshire Echo* (17 de setembro de 1917), "London Gambling Den. Patronised Mostly by Jews'; *Nottingham Evening Post* (17 de setembro de 1917); *BDP* (18 de setembro de 1917); "Aliens Crowd Police Court", *The People* (23 de setembro de 1917).

503 "Aliens Crowd Police Court", *The People* (23 de setembro de 1917); £300 de multa por apostas, *Daily Mirror* (18 de setembro de 1917).

504 Prince, Entrevista, BA (1987) e ver também McDonald, p. 145-6.

505 Raphael Samuel, *East Underworld: Chapters in the Life of Arthur Harding* (Londres, 1981), p. 131.

506 Prince, Entrevista, BA (1987).

507 £300 de multa por apostas, *Daily Mirror* (18 de setembro de 1917).

508 Censo de 1891, TNA, Classe: RG12; Peça: 201; Fólio: 96; Página: 104.

509 Censo de 1901, TNA, Classe: RG13; Peça: 1616; Folha: 7; Página: 5.

510 "The Savoy Club Raid", *Globe* (12 de maio de 1922); "The Raid on a Strand Club'; e "The Police Raid on a Club", *Sunderland Daily Echo* (22 de maio de 1902).

511 "Always First to Start Betting", *Daily Herald* (7 de setembro de 1931).

512 Netley Lucas, *London and Its Criminals* (Londres, 1926) p. 76.

513 <http://www.bbc.co.uk/programmes/profiles/3rgnlRdfWMFsMMwDXN14yW5/darby-sabini> Acesso em: 19 abr. 2022.

514 Norman Lucas, *Britain's Gangland* (Londres, 1969), p. 23; e "Ugly violent criminals of the past". 22 de abril de 2005. Disponível em: <<https://www.telegraph.co.uk/news/uknews/1488384/Ugly-violent-criminals-of-the-past.html >. Acesso em: 19 abr. 2022.

515 Catharine Arnold, *Underworld London: Crime and Punishment in the Capital City* (Londres, 2012), p. 284-6.

516 Edward T. Hart, *Britain's godfather* (Londres, 1993) p. 3, 6-7, 13, 15 e 56-71. Esta discussão sobre a representação de Sabini como italiano se beneficiou de discussões com Sam Bernard, um estudante de graduação da Universidade de Birmingham que se formou em 2017 e cuja dissertação de último ano sobre a gangue de Sabini eu orientei.

517 Censo de 1911, TNA, Classe: RG14; Peça: 902.

518 Ottavio Sabini, Arquivos Metropolitanos de Londres; Número de referência: p76/phi/016 (21 de dezembro de 1913); Doris Annie Amelia Sabini, Arquivos Metropolitanos de Londres, Registros Paroquiais da Igreja da Inglaterwra, 1754–1906; Número de referência: p90/jud/005 (25 de janeiro de 1916).

519 TNA: HO45/23691, "Octavius Sabini, vulgo Darby Sabini Internment".

520 Lucio Sponza, *Italian immigrants in Nineteenth Century Britain Realities and Images* (Leicester 1988) p. 32–6; e <https://www.genesreunited.co.uk/boards/board/ancestors/thread/1163482> (16 de julho de 2009). Acesso em: 19 abr. 2022.

521 David R. Green, "Little Italy in Victorian London". Holborn's Italian Community", *Camden History Review*, vol. 15 (1988) p. 5-6.

522 "Serious Assault Cases", *Morning Post* (28 de dezembro de 1883).

523 Arquivos Metropolitanos de Londres, Registros de Admissão e Alta Escolar; Referência: LCC/EO/DIV03/LAS/AD/002; Inglaterra e País de Gales, Índice de Nascimento do Registro Civil, 1837–1915, Londres, Holborn, Volume: 1b, Página: 683 (Jul-Ago-Set de 1888). Neste último está registado como Q?tavia hHndley.

524 Cartório Geral de Registro, Inglaterra e País de Gales, Índice de Nascimento do Registro Civil, 1837–1915, Londres, Holborn, Volume: 1b, Página: 76881 (Jan-Fev-Mar 1881); General Register Office, Inglaterra e País de Gales, Índice de Nascimento do Registro Civil, 1837–1915, Londres, Holborn, Volume: 1b, Página: 775 (Jan-Fev-Mar 1883); e Censo 1871, TNA, Classe: RG11; Peça: 351; Fólio: 12; Página: 17; Rolo GSU: 1341076.

525 "Denies He Is King of Sabini Gang", *Sunday Post* (4 de julho de 1926); TNA: CRIM1/209; Declaração de Charles Sabini, (5 de dezembro de 1922); TNA: HO45/23691, "Octavius Sabini, alias Darby Sabini Internment".

526 Censo de 1891, TNA, Classe: RG13; Peça: 253; Fólio: 170; Página 1.

527 Arquivos Metropolitanos de Londres, Registros de Admissão e Alta Escolar; Referência: LCC/EO/DIV03/LAS/AD/002.

528 <http://www.childrenshomes.org.uk/DruryLaneID/>. Acesso em: 19 abr. 2022.

529 Shore, *Organised Crime*, p. 183.

530 Ottavio Sabini, Arquivos Metropolitanos de Londres; Número de referência: p76/phi/016 (21 de dezembro de 1913); e Doris Annie Amelia

Sabini, Arquivos Metropolitanos de Londres, Registros Paroquiais da Igreja da Inglaterra, 1754–1906; Número de referência: p90/jud/005 (25 de janeiro de 1916).

531 "Denies He Is King of Sabini Gang", *Sunday Post* (4 de julho de 1926).

532 Shore, *Organised Crime*, p. 186–7.

533 *Globe* (20 de maio de 1898).

534 "Serious Assault Cases", *Morning Post* (28 de dezembro de 1883); "Esfaqueamento em Clerkenwell", *Islington Gazette* (30 de agosto de 1888).

535 "Italians in Trouble", *Islington Gazette* (27 de junho de 1895) e "Italian Stabbing case", *Henley Advertiser* (10 de março de 1894).

536 "Not Willing to be Killed for 5s 6d", *Islington Gazette* (24 de junho de 1909). Darby é frequentemente confundido com Charles. No entanto, este último nasceu em 1883, conforme indicado por sua idade neste processo judicial e censos.

537 Old Bailey Proceedings Online (www.oldbaileyonline.org, versão 8.0, 27 de agosto de 2018), janeiro de 1910, julgamento de CORTESI, George (20, operário de arames) SABINI, Vincent (24, maquinista) (t19100111-46). Acesso em: 19 abr. 2022.

538 "Italian Affray", *Daily Telegraph & Courier* (28 de dezembro de 1909).

539 Censo de 1891, Classe: RG12; Peça: 223; Fólio: 58; Página: 8.

540 Calendário de Presos, HO140, Peça 226 (3 de maio de 1903); e TNA, Tribunal Criminal Central: Calendários Após o Julgamento dos Presos, CRIM9, Peça 59, Fólio 5 (22 de abril de 1913).

541 Veja Chinn, *The real Peaky Blinders*, p. 70.

542 Shore, *Organised Crime*, p. 178.

543 Prince, Entrevista, BA (1987).

544 Dival, *Scoundrels and Scallywags*, p. 199.

545 Para Alf White ver McDonald, *Gangs of London*, p. 101–2, 139–40

e James Morton, *Gangland* (Londres, 1993) p. 29-31, 33-4 e 42-4.

546 "Crowd Shot at on Trotting Ground", *Nottingham Evening Post* (31 de março de 1921).

547 Greeno, *War on the Underworld*, p. 21.

548 "Ugly Scene at Race Meeting", *The Courier* (Dundee) (25 de março de 1921).

549 "Crowd Shot at on Trotting Ground", *Nottingham Evening Post* (31 de março de 1921).

550 McDonald, *Gangs of London*, p. 156; Samuel, *East End Underworld*, p. 204–5.

551 "Shot after Orgy", *BDG* (6 de abril de 1921).

552 "King's Cross Mystery", *Nottingham Journal* (29 de março de 1921).

553 "Hit First Then Shot", *BDG* (20 de abril de 1921).

554 "A Gang of Terrors", *Nottingham Journal* (28 de abril de 1921).

555 "Epsom Road Battle", *The Times* (4 de junho de 1921).

556 Para conferir uma discussão completa desses eventos, veja Chinn, *The real Peaky Blinders*, p. 72-6.

557 "Racing Gang's Vendetta", *The Gloucester Citizen* (18 de agosto de 1921).

558 "Rival Bookies" Vendetta", *The Sunday Post* (21 de agosto de 1921).

559 "Racecourse Feud. Is it a Settlement?", *Western Daily Press* (5 de outubro de 1921).

560 A Associação de Proteção de Pistas de Corrida de Apostas e Apoiadores. O que fez e o que pode fazer, com a sua ajuda, Arquivo da Associação Nacional de Corretores de Apostas, "History" (1921).

561 "General Committee Minutes, Bookmakers and Backers Racecourse Protection Association" (12 de setembro de 1921).

562 "The B.P.A.", *The Sportsman* (10 de dezembro de 1921).

563 Para uma discussão completa desses eventos, veja Chinn, *The real Peaky Blinders*, p. 82-91.

564 McDonald, *Gangs of London*, p. 167–185.

565 "General Committee Minutes, Bookmakers and Backers Racecourse Protection Association" (15 de maio, 12 de junho e 04 de setembro).

566 "Sentence in Sabini Case", *Derby Daily Telegraph* (18 de janeiro de 1923).

567 "Wild West in London Club", Nottingham Journal (16 de janeiro de 1923).

568 Langham, Entrevista, BA (1988).

569 "Racing Feud Sentences", Pall Mall Gazette (3 de novembro de 1922).

570 "Attempt to Bribe Warders", *The Scotsman* (2 de julho de 1923).

571 "Club Tragedy Trial", *Hull Daily Mail* (18 de novembro de 1924).

572 McDonald, *Gangs of London*, p. 182.

573 "A Terrific Hit", *Nottingham Journal* (18 de novembro de 1924).

574 "A Silent Quarrel", *Sheffield Daily Telegraph* (10 de outubro de 1924).

575 "Club Tragedy Trial", *Hull Daily Mail* (18 de novembro de 1924).

576 "Street Stabbing Affray", *Dundee Evening Telegraph* (24 de setembro de 1924).

577 Alfred Solomon, MEPO6, Habitual Criminals Register 1927, peça 39 (21 de fevereiro de 1927).

578 Para mais informações sobre ataques a corretores de apostas, ver "Assault on bookmakers", Western Daily Press (14 de outubro de 1924); para o caso do espanador, veja "It was a Fight between the Jews", *Evening Telegraph* (Dundee) (8 de junho de 1923) e "Alleged use of a Knuckleduster", *The Scotsman* (19 de junho de 1923).

579 "How We Outwitted a Rival Gang", *Topical Times* (19 de março de 1924).

580 "A Libel Action Discontinued", *Hull Daily Mail* (15 de dezembro de 1925).

581 "Sabini Bankruptcy", *Daily Herald* (11 de junho de 1926).

582 "Sabini's Admissions in Bankruptcy Court", *Dundee Evening Telegraph* (29 de junho de 1926).

583 Para mais informações sobre a gangue de Sabini e boates, veja Morton, Gangland, p. 27–8; "Dispute Over a Bet", *The Citizen* (Gloucester) (30 de outubro de 1929).

584 TNA, MEPO 3/374 – ALFRED SOLOMON acusado de homicídio doloso de BARNET BLITZ (Imagem 2).

585 Bebbington, *Rogues Go Racing*, p. 102-3.

586 "Racecourse Scene Sequel", *Coventry Evening Telegraph* (27 de julho de 1936).

587 Para conferir uma discussão completa veja Chinn, *Better Betting*, p. 182.

588 Norman Sherry, *The life of Graham Greene, vol. 1, 1904–1939* (Londres, 1989), p. 634–5.

589 Ver, por exemplo, Morton, *Gangland*, p. 32.

590 Graham Greene, Carta, BA (9 de maio de 1988).

591 TNA HO 45/23691, WAR: Octavius Sabini, vulgo Darby Sabini, vulgo Frederick Handley, notório gângster de pista de corrida e extorsionário: internamento (1940-1941).

592 "Heavy Sentence on Receivers", *Kent & Sussex Courier* (25 de junho de 1943).

593 £40 Produzido de Sock, *Mid Sussex Times* (16 de maio de 1945); Índice de Óbitos do Registro Civil, 1916–2007, Volume: 5h, p. 351, Hove, Sussex, Ottavio Sabini (dezembro de 1950).

594 Morton, *Gangland*, p. 31–2.

595 Registro de 1939; TNA, Referência: RG 101/2511A.

596 Annie Emma Sabini, Calendário Nacional de Sucessões (Índice de Testamentos e Administrações), 1858–1966, 1973–1995 (30 de outubro de 1978).

597 McDonald, *Gangs of London*, p. 188; “Nottingham Bookmaker Fined”, *Nottingham Evening Post* (23 de março de 1925).

598 Cartório Geral de Registro. Índices de Registro Civil da Inglaterra e País de Gales, Holborn, (agosto-setembro de 1926) vol. 1b, p.1341 (19 de julho de 1926).

599 Cartório Geral de Registro. Índice de Óbito de Registro Civil, 1916–2007 para Maud B Kimber, Volume: 6d, Página:11 (1926 Q3-Jul-Ago-Set K).

600 McDonald, *Gangs of London*, p. 344–5.

601 Departamento Federal de Investigação, “Assunto: Murray Humphreys”. Disponível em: <https://archive.org/details/MurrayHumphreys>. Acesso em: 19 abr. 2022.

602 McDonald, *Elephant Boys*, p. 102–21.

603 Stuart McGurk, “Peaky Blinders creator Steven Knight on last night’s cliffhanger and the all-out war to come”, *GQ*. 16 de novembro de 2017. Disponível em: <https://www.gq-magazine.co.uk/article/peaky-blinders-creator-steven-knight-on-last-nights-cliffhanger-and--the-all-out-war-to-come>.Acesso em: 19 abr. 2022.

604 “Birmingham’s Gunman”, *BDG* (4 de março de 1933).

605 McDonald, *Gangs of London*, p. 262–4.

606 *Ibid.*, e James Spenser, *Limey. An Englishman Joins the Gangs* (Londres, 1934).

607 *The Western Morning News* (18 de abril de 1938); e “Late Mr Bradshaw Smith”, *Devon and Exeter Gazette* (25 de outubro de 1940).

608 William Kimber, Inglaterra e País de Gales, Calendário Nacional de Sucessões (Índice de Testamentos e Administrações), 1858–1966, 1973–1995 (20 de outubro de 1945).

609 Veja Chinn, *The real Peaky Blinders*, p. 100-1.

610 Londres, Inglaterra, Registros Eleitorais, 1832–1965, Hackney, Portsea Works; e veja Pam Fox, *The Jewish Community of Golders Green: A Social History* (Stroud, 2016).

611 Cartório Geral de Registro, Inglaterra e País de Gales, Índice de Óbito de Registro Civil, 1916–2007, Volume: 3a; Página: 948, Edmonton, Essex, Edward Emanuel (março de 1943).

612 Elizabeth Mary Emanuel, Calendário Nacional de Sucessões (Índice de testamentos e administrações), 1858–1966, 1973–1995 (3 de fevereiro de 1951).

613 *Yorkshire Post e Leeds Intelligencer* (10 de outubro de 1924).

POSFÁCIO

614 Temporada 3, Episódio 2, *Peaky Blinders* (BBC2, 2016).

615 Carl Chinn, "We All Come from Round Sora: Italians in Birmingham", em Owen Ashton, Robert Fyson e Stephen Roberts (orgs.), *The Duty of Discontent. Essays in Honor of Dorothy Thompson* (Londres, 1995), p. 255-7.

616 Doreen Hopwood e Margaret Dilloway, *Bella Brum: A History of Birmingham's Italian Community* (Birmingham, 1996), p. 2.

617 Chinn, "We All Come from Round Sora", p. 258–9; "Serious Affray in Bartholomew Street", *BDP* (24 de abril de 1886).

618 "Importing Organ Grinders", *BDP* (3 de fevereiro de 1891).

619 Censo de 1901, Classe: RG13; Peça: 2868; Fólio: 95; Página: 32; e Registro de 1939; TNA, Referência: Classe: RG 78 Peça: 18142, Chinn, "We All Come from Round Sora", p. 260.

620 "Unemployed and the War Memorial", *BDM* (17 de julho de 1922).

621 "Angry Italians", *BDP* (4 de fevereiro de 1893).

622 Victoria Hooper (Jennings era seu nome de solteira), "Gran and Granddad Ciangretta's Family", *Carl Chinn's Brummagem Magazine*, edição 194 (maio de 2017), p. 6.

623 Pam Overthrow, Carta (14 de maio de 2018).

624 "Unemployed and the War Memorial", *BDM* (17 de julho de 1922).

625 Charles Alberici, (MS não publicada), *BLA*, (ND), p. 14–15.

626 Hooper (Jennings era seu nome de solteira), "Gran and Granddad Ciangretta's Family".

627 "Deaths on Active Service", *BM* (30 de setembro de 1944).

628 Para conferir uma discussão informada e ponderada dessas questões, veja: Maria Konnikova, "Why Do We Admire Mobsters?" *The New Yorker*. 16 de setembro de 2015. Disponível em: <https://www.newyorker.com/science/maria-konnikova/why-do-we-admire-mobsters>. Acesso em: 19 abr. 2022.